A S

P. Werner Lange

VESUV

Leben und Tod am brennenden Berg

AS Verlag

Manchmal bewahrte vulkanische Asche die Umrisse von Menschen, die während der Vesuveruption 79 umkamen. Wird der entstandene Hohlraum mit Gips oder Kunstharz ausgegossen, dann lässt sich daraus das Skelett mit dem umgebenden Abbild bergen. Dieser Tote ruht – den vor zwei Jahrtausenden erstarrten Schrei auf den Lippen aus Gips – in einem Schaukasten neben der Markthalle von Pompeji.

«Was ist's, das geschehen ist?
Eben das hernach geschehen wird.
Was ist's, das man getan hat?
Eben das man hernach wieder tun wird;
und geschieht nichts Neues unter der Sonne.

Geschieht auch etwas,
davon man sagen möchte:
Siehe, das ist neu?
Es ist zuvor auch geschehen
in den langen Zeiten,
die vor uns gewesen sind.»

Der Prediger Salomo 1, 9–10

www.as-verlag.ch

Gestaltung: Urs Bolz, Heinz von Arx,
www.vonarxgrafik.ch, Zürich
Druck: B&K Offsetdruck GmbH, Ottersweier
Einband: Josef Spinner Großbuchbinderei GmbH, Ottersweier
ISBN 978-3-909111-89-3

Inhalt

Der Vulkan

Zauber, Ohnmacht, Faszination
11 Menschen und Feuerberge

«Ein entzückend schaurig' Bild allerhöchster Wut ...»
29 Von Dichtern, Glut und Asche

«Die einfachste Beschreibung wird hier zur erhabensten Dichtung!»
49 Vulkanophilie

Eselritt und Schweizer Bahn
71 Zum brennenden Gipfel

Der Hausberg

«Zwischen Gott und Satan eingeklemmt ...»
97 Bella Napoli

«Hilf uns oder verbrenne!»
125 San Gennaro und Madonna di Pompei

Der vergessene Vulkan
133 La Solfatara, die Schweflige

Der Zerstörer

Als Säulen brannten
143 «Es zeigte sich eine Wolke ...»

Diese Augen sahen das Ende der Welt
165 Das Flüstern der Toten

Den Nachgeborenen an die Wand geschrieben
187 Menetekel: 1631, 1794, 1822, 1906

Das Denkmal

Vom Sammeln und anderen Leidenschaften
225 Gelehrte, Dilettanten und Liebhaber

Wie verkauft man einen Buckligen?
239 Supermarkt Vulkan

Anhang

260 Kleines Vulkan-Glossar

262 Zeittafel

266 Informationen zur Reise nach Neapel und zu Vesuvbesteigungen

268 Hinweise zur Besichtigung der Ausgrabungsstätten von Pompeji, Ercolano (Herculaneum), Torre Annunziata (Oplontis) und Boscoreale

270 Literaturverzeichnis

274 Personenregister

277 Ortsregister

278 Bildnachweis

279 Anmerkungen

«Der Vesuv war einst ein junger Mann, der eine Nymphe erblickte, die so lieblich wie ein Diamant war [. . .]. Er atmete heftiger und immer heftiger und stürzte auf sie zu. Die Nymphe, die von seinen Aufmerksamkeiten schon ganz versengt war, sprang ins Meer und wurde zu der Insel, die man heute Capri nennt. Als er das sah, wurde Vesuv wahnsinnig. Er reckte sich drohend auf, seine feurigen Seufzer breiteten sich aus, und ganz allmählich wurde er zu einem Berg. Und nun ist er so reglos wie seine Geliebte, die auf ewig unerreichbar für ihn ist, und immer wieder speit er Feuer und lässt Neapel erbeben. Wie bedauert die hilflose Stadt, dass der Jüngling nicht bekam, was er wollte! Capri liegt im Meer, deutlich in Sichtweite des Vesuvs, und der Berg brennt und brennt und brennt .»

Susan Sontag, Der Liebhaber des Vulkans

Der Vulkan

Menschen und Feuerberge

Während eines Aufenthaltes in Neapel wird der Schriftsteller Gustave Flaubert fortwährend von Erektionen geplagt. Er sei erregt wie ein Esel ohne Packlast, schreibt er deshalb im März 1851 an einen Freund, und wäre derart heruntergekommen, dass er sogar «die Waschfrau vernascht habe». «Vielleicht ist es die Nähe des Vesuvs», vermutet er schließlich, «die mir den Hintern aufheizt», und hat damit wohl – das Kapitel über die Solfatara mag es zeigen – gar nicht unrecht. Es ist das Jahr, in dem Flaubert den Roman «Madame Bovary» zu schreiben beginnt, der viele seiner Zeitgenossen schockieren wird, und es mag sein, dass die unter dem brennenden Berg erfahrene Zügellosigkeit ihn ein wenig dazu ermuntert.

Der Untergang von Sodom und Gomorra in «Schwefel und Feuer». Wahrscheinlich in der ersten Hälfte des 17. Jahrhunderts unter dem Einfluss Bellisario Corenzios entstandene Wandmalerei im Arkadengang des Chiostro delle Clarisse (im Kirchen- und Klosterkomplex Santa Chiara), Neapel.

Zweifellos kann der Anblick eines tätigen Vulkans recht verschiedene Wirkungen in uns hervorrufen, und offenbar gehören erotische Regungen dazu – man lese nur Goethes knisternde Beschreibung eines Abends, den er im Juni 1787 in der Gesellschaft einer Schönen verbrachte: «[...]. Und sie, einer durch Läden verschlossenen Fensterscheibe sich nähernd, stieß einen Laden auf, und ich erblickte, was man in seinem Leben nur einmal sieht. Tat sie es absichtlich, mich zu überraschen, so erreichte sie ihren Zweck vollkommen. Wir standen an einem Fenster des oberen Geschosses, der Vesuv gerade vor uns; die herabfließende Lava, deren Flamme bei längst niedergegangener Sonne schon deutlich glühte und ihren begleitenden Rauch schon zu vergolden anfing; der Berg gewaltsam tobend, über ihm eine ungeheure feststehende Dampfwolke, ihre verschiedenen Massen bei jedem Auswurf blitzartig gesondert und körperhaft erleuchtet. Von da herab bis gegen das Meer ein Streif von Gluten und glühenden Dünsten [...]. Wir hatten nun einen Text vor uns, welchen Jahrtausende zu kommentieren nicht hinreichen. Je mehr die Nacht wuchs, desto mehr schien die Gegend an Klarheit zu gewinnen; [...] die schöne Frau, vom Monde beleuchtet, als Vordergrund dieses unglaublichen Bildes, schien mir immer schöner zu werden [...].»

Andere wiederum lebten Bestandteile ihrer Sexualität aus, indem sie splitternackt Champagnerfrühstücke am Kraterrand einnahmen oder sich sogar in solchem Zustand in die glühende Lava stürzten. Hermann von Pückler-Muskau nannte Letzteres «die romantischste aller Todesarten», ließ die Gelegenheit dazu jedoch verstreichen, als er den Vesuv besuchte – wohl deshalb, weil sich «ein paar so hübsche und so liebenswürdige Weiber» in seiner Gesellschaft befanden. Selbst feinsinnige Männer wie Johann Joachim Winckelmann, Begründer der wissenschaftlichen Kunstgeschichte, und seine Begleiter wurden dazu angeregt, in der heißen Lava Tauben zu braten und sodann das Mahl hüllenlos wie Adam einzunehmen. Solcher Drang zur Nacktheit überwältigte zuweilen sogar Damen der höchsten Stände: Der Dramatiker August von Kotzebue erzählte von einer Herzogin, die in den Schwefeldünsten des Vesuvkraters «in kurzen Hosen am Rande der Hölle herumspazierte», aber freilich ihre Röcke rasch fallen ließ, sobald Männer sich näherten. Überdies beschrieb Kotzebue eine Ausstrahlung der Lavaglut, die auch in Goethes Erlebnis aufscheint: «Man versichert mich, der Vesuv habe manchem schmachtenden Liebhaber ein Rendezvous verschafft, das rote Licht des brennenden Stromes habe den Wangen der Schönen eine reizende Farbe geliehen und so viel Helle verbreitet, dass keiner ihrer verstohlenen Blicke verloren gegangen. So mischt sich die Liebe in alles, spielt mit den Schrecken der Natur [...].»

Sogar aus der Ferne, wusste der Gelehrte und Hofmeister Johann Georg Keyßler im Jahrhundert zuvor aus Neapel zu berichten, entfachte der Vulkan seine verderbliche Wirkung und lockte das Volk vor die Stadttore: «Man sollte glauben, dass die offenbare Gefahr, worinnen die Einwohner der hiesigen Gegend sowohl wegen der Erdbeben als des Vesuvius beständig leben, einige Eindrückungen in ihre Gemüter machen und eine vernünftigere Lebensart nach sich ziehen müsste. Allein, es ist nichts weniger, und sind die meisten dem gemeinen Schiffsvolke gleich, welches selten eher als bei entstandenem hartem Sturme an den Himmel oder die Hölle gedenket und sobald die Gefahr vorbei, wieder in seine alten Bosheiten verfällt. Das Jahr 1707 hat noch davon eine ärgerliche Probe gegeben, indem das Volk, so nach überstandener Not haufenweise aus der Stadt Neapolis lief, um den verursachten Schaden und sonderlich den fast noch rauchenden Feuerstrom, der sich aus dem Berge ergossen und zu erkalten anfing, in Augenschein zu nehmen, eine solche wilde Lebensart mit Fressen, Saufen und Üppigkeiten mit denen aus der Stadt in Menge dahingekommenen liederlichen Weibespersonen trieb.»

Ein Zusammenhang von Vulkanismus und Sexualität lässt sich mit ein wenig Hingabe an das Thema sogar aus dem Alten Testament herauslesen, in dem Gott die Städte Sodom und Gomorra in «Schwefel und Feuer» untergehen lässt und sie «umkehrt», was wohl auf eines der Erdbeben hindeutet, die Vulkaneruptionen so oft ankündigen und begleiten. Denn das Wort Sodomie bewahrt noch heute die Erinnerung an üble sexuelle Vorlieben, die man den Bewohnern jener Städte nachsagte und die gemeinsam mit vorgeblicher Gottlosigkeit ihre Vernichtung rechtfertigen sollten. Auch John Wesley, im 18. Jahrhundert Begründer der methodistischen Bewegung, sah diesen Zusammenhang und lehrte, dass es Erdbeben und Vulkanismus erst geben würde, seit die fleischliche Sünde in die Welt kam. Zugegeben, die Neapolitaner waren keine Methodisten, aber sie waren bibelfest und kannten die Geschichte von Sodom und Gomorra. Es war daher erklärlich, wenn sich ihr angstvoller Zorn im Regen aus Schwefel und Feuer – Curzio Malaparte und andere haben es beschrieben – gegen Prostituierte richtete, denen man die Haare ausriss, die Kleidung zerfetzte und sie prügelnd durch die Straßen trieb. Darüber hinaus wurden Zwangsverheiratungen vorgenommen, um Gottes durch Vesuveruptionen bekundete Abscheu vor dem Treiben jener Frauen und ihrer Kunden zu besänftigen.

Die soeben beschriebenen Enthüllungsszenen nach der Art von Herzoginnen oder Kunsthistorikern sind allerdings nie so recht zur Mode geworden, und angesichts von mehr als einer halben Million Aufsteigender im Jahr – kein Berg der Erde wird wohl so häufig wie der Vesuv (1281 m) bestiegen – ist das sicherlich zu begrüßen. Deshalb wurde bereits einer, dessen Gesellschaft im Kreise Unbekleideter immer drohte, der Marquis de Sade nämlich, bei seinem Aufenthalt in Neapel enttäuscht. Niemand spazierte ohne Feigenblatt umher, der Vulkan brannte nicht, sondern glimmte nur, die Mühen des Aufstiegs waren vertan: «Die Besteigung dieses Berges ist fürchterlich, man watet immer bis zum Hals in Asche; wenn man vier Schritte vorwärts gekommen ist, rutscht man sechs wieder zurück und befindet sich in der ständigen Furcht, unter der Lava begraben zu werden.» Derart ließ de Sade es jedenfalls Jahre später seine Romanheldin Juliette sagen, die gemeinsam mit einer Komplizin die Gelegenheit nutzt, um eine Freundin zu misshandeln und dann in den feurigen Abgrund zu stoßen. Dem Leser, der dem kranken Autor durch Ströme von Schleim und Blut bis dahin gefolgt ist, erscheint das inzwischen alles – mitsamt Juliettes Affären mit dem Papst, dem neapolitanischen Königspaar und Hunderten gewöhnlicher Sterblicher – so aufregend wie ein Poesiealbum. Den Marquis de Sade hingegen trieb der Verdruss nach Pompeji und Herculaneum sowie in das Museum von Portici, in dem Fundstücke aus den vom Vesuv begrabenen Städten derzeit aufbewahrt wurden. Am besten gefiel ihm dort eine aus Marmor gefertigte Skulptur des Hirtengottes und Walddämons Pan, der eine Ziege bespringt.

Die Vielfalt und Tiefe menschlicher Empfindungen beim Anblick brennender Berge wird damit natürlich noch nicht einmal literarisch ausgeschöpft. Vermutlich ist uns die von Vulkanen ausgehende Faszination schon seit sehr langer Zeit eigen. Denn da gibt es das Beispiel der von der Paläoanthropologin Mary Leakey bei Laetoli in Tansania untersuchten Fährten: Zwei oder drei menschenähnliche Geschöpfe haben den verschiedenen Deutungen zufolge dort Fußspuren hinterlassen. Eines davon war kleiner als die anderen, vielleicht weiblich, und mancher will sogar erkennen, dieses Wesen habe ein Kind auf der Hüfte getragen. Was daran erregend ist? Nun, die Spuren sind rund vier Millionen Jahre alt. Sie wurden also noch nicht von Menschen, sondern von aufrecht gehenden Affen der Gattung Australopithecus hinterlassen, die wir jedoch getrost in den Kreis unserer nächsten Vorfahren aufnehmen dürfen. Und sie blieben so lange erhalten, weil sie durch Asche führten, die der nahe Vulkan Sati-

Vesuveruptionen auf kolorierten Lithografien aus der Werkstatt Steingriebel jun. in Augsburg, die vermutlich im zweiten Jahrzehnt des 19. Jahrhunderts entstanden. Es scheine, heißt es in einer Bildlegende, als habe der Vulkan «das halbe Erdenrund beleuchten» wollen. Die untere Abbildung eines Lavastromes und seiner Betrachter wurde einem Stich von Pietro Fabris in William Hamiltons «Campi Phlegraei» (Neapel 1776) nachgeahmt.

man ausgeworfen hatte und später mit weiteren Aschefällen zudeckte. Befremdlich, dass die Gruppe sich in derart gefährlicher Nachbarschaft aufhielt. Sah sie gebannt einer Eruption zu? Es könnte freilich noch anderes Verlangen gewesen sein, das unsere Urahnen immer wieder in die Nähe brennender Berge trieb – so auch die älteste Menschengattung Homo habilis, deren fast zwei Millionen Jahre alte Überreste man in der tansanischen Olduvaischlucht fand, einem von Grabenbrüchen und Vulkanen geprägten Gebiet. Denn dort gab es Feuer, vulkanische Asche düngte den Boden und rief üppigen Aufwuchs hervor, der das Wild verlockte und somit sowohl den Sammlern als auch den Jägern Beute bescherte.

Vom Vorgänger des heutigen Vesuvs gibt es ähnliche Zeugnisse aus dem Jahr der Avellino-Eruption, also vor ungefähr 3600 Jahren. Es sind nun natürlich Fußspuren von Menschen des Bronzezeitalters, die im Nordosten des Vulkans siedelten und während der Eruption flohen. Mindestens zweien von ihnen misslang die Flucht: einem Mann in den Vierzigern und einer jungen Frau, deren Skelette 1970 in San Paolo Bel Sito, etwa 18 Kilometer vom Vesuv entfernt, aus einer Tuffschicht geborgen wurden. Die Schicht war nicht einmal einen Meter dick und lediglich das Leichentuch der beiden. Getötet hatte sie eine Glutlawine, ein pyroklastischer Strom, wie Fachleute eine die Vulkanhänge hinabrasende, mehrere hundert Grad heiße Wolke nennen, in der Gase, Asche und Gesteinsfragmente vermischt sind. Zwei Jahrzehnte nach jenem Fund entdeckte man dann beim Bau eines Supermarktes in Nola auch die Siedlung, aus der die beiden wohl zu spät davongelaufen waren: die bisher besterhaltene bronzezeitliche Siedlung auf der Erde, fast vier Jahrtausende konserviert unter einer sechs Meter dicken Schicht aus vulkanischer Asche und den Bestandteilen einer Schlammlawine. Das Dorf war die Heimstatt fleißiger Töpfer, Weber und Korbmacher gewesen, die Weizen und Gerste anbauten und Rinder, Schweine, Schafe und Ziegen hielten. Von der Gefahr, in der sie lebten, werden sie nichts geahnt haben, denn der Gegend um den Vulkan war nur anzusehen, dass sie fruchtbar war. Campania felix, glückliche Ebene, würde man den Landstrich späterhin nennen. Dass er zu nahe am Feuer liegt, geriet immer wieder in Vergessenheit: Deshalb entstand ein neues Pompeji vor den Toren der unglücklichen Stadt, die der Vesuv im Jahr 79 verschüttet hatte, über Herculaneum, das verschollene Seebad der Reichen und Schönen, legte sich das geschäftige Resina, die Villa der Kaiserin Poppaea Sabina in Oplontis verschwand unter den Weinbergen von Torre Annunziata, und über dem Strand von Stabiae, an dem der Gelehrte Plinius in der Asche des brennenden Berges erstickt war, wuchs die Werft- und Hafenstadt Castellammare.

Bekanntlich geht der von vulkanischer Asche begünstigten Fruchtbarkeit das Wüten der Elemente voraus: die Eruption. Ihre Schrecken sind oft nicht geringer als jene von Erd- und Seebeben oder tropischen Wirbelstürmen, wenngleich in solchen Naturkatastrophen sehr viel mehr Menschen umkommen:

«**Der Vesuv (Vesuvius)**: Dieser berühmte, Feuer speiende Berg liegt an der östlichen Ecke des Meerbusens, 4 Meilen von Neapel, in einer herrlichen und fruchtbaren Gegend, die, teils durch die innerliche Wärme des Bodens, teils durch die ausgeworfene Asche, Salpeter und Schwefel gedüngt, Früchte 50-fältig trägt. In den ältesten Zeiten war der Berg noch weit fruchtbarer gewesen, und ob er zwar gleich seit undenklichen Zeiten Feuer gespieen hatte, so hatte man doch von seinen Wirkungen nichts zu befürchten gehabt, und die Gegend war stark angebaut worden. Allein im Jahre 79 nach Christi Geburt (unter Titus' Regierung) fing er auf die entsetzlichste Art an zu toben, verheerte viele Städte (Herculaneum, Pompeji etc.), tötete viele Menschen, unter andern auch den älteren Plinius, und stürzte wahrscheinlich auch den alten Gipfel ein. Die folgenden Erschütterungen und Brände [...] waren mehr oder weniger schrecklich; allein die [Eruption] von 1631 (die 13te) war wieder eine der fürchterlichsten. Den 16. Dezember fing er nach vorhergegangenem Erdbeben an, den folgenden Tag brach ein ungeheurer Strom Lava nach Neapel zu aus, welcher alles verheerte und verbrannte. Neapel wurde mit Dampf und Asche bedeckt. Der 22te Ausbruch (im Jahre 1737) war wieder die furchtbarste Wiederholung, nicht minder der vom Jahr 1779. – Der neueste Ausbruch von der außerordentlichsten Heftigkeit geschah den 12. August 1805, nachdem schon zuvor [...] eines der fürchterlichsten Erdbeben in dieser Gegend gewütet und über 1300 Familien verschüttet, mehrere Orte gänzlich zerstört und überhaupt die traurigsten Verwüstungen und Zerrüttungen (unter denen bloß die zu Neapel auf 20 Millionen Dukaten geschätzt worden) angerichtet hatte, die man aber nicht gerade dem Vesuv allein zuschreiben konnte. [...] Den Gipfel, welcher 3600 Fuß über die Meeresfläche erhaben ist, zu ersteigen gehört unter die kühnsten Unternehmungen, weil man die Hälfte hinauf bis an die Knie in Asche waten und über äußerst steile Abhänge hinweg muss.»

Brockhaus Conversations-Lexikon, Bd. 6, 1809

der heulende, brüllende Berg mit der einen, zwei, drei Kilometer oder gar ein, zwei Dutzend Kilometer hohen, von flackernden Blitzen erhellten Aschesäule darüber, der Gluthauch des Kraters und der kreischend aufreißenden Flanken, die wankende Erde, dröhnende Paukenschläge aus der Tiefe, unerträglich sich steigernd, die nur von den Blitzen der Eruptionsgewitter und vom feurigen Widerschein der Lava erhellte Dunkelheit, der Hagel aus Asche und Steinen, das metallische Klirren und Ächzen des unaufhaltsam heranrückenden Lavapanzers, das schaurige Knistern der Zuflucht unter wachsender Last aus Asche und Lapilli. Und es hört und hört nicht auf. Schließlich das Unbeschreibliche, das Unvorstellbare, das noch niemand in der Nähe überlebte, um davon berichten zu können: die Glutwolke. Mehrere Hundert Grad heiß, von giftigen Gasen aufgebläht, gefüllt mit Asche, Gestein und Trümmern, rast sie den Berg hinab. Das Fleisch von Menschen und Getier verdampft darin, die Landschaft verbrennt noch mehrere Kilometer vom Vulkan entfernt.

Es liegt nahe, dass solche Kräfte göttlichem Wirken oder zumindest dem von Giganten zugeschrieben wurden. Und nicht selten versuchte man deren Toben durch Opfer des Kostbarsten zu beschwichtigen, das man besaß: Menschen. Verwünschungen murmelnde, gefesselte Gefangene eines Kriegszuges, schluchzende, mit Blumen geschmückte Jungfrauen, selbst Krieger des eigenen Volkes, die stumm, von Drogen besänftigt, ihren letzten Weg gingen, wurden in Krater, in Schlammströme oder in die herabkriechende Lava gestürzt. Beispiele dafür sind aus Mittel- und Südamerika, aus Afrika und Indonesien bekannt: Mayas, Inkas und Azteken brachten ihren Vulkanen Menschenopfer dar, Coseguina in Nikaragua verschlang Kinder, Masaya im selben Land junge Frauen, Nyamuragira und Nyaragongo in Zentralafrika bekamen jährlich zehn der gewandtesten Krieger, Bromo auf Java verlangte einmal im Jahr einen Menschen. Erst spät wichen solche Bräuche den Opferungen von Tieren und Früchten – der Bromo zum Beispiel begnügt sich nunmehr mit lebenden Hühnern –, in deren Verlauf anstelle der zum Opfer bestimmten Menschen nun oft Reliquien, sterbliche Überreste von Heiligen oder doch wenigstens die Abbilder von Heiligen oder Gottheiten gegenwärtig waren. Derart geschah es auch am Vesuv, indem man die Gebeine San Gennaros – oder Sankt Januarius', des Schutzheiligen von Neapel – zum Ponte della Maddalena schleppte, zur Brücke an der dem Vesuv zugewandten Stadtseite. Seit 1767 übernahm dann eine mit abwehrender Geste gegen den Vulkan gerichtete Statue des Heiligen diese Rolle. Das brachte handgreifliche Vorteile mit sich: So wie man im Süden Europas schon einmal den Gekreuzigten über dem Krankenbett auf den Kopf stellt, um ihn drängend auf die Not der Stunde hinzuweisen, so musste der steinerne San Gennaro zuweilen Beschimpfungen und selbst Schläge hinnehmen, wenn die Neapolitaner meinten, es sei Zeit für ein Wunder. Gegen Ende des 19. Jahrhunderts erhielt San Gennaro schließlich Beistand durch die Madonna vom Rosenkranz, die dem brennenden Berg von Pompeji her entgegengetragen und erheblich sanfter behandelt wurde. Letzteres galt natürlich ebenso für die jeweiligen Direktoren des Observatoriums auf dem Vesuv, die während der Ausbrüche tapfer in ihrem schwankenden Bau aushielten und zu denen man wie zu Ikonen hoffend aufsah.

Dennoch, häufig blieben Götter und Heilige trotz aller Prozessionen, Beschwörungen und Opfer untätig, sahen achtlos auf das Leid der Frauen und Männer, die da barfüßig, in langen Reihen, sich halbnackt geißelnd oder in Büßergewänder gekleidet, Dornenkronen auf dem Haupt oder schwere Kreuze auf dem Rücken, mit Steinen beschwerte Stricke oder Ketten um den Hals, um Gnade flehten. Der Berg tobte, der Mensch sah sich hilflos und zurückgeworfen auf Schuldgefühle, die kaum benennbar waren, aber dennoch wenigstens den Anschein einer Erklärung dafür gaben, weshalb die Elemente rasten. Sir William Hamilton, ein Vulkanliebhaber, von dem späterhin noch zu berichten sein wird, hat ein Bild von solcher Stimmung gezeichnet, als der Vesuv im Au-

Ein Mönch beschwichtigt aufgebrachte Neapolitaner, die während der Vesuveruption im April 1872 über San Gennaros Standbild an der Magdalenenbrücke herfallen. Zeitgenössische britische Zeitschriftillustration. Daneben erflehen Vesuvanwohner im April 1906 ein himmlisches Wunder, das der Eruption Einhalt gebieten soll. Zeitgenössisches Titelblatt von Achille Beltrame für die Zeitschrift «La Domenica del Corriere».

gust 1779 wütete: «Alle öffentlichen Zerstreuungen kamen augenblicklich zum Erliegen. Die Theater wurden geschlossen und stattdessen die Kirchentüren aufgestoßen. In den Straßen sammelten sich zahllose Prozessionen, und Frauen und Kinder mit zerzausten Haaren verlangten schreiend, man solle ihnen die sterblichen Überreste des heiligen Januarius aushändigen, damit sie den brennenden Berg damit umstimmen könnten. Kurzum, die Bevölkerung dieser Kapitale gab sich wieder einmal ihrer gewohnten, überspannten Gemütslage zwischen Aufruhr und Bigotterie hin. Wären nicht rasche und gut abgestimmte Maßnahmen ergriffen worden, so hätte Neapel von der unbotmäßigen Unterschicht seiner Einwohner vielleicht größere Gefahr als von dem rasenden Vulkan gedroht.»

Auch der Maler Wilhelm Tischbein, damals Direktor der Kunstakademie zu Neapel, beschrieb in seinen Lebenserinnerungen die irrwitzige Stimmung während der Vesuveruption 1794 und hinterließ zugleich farbige Wortbilder des Vulkans: «Ich ging auf die Straße und sah das geängstigte Volk mit Lichtern, Heiligenbildern und Kreuzen aus den Häusern kommen. Die Hände gen Himmel gestreckt, lagen sie auf der Erde. Einige machten in der Geschwindigkeit kleine Altäre, stellten Lichter davor und warfen sich platt auf den Boden, alle Heiligen anrufend; einige trugen Betten und Hausgerät und wollten im Freien bleiben, weil sie fürchteten, unter dem Schutte der Häuser begraben zu werden. Andere schlugen Zelte auf und brachten die Kinder darunter. Ich wollte den

Von einem Priester geführte Bittprozession während der Vesuveruption im März 1944. Die seltene Aufnahme (Ausschnitt) stammt von George Rodger – einem ehemaligen Matrosen, der seinen Weg zur künstlerischen Fotografie ganz allein gegangen war – und entstand vermutlich in San Sebastiano oder Massa di Somma.

geängstigten Leuten, die mit der Verzweiflung rangen, Mut einsprechen und sagte: ‹Gute Menschen, uns braucht nicht mehr bange zu sein vor einem Erdbeben; der Vesuv hat jetzt Luft und kann sich seiner glühenden Eingeweide entledigen.› [...] Aber das Volk war so in Verwirrung und Fanatismus, dass es durch lauteres Schreien und Beten zu allen Heiligen die Gefahr abzuwenden hoffte. [...] Ich erschrak über den Aufruhr des im höchsten Grade fanatischen Volkes mehr als über den Vesuv und fand, dass es nicht Zeit sei, mit Vernunft das Volk zu beruhigen, und zog mich daher still aus dem Gedränge. Während der Zeit war die erste [Lava-]Fontäne größer und höher geworden; dann zeigte sich noch eine, dann die dritte, bis endlich sieben Feuersäulen gegen den Himmel stiegen und die ganze Gegend erleuchteten, als stände alles in Feuer. Mitunter durchfuhren Blitze den schwarzen Rauch im Zickzack. Das Donnern und Prasseln und Zischen war fürchterlich, das Sieden, als kochte es in tausend ehernen großen Kesseln. Man vernahm eigentlich nicht, woher der Lärm kam, der Laut war überall, es schallte von allen Seiten her. Ein fürchterlich-prächtiges Schauspiel mit Blitz und Donner begleitet! Über den sieben Feuerstrahlen, die gegen den Himmel rauschten, stand die höchste Feuersäule, welche aus dem Krater der Bergspitze kam! Die Stadt Neapel mit ihren großen schönen Gebäuden wurde von dem hellen Scheine beleuchtet, als wäre alles von Feuer.»

Der Lauf der Zeit veränderte den Hergang solcher Szenen wenig. Anderthalb Jahrhunderte nach Wilhelm Tischbein schilderte der Schriftsteller Curzio

Im März 1944 umkreisen Bombenflugzeuge wie erregte Insekten den brennenden Berg. Darunter zerstört Vesuvlava – beobachtet von Angehörigen der amerikanischen 47. Bombardment Group – zur selben Zeit ein Haus.

Malaparte ein Geschehen, das Neapel selbst noch beim Vesuvausbruch im März 1944 beherrschte. Wie künftig noch oft, soll hier ein Zitat davon erzählen, denn besser als die Augenzeugen vermag es der Autor schließlich auch nicht zu sagen: «Der Himmel klaffte im Osten in einer gewaltigen Wunde, er blutete, und das Blut färbte das Meer tiefrot. Der Horizont zerbröckelte und stürzte in einen feurigen Abgrund. Von tiefem Schluchzen geschüttelt, zitterte die Erde, die Häuser schwankten in ihren Fundamenten, und schon hörte man Ziegel und Mauerwerk sich von den Dächern und Terrasseneinfassungen lösen und mit dumpfem Poltern aufs Straßenpflaster hinabstürzen [...]. Fast nackte Greise mit klapperdürren, weiß leuchtenden Beinen kamen schleichend, an die Mauern gestützt daher, die Stirn von weißem, wind- und angstzerrauftem Haar bedeckt und abgerissene Worte schreiend, die ich für lateinisch hielt und die vielleicht heidnische Zauberworte waren, Formeln der Verwünschung oder der Aufforderung zu bereuen, öffentlich seine Sünden zu bekennen oder sich zu christlichem Tode vorzubereiten. Scharen von Frauen aus dem Volke, mit verstörten Mienen, liefen wie außer sich dahin, fast rennend, eng aneinander gepresst wie Krieger beim Sturm auf eine Festung, und unter dem Laufen riefen sie den gestikulierenden und weinenden Menschen an den Fenstern unflätige Schmähungen und Drohungen zu, riefen sie zur Buße auf über die gemeinsame Verworfenheit, denn der Tag des Gerichts sei endlich gekommen, und die Züchtigung Gottes werde weder Frauen noch Greise noch Kinder verschonen. Auf diese Schmähungen und Drohungen antworteten die Menschen von den Fenstern her mit lautem Jammern, mit furchtbaren Verwünschungen und gottlosen Lästerungen, zu denen die Menge in den Straßen mit Stöhnen und Schreien das Echo abgab, die Fäuste zum Himmel ballend in maßloser Verzweiflung.»

Curzio Malaparte war ein begnadeter Schriftsteller, obschon sein Blick zuweilen dem eines Insektensammlers glich. Mitleid hat dieses Bild eifernder, kopfloser Menschen, die wie aufgeschreckte Ameisen umherlaufen und zu glauben scheinen, ihnen bliebe nicht einmal mehr die Flucht, wohl kaum gezeichnet. Aber es mag sein, dass dies eine Möglichkeit ist, fühlloses Grauen zu schildern, das da wirkt: die Ohnmacht des Betrachters. So ohnmächtig, wie ein gleichfalls bedeutender, jedenfalls mitfühlenderer, Schriftsteller zur selben Zeit zusah, als Lava vom Vesuv in San Sebastiano eindrang: Norman Lewis, damals wie Malaparte Geheimdienst- und Verbindungsoffizier zum Hauptquartier der amerikanischen 5. Armee in Neapel.

«Die Lava fraß die Stadt auf zweifache Weise. War sie flüssig, schlängelte sie sich um und in die Gebäude und begrub sie in ihrer Umarmung. War sie fester und weniger heiß, so kroch sie an jedem Hindernis empor, bis sie es wie ein gigantischer Bulldozer niedergedrückt und zerstört hatte. In beiden Fällen war ihr Vordringen bedächtig, unaufhaltsam und unerbittlich. Sie schien ihre Beute wie eine riesige Pythonschlange zu verdauen. [...] Ich hatte feurige Flüsse erwartet, aber da gab es weder Feuer noch Brand – stattdessen erstickte die Stadt

«**Vulkane** heißen solche Berge, welche von Zeit zu Zeit glühende Steine, geschmolzene Massen, Feuer, Rauch, Asche etc. bis zu beträchtlichen Höhen mit mehr oder weniger Gewalt ausstoßen, um sich werfen und dadurch nicht nur die umliegenden Gegenden, sondern auch öfters Menschen und Vieh, die sich nicht sofort retten können, aufs fürchterlichste verheeren und vertilgen – ein Schauspiel, gewiss eines der furchtbarsten in der Natur! Die Öffnung oder der Schlund, aus welchem solche Ausbrüche kommen, nennt man Krater, und jene ausgeworfenen und wieder herabfallenden Materien bilden um denselben einen Kegel, welchen man mit einem aufgeworfenen Maulwurfshaufen vergleicht, indem der Krater selbst immer offen bleibt und dadurch die Gestalt eines hohlen, kegelförmigen Bassins erhält, welche auch bei den meisten Vulkanen regelmäßig bleibt, wenn nicht etwa [...] der innere Feuerstrom einen anderen Ausweg und einen neuen Schlund zu öffnen sucht. Sobald das Toben der Vulkane nachlässt, fließt die Lava [...] entweder wie ein Schaum aus dem Krater heraus oder bricht an den Seiten oder dem Fuße des Berges mit einem heftigen Knalle hervor. Es ist dies ein Strom dickflüssiger, geschmolzener Materie, deren Oberfläche aber an der Luft sich bald verhärtet, sodass sie nach und nach einem fortrollenden Steinhaufen ähnlich wird, so wie denn überhaupt der Strom, der des Nachts feuerrot glühend erscheint, aber am Tageslichte mehr weiß aussieht, einen langsamen Weg nimmt, vor welchem sich daher die Menschen leicht retten können. Bei festen Gebäuden pflegt der Strom anzuhalten und sich abzukühlen oder es häuft sich auch die Masse an und überströmt dann das entgegenstehende Hindernis, wodurch mancherlei sonderbare Gestalten entstehen [...]. Die Glut des Stromes dauert mehrere Monate, ja, er bleibt bisweilen auf ein Jahr lang heiß.»

Brockhaus Conversations-Lexikon, Bd. 6, 1809

unter Millionen Tonnen Schlacke [...]. Die gesamte, völlig unbeschädigte Kuppel einer Kirche, säuberlich abgetrennt von ihrem schon von der Lava begrabenen Unterbau, torkelte uns langsam auf dem Schlackefluss entgegen. Dabei war es geisterhaft still. Die schwarze Schlackehalde schüttelte sich nur, zitterte und zuckte ein wenig, und von ihrer Frontseite rasselten dunkle Schuppen herab. Ein Haus, achtsam umzingelt und dann überwältigt, verschwand spurlos, und dem folgte ein kaum wahrnehmbares, mahlendes Geräusch, mit dem die Lava es zu verdauen begann. Ich sah zu, wie ein großes Wohnhaus, zudem als das Café der Stadt kenntlich, sich der Lava entgegenstellte. Es widerstand vielleicht 15 oder 20 Minuten, dann schien die bebend umherkriechende Lava sein innerstes Gewebe zu zersetzen und es begann zu schwanken, bevor seine Wände sich aufblähten und herabstürzten.»

Im Nordosten Neapels, dort, wo Norman Lewis den Angriff der Lava beobachtete, hofften die Menschen gewöhnlich auf den Beistand des örtlichen Heiligen – hier also auf den San Sebastianos – und auf den der Gottesmutter. Das Vertrauen in deren Fähigkeiten scheint jedoch nicht unerschütterlich ge-

Auf dem Grund der Solfatara von Pozzuoli, eines Bestandteils der Campi Flegrei: Rings um die Touristengruppe wehen 150 Grad heiße Dampffahnen, deren Schwefelgehalt an dem links aufgestellten, mit verfärbten Steinen gefüllten Metallkorb sichtbar wird.

wesen zu sein: Ein Carabiniere zeigte Lewis die aus Neapel herbeigebrachte Statue San Gennaros, die – unter einem Tuch verborgen – inmitten einer Schar von Gläubigen in einer Nebenstraße bereitgehalten wurde. «Nur dann, wenn kaum noch Hoffnung auf Rettung bestünde, würde man San Gennaro ins Freie tragen und ein Wunder von ihm erflehen. Der Carabiniere hielt das nicht für notwendig; er hatte bereits bemerkt, dass die Lava langsamer floss. [...] Ascheflocken, zarter als Schnee, schwebten noch immer herab, aber der Tag schien sich aufzuhellen, und für einen Augenblick erschien vor uns – wie durch einen Riss in einem Vorhang – der Kraterkegel des Vulkans. Hinter uns begannen zittrige Stimmen ein Te Deum zu singen. Wie es schien, würde die halbe Stadt verschont bleiben.»

Der Zusammenhang zwischen Legenden, Mythen und religiösen Vorstellungen einerseits und der Tätigkeit von Vulkanen andererseits ist vorhin angedeutet worden, ohne ihn für das an den Vesuv grenzende Gebiet zu benennen. Aber natürlich besteht er auch dort. Da gibt es zum Beispiel westlich von Neapel ein etwa 150 Quadratkilometer großes Gebiet, das man Campi Flegrei nennt. Der in das Italienische übernommene Name wurde von griechischen Siedlern geprägt, die einst an der Bucht von Neapel eine Nea Polis – eine neue Stadt – gründeten: Die Bezeichnung ist ihrer Sprache entlehnt und bedeutet «brennende Felder». Und die Campi Flegrei brennen schon seit sehr langer Zeit – sie brannten bereits, bevor Odysseus oder der trojanische Prinz Aeneas dort den Boden beben spürten und den Eingang zur Unterwelt betraten, brannten auch, bevor Charon, der düstere Fährmann, am Rande der Felder Verstorbene über den Styx ins Totenreich ruderte. Giganten sollten dort hausen, Riesen von göttlicher Abstammung, die sich eines Tages gegen die Götter empörten. Dabei tobte der Kampf so heftig, dass die Erde bebte. Brüllend türmten die Giganten

Katastrophentouristen besehen drei Ausbruchskegel (Hornitos oder Spratzkegel); links der Observatoriumshügel. Lavaströme lockten stets Neugierige auf die Vulkanhänge: Zum Beispiel zählte man einen Tag vor dem Unglück im April 1872, bei dem mehr als hundert Menschen umkamen, an der sogenannten Einsiedelei während der Abenddämmerung 120 Kutschen. Neapolitanische Gouache von 1858.

Berge auf, die bis in olympische Höhen reichten, und schleuderten von dort Baumstämme, Felsbrocken und Feuerbrände auf die Götter. Denen jedoch gelang es im Bunde mit dem Zeussohn Herakles, sie zu besiegen. Herakles, von den Römern Herkules genannt, soll dann die am Vesuv gelegene Stadt Herculaneum gegründet haben, von der hier noch die Rede sein wird. Erdbeben, sich auftürmende Berge, emporfliegende Felsbrocken und Feuerbrände – es gibt kaum eine knappere Beschreibung eines Vulkanausbruches. Tatsächlich waren die durch einen unterirdischen Magmasee mit dem Vesuv verbundenen Campi Flegrei immer wieder Schauplatz vulkanischer Vorgänge, und sie sind es noch heute, denn die Giganten lassen die Erde, unter der sie begraben sind, nicht zur Ruhe kommen und heulen nach Rache. Was da als Mythos daherkommt, ist – wenn man die Grenzen damaliger Vorstellungskraft bedenkt – eine vernünftige Erklärung für die Unvernunft der Natur. Und überdies eine wunderbare, poetische Geschichte – vielleicht verhält es sich ja so, dass eher unsere Vorstellungskraft von Wissen und Vernunft begrenzt wird.

Späterhin entstanden sogar Aufzeichnungen von Menschen, die nicht nur das Äußere, sondern selbst das Innere von Vulkanen beschreiben konnten, nachdem sie es bereist hatten. Zugegeben, vieles davon erscheint nicht sonderlich vertrauenswürdig, insbesondere dann, wenn der Erzähler Münchhausen heißt. Trotzdem sei dessen Bericht hier vorurteilslos und in der Form wiedergegeben, die ihm die Bearbeitung von Gottfried August Bürger gibt. Münchhausens Schilderung war ursprünglich kürzer und in englischer Sprache von dem Universalgelehrten und zeitweiligen Mitglied der Royal Society Rudolf Erich Raspe verfasst worden: von einem Mann, der auch ein Kapitel in der Geschichte der Vulkanologie mitschrieb, aber leider versucht hatte, finanzielle Probleme auf unredliche Weise zu lindern und deshalb nach England fliehen musste. Sein Stoff gewann durch Bürgers Gestaltung außerordentlich, wurde erst zu Literatur, verlor aber an derbem Witz:

«[Patrick] Brydones Reisen nach Sizilien, die ich mit ungemeinem Vergnügen durchlesen habe, machten mir Lust, den Berg Ätna zu besuchen [...]. Eines Morgens reisete ich früh aus einer am Fuß des Berges gelegenen Hütte ab, fest entschlossen, auch wenn es auf Kosten meines Lebens geschehen sollte, die innere Einrichtung dieser berühmten Feuerpfanne zu untersuchen und auszuforschen. Nach einem mühseligen Weg von drei Stunden befand ich mich auf der Spitze des Berges. Er tobte damals gerade und hatte schon drei Wochen getobt [...]. Ich ging dreimal um den Krater herum – den Sie sich als einen ungeheueren Trichter vorstellen können –, und da ich sah, dass ich dadurch wenig oder nichts klüger wurde, so fasste ich kurz und gut den Entschluss hineinzuspringen. Kaum hatte ich dies getan, so befand ich mich auch in einem verzweifelt warmen Schwitzkasten, und mein armer Leichnam wurde durch die rotglühenden Kohlen, die beständig heraufschlugen, an mehreren Teilen, edlen und unedlen, jämmerlich gequetscht und verbrannt.

So stark übrigens die Gewalt war, mit der die Kohlen heraufgeschmissen wurden, so war doch die Schwere, mit der mein Körper heruntersank, ein beträchtliches größer, und ich kam in kurzer Zeit glücklicherweise auf den Grund. Das erste, was ich gewahr wurde, war ein abscheuliches Poltern, Lärmen, Schreien und Fluchen, das rings um mich zu sein schien. – Ich schlug die Augen auf, und siehe da! – ich war in der Gesellschaft des Vulkans und seiner Zyklopen. Diese Herren – die ich in meinem weisen Sinne längst ins Reich der Lügen verwiesen hatte – hatten sich seit drei Wochen über Ordnung und Subordination gezankt, und davon war der Unfug in der Oberwelt gekommen. Meine Erscheinung stellte auf einmal unter der ganzen Gesellschaft Friede und Eintracht her. Vulkan hinkte sogleich nach seinem Schranke hin und holte Pflaster und Salben, die er mir mit eigner Hand auflegte, und in wenigen Augenblicken waren meine Wunden geheilt. Auch setzte er mir einige Erfrischungen vor, eine Flasche Nektar und andere kostbare Weine, wie sie nur Götter und Göttinnen zu kosten kriegen. Sobald ich mich etwas erholt hatte, stellte er mich seiner Gemahlin, der Venus, vor und befahl ihr, mir jede Bequemlichkeit zu verschaffen, die meine Lage forderte. Die Schönheit des Zim-

«**Vulkan**, der Gott des Feuers und der Schmiede, ein Sohn Jupiters und der Juno. Wegen seiner hässlichen Gestalt wurde er von seinem Vater herab auf die Erde, und zwar auf die Insel Lemnos, gestürzt, wo ihn aber Thetis [...] vom Tode errettete, ob er gleich von diesem Falle ein lahmes Bein davontrug. Nachher erhielt er zur Entschädigung die Venus zur Gemahlin, die ihm jedoch untreu ward und den wohlgestalteten und rüstigen Mars vorzog. Sein Aufenthalt war, außer jener Insel Lemnos und den Liparischen Inseln, der Berg Ätna auf der Insel Sizilien, wo er mit den Zyklopen, seinen Gesellen, arbeitete und insbesondere die Donnerkeile für den Jupiter schmiedete. Und daher kommt es auch, dass man überhaupt Feuer speiende Berge Vulkane zu nennen pflegt. Vulkan ist nun also eigentlich in der Götterlehre der Gott der mechanischen Künste (einer der ersten des Altertums), und ihm und seinen Zyklopen werden auch von den Dichtern alle herrlichen, wunderbaren und außerordentlichen Werke der Kunst zugeschrieben. Er wird übrigens als ein ältlicher, hässlich gestalteter Mann abgebildet, mit einem Hammer und einer Feuerzange in der Hand; oft sieht man ihn auch vor einem Amboss sitzen und schmieden. Bei den Griechen heißt er Hephaistos.»

Brockhaus Conversations-Lexikon, Bd. 6, 1809

mers, in das sie mich führte, die Wollust des Sofas, auf das sie mich setzte, der göttliche Zauberreiz ihres ganzen Wesens, die Zärtlichkeit ihres weichen Herzens – alles das ist weit über allen Ausdruck der Sprache erhaben, und schon der Gedanke daran macht mich schwindeln.

Vulkan gab mir eine sehr genaue Beschreibung von dem Berg Ätna. Er sagte mir, dass derselbe nichts als eine Aufhäufung der Asche wäre, die aus seiner Esse ausgeworfen würde, dass er häufig genötigt wäre, seine Leute zu strafen, dass er ihnen dann im Zorn rotglühende Kohlen auf den Leib würfe, die sie oft mit großer Geschicklichkeit parierten und in die Welt hinaufschmissen, um sie ihm aus den Händen zu bringen. ‹Unsere Uneinigkeiten›, fuhr er fort, ‹dauern bisweilen mehrere Monate, und die Erscheinungen, die sie auf der Welt veranlassen, sind das, was ihr [...] Ausbrüche nennet. Der Berg Vesuv ist gleichfalls eine meiner Werkstätten, zu der mich ein Weg führt, der wenigstens dreihundertundfünfzig Meilen unter der See hinläuft.›»

Marmorrelief des Gottes Vulkan im Heiligtum der vier Gottheiten in Herculaneum. Die Bewohner der während der Vesuveruption 79 untergegangenen Stadt verehrten Vulkan, den Gott des Schmiedefeuers und der Handwerkskunst, freilich nicht wegen vulkanischer, sondern wegen handwerklicher Fertigkeiten.

«Ein entzückend schaurig' Bild allerhöchster Wut…»

Von Dichtern, Glut und Asche

Es ist ungewiss, wann das geflügelte Wort entstand: «Vedi Napoli e poi muori!» – Sieh' Neapel und dann stirb! Goethe hat diesen Satz zustimmend erwähnt, Mark Twain dagegen meinte sarkastisch, man müsse nach einem Besuch Neapels durchaus nicht sterben, dort zu leben sei aber eine ganz andere Sache. Menschen, die zu ihrem Vergnügen reisen, Touristen also, neigten jedoch fast immer Goethes Ansicht zu, und in der Tat hat die Stadt ihre Besucher wohl nie enttäuscht. Sie war Endpunkt – nur sehr selten reiste jemand nach Sizilien weiter – der sogenannten Kavalierstour oder Grand Tour, einer Bildungsreise, in deren Verlauf zunächst meist junge europäische Adlige, sodann auch gut betuchte Bürger, die westlichen Metropolen des Kontinents sowie Stätten der Antike und der Renaissance in Italien kennenlernten. Griechenland wurde ja bis zum Ende der türkischen Herrschaft im 19. Jahrhundert gemieden, und zudem waren die antiken Bauwerke Italiens besser erhalten. Da war es nur angemessen, Neapel zu besuchen, die für einige Zeit nach London und Paris drittgrößte Stadt Europas. Schließlich hatten Neapels Gekrönte – zumindest seit der Herrschaft Karls VII. – Kunstschätze angehäuft, die einen Vergleich mit jenen in Rom, Florenz oder Venedig nicht zu scheuen brauchten, drei Opernhäuser wetteiferten um die Gunst des Publikums, auch die Konzerte durchreisender Musiker – unter ihnen Johann Christian Bach, Gluck, Haydn oder Vater und Sohn Mozart – erwiesen die Stadt als einen strahlenden Mittelpunkt europäischer Musik. Dafür, dass sie es auch auf dem Feld der Dichtung und Literatur einmal war, sprach das Dreigestirn Vergil, Petrarca, Boccaccio, dessen Mitglieder zeitweilig in Neapel gelebt hatten. Bedeutende bildende Künstler wie Giotto di Bondone oder Salvator Rosa waren dort tätig gewesen, hier hatte Michelangelo Marisi, genannt Caravaggio, Zuflucht gefunden und sich – so in den «Sieben Werken der Barmherzigkeit» – weiterhin mit mächtigen Flügelschlägen über alle Malerei vor ihm erhoben, und wenn die Feststellung zutrifft, Neapel sei eine Hauptstadt der Gotik, dann gilt das zumindest auch für das Barock.

Zum Spiel von Leier und Schellen tanzende Kentaurin und Hermaphrodit. Fresko aus Pompeji, Villa di Cicerone (jetzt im Archäologischen Nationalmuseum Neapel). Die Darstellung ließ den Kunsthistoriker Joachim Winckelmann nach der Entdeckung im Jahre 1749 schwärmen, sie sei «flüchtig wie ein Gedanke und schön wie von der Hand der Grazien ausgeführt».

Unbestritten war die einzigartige landschaftliche Schönheit ringsum, in der nächsten Umgebung konnte man zwischen Pozzuoli und Paestum eindrucksvolle antike Bauten besichtigen oder in Thermalquellen baden, die schon römischen Kaisern Heilung und Behagen verschafften. Wer über eine entsprechende Bildung verfügte und Vergil schätzte, der war dessen Grab nahe, wer begierig war, mit Dante Alighieris «Göttlicher Komödie» in der Hand durch

Karte des Golfes von Neapel mit der Insel Procida, den Campi Flegrei, Neapel, dem brennenden Monte Vesuvio, Salerno und Capri aus William Hamiltons «Campi Phlegraei».

die Hölle und durch das Paradies sowie auf den Läuterungsberg zu wandern, der fand all dies in Neapels Nähe. In der zweiten Hälfte des 18. Jahrhunderts gab es dann noch etwas zu sehen, was einem nirgendwo sonst in der Welt geboten werden konnte: die Ausgrabungsstätten von Herculaneum und Pompeji sowie die zunächst in Portici ausgestellten Fundstücke. Johann Joachim Winckelmann, jener Vesuvbesteiger, der dort hüllenlos Tauben frühstückte, vor allem aber geistiger Wegbereiter des Klassizismus und schöpferischer Kunsthistoriker war, hatte mit seinen zwei «Sendschreiben von den Herculanischen Entdeckungen» Europas Neugier auf diese Orte gerichtet. Pompejanisch wurde zur vorherrschenden Mode zwischen Paris und Petersburg; Speisezimmer, Skulpturen, Einrichtungsgegenstände, Tapeten, Gobelins – alles ahmte bald den Stil der unglücklichen Stadt am Vesuv oder das nach, was man dafür hielt. Es verstand sich von selbst, dass ein Gang durch die fast zwei Jahrtausende zuvor vom Vesuv verschütteten Städte sowie der Anblick daraus geborgener Kunstwerke auch das Interesse für den Vulkan gewaltig entfachte. Überdies lenkte der Berg mit häufigen Eruptionen beständig die Blicke auf sich, wie denn überhaupt ein Bild des Golfes von Neapel ohne seine Rauchfahne unvorstellbar war.

In der zweiten Hälfte des 18. Jahrhunderts verändert sich die Herkunft vieler Reisender am Golf: Angehörige des Bürgertums erscheinen bald zahlreicher als die britischen oder aus anderen Ländern stammenden Adligen und ihre Erzieher. Waren es zuvor nur vereinzelte Gelehrte und Angehörige der schreibenden Zunft gewesen, so kommen jetzt mehr und mehr gebildete, wohlhabende Bürger, genießend darum bemüht, ihre Weltanschauung durch Anschauung der Welt zu vervollkommnen und bestätigt zu finden. Wenn ihnen hier die Dichter und Schriftsteller vorgezogen werden, so soll das den Text bereichern – kennzeichnender für die Besucher Neapels wird nun geraume Zeit eher der betuchte reisende Bürger. Fraglos gehörte bereits Johann Caspar Goethe dieser Gattung an, als er 1740 Neapel und den Vesuv besuchte: Der Jurist und Kaiserliche Rat verdiente genug, um allein seinem Sohn einmal sehr wertvolle Liegenschaften und 90 000 Gulden zu hinterlassen, seine Bibliothek umfasste anderthalb Tausend Bände, und er war so sprachgewandt, dass er den Bericht über die Reise – mit der Hilfe seines Sprachlehrers – italienisch niederschreiben konnte.

Da darf wohl vermutet werden, sein Sohn habe mehr von ihm empfangen als «die Statur, des Lebens ernstes Führen». Es mag auch dem Einfluss des Vaters, seinen Erzählungen von Italien zu verdanken sein, wenn die «Italienische Reise» zur unbeschwertesten und dennoch lehrreichen Zeit im Leben des bereits siebenunddreißigjährigen Johann Wolfgang von Goethe wird. Ihn führt diese Reise Ende Februar 1787 nach Neapel, und schon wenige Tage später steht er auf dem Vesuv:

M. Tifata
CASERTA
CAMPAGNA FELICE
DI LAVORO
CAMPI FLEGREI
Maddaloni
Acerra
Nola
L. di Patria
L. di Licola
L. Fusaro
Pozzuoli
P. di Miseno
P. di Posilipo
NAPOLI
T. del Greco
Monte Vesuvio
GOLFO DI NAPOLI
Sorrento
Punta della Campanella
GOLFO DI SALERNO
Capri
Ana Capri
I. DI CAPRI

«**Die Hauptstadt Neapel**, die königliche Residenz mit fünf Kastellen und einem Hafen, liegt an einem sehr angenehmen Meerbusen und ist die größte Stadt in Italien. Sie zählt 400 000 Einwohner. Die Häuser sind überaus hoch, und der Geschmack in der Baukunst fällt zu Neapel in das Sonderbare und Abenteuerliche, doch gibt es auch Gebäude von edlerem Stil, worunter vorzüglich der königliche Palast zu rechnen ist, den ehedem die Vizekönige bewohnten. [...] In der erzbischöflichen Domkirche befindet sich das Blut des heiligen Januarius, und in der Kirche San Severo ist einer von den Eingängen zu den berühmten neapolitanischen Katakomben. Übrigens hat Neapel eine Universität, mehrere Sammlungen [...] und nicht unbeträchtliche Fabriken, vorzüglich von Seide, Galanteriewaren, Makkaroni, Porzellan u. s. f. Die dasige Handlung könnte jedoch weit blühender sein. Die Neapolitaner werden als im Ganzen zwar gutartige, aber höchst eingeschränkte und sinnliche Menschen geschildert. Merkwürdig ist übrigens Neapel als das Vaterland der Kastraten, der Hauptsitz der Banditen, der einzige Ort in der Welt, wo das berüchtigte Gift Aqua Tofana verfertigt wird, endlich als der einzige Wohnplatz der Lazzaroni. Die Lazzaroni sind Menschen, die weder Stand, Beschäftigung, Eigentum noch Wohnung haben, sich durch die äußerste Dürftigkeit und Mäßigkeit auszeichnen und dessen ungeachtet in einer gewissen Verbindung leben, trotz der zahlreichen Haufen aber, die sie bilden – man zählt deren 60 000 –, dennoch äußerst gutherzig und geduldig sind. [...] Äußerst wichtig sind übrigens die Merkwürdigkeiten, die sich in der Nähe von Neapel befinden, unter denen ich den Vesuv (dritthalb bis drei Stunden von Neapel, bis zum Krater gerechnet), Herculaneum und gerade darüber Portici mit einem königlichen Palast und den Herculanischen Altertümern (eine deutsche Meile von Neapel), Pompeji (zwei deutsche Meilen davon), Paestum (in einer Entfernung von drei Tagereisen), die berühmte Höhle von Posillipo auf dem Wege, der von Neapel nach Pozzuoli führt (ein kühnes, auf Befehl des Agrippa unternommenes Werk den Berg zu durchbrechen, an dessen Eingange ein mit Lorbeer bewachsener Ort ist, den man für Vergils Grab hält, welches aber noch manchem Zweifel unterworfen ist), auszeichne.»

Brockhaus Conversations-Lexikon,
Bd. 3, 1809

«Den zweiten März bestieg ich den Vesuv, obgleich bei trübem Wetter und umwölktem Gipfel. Fahrend gelangt' ich nach Resina, sodann auf einem Maultiere den Berg zwischen Weingärten hinauf; nun zu Fuß über die Lava vom Jahre einundsiebenzig, die schon feines, aber festes Moos auf sich erzeugt hatte; dann an der Seite der Lava her. Die Hütte des Einsiedlers blieb mir links auf der Höhe. Ferner den Aschenberg hinauf, welches eine saure Arbeit ist. Zwei Dritteile dieses Gipfels waren mit Wolken bedeckt. Endlich erreichten wir den alten, nun ausgefüllten Krater, fanden die neuen Laven von zwei Monaten, vierzehn Tagen, ja eine schwache von fünf Tagen, schon erkaltet. Wir stiegen über sie an einem erst aufgeworfenen vulkanischen Hügel hinauf; er dampfte aus allen Enden. Der Rauch zog von uns weg, und ich wollte nach dem Krater gehen.

Der Vesuv auf einem Kupferstich aus dem Jahr 1750. Der Künstler hat den Vulkan offenkundig nicht gesehen, aber gehört, dass sein Bild zwei Erhebungen – Monte Somma und Vesuvkegel – darstellen soll. Die Fumarolentätigkeit ist heftig, in der Bildmitte wird ein davon geblendeter Mann hinabgeführt. Der Vordergrund zeigt vornehme Reisende und ihre Diener im Atrio del Cavallo, während rechts allegorische Figuren lagern.

Wir waren ungefähr fünfzig Schritte in den Dampf hinein, als er so stark wurde, dass ich kaum meine Schuhe sehen konnte. Das Schnupftuch vorgehalten half nichts; der Führer war mir auch verschwunden, die Tritte auf den ausgeworfenen Lavabröckchen unsicher; ich fand für gut, umzukehren und mir den gewünschten Anblick auf einen heitern Tag und verminderten Rauch zu sparen. Indes weiß ich doch auch, wie schlecht es sich in solcher Atmosphäre Atem holt.

Übrigens war der Berg ganz still; weder Flamme noch Brausen noch Steinwurf, wie er doch die ganze Zeit her trieb. Ich habe ihn nun rekognosziert, um ihn förmlich, sobald das Wetter gut werden will, zu belagern.»

Wer die auf den Vesuv führenden Straßen meidet und auf den Anblick erst kürzlich hervorgequollener Lava verzichten kann, der erlebt und sieht das alles noch heute: den Weg zwischen Weingärten, den ermüdenden Aufstieg durch Lapilli, das Moos auf alten Lavabänken, den verschütteten Krater sowie den Rauch – nämlich den Wasserdampf der Fumarolen. Zur Zeit Goethes und noch späterhin gelangte man von drei Ortschaften her auf den Vulkan: von Resina, San Sebastiano oder Boscotrecase. Fast immer war jedoch Resina – das heutige Ercolano – Ausgangspunkt des Aufstieges, wo man am Platz der Fontana dei

Der vom Parkplatz zum Krater hinaufführende Weg mit dem Ausblick auf das dicht an den Berg herandrängende Neapel. Darunter Fumarolen, die auch heute noch – wie auf dem vorangehenden Stich von 1750 – aus dem Vesuvkrater aufsteigen. Die winzig erscheinenden Menschen auf der Treppe im linken Bildhintergrund zeigen die Größenverhältnisse.

Colli Mozzi die Ciceroni traf, die Führer, von deren redlichen oder auch unrühmlichen Taten noch zu erzählen sein wird. Jacob Volkmanns «Nachrichten von Italien», der verbindliche deutschsprachige Reiseführer der Epoche, den auch Goethe mitführte, nannte sie ein «boshaftes Gesindel, welches der Abschaum des Pöbels ist», aber offenkundig blieben dem Dichter derlei Erfahrungen erspart. Die Bergführer stellten Reittiere, Tragsessel oder das absonderliche Geschirr, mit dem Touristen häufig den Hang hinaufgezerrt wurden, sie sorgten für Laternen und Fackeln und schleppten Körbe voller Weinflaschen und Proviant.

Eine erste längere Pause gab es an der Kapelle des Eremiten – kein treffender Begriff, denn der vorgebliche Einsiedler empfing viele Bergwanderer, handelte mit Wein, Andenken, Erfrischungen und manchem Happen, bot Quartier und betreute ein Gästebuch. Wie der Dichter Friedrich Hebbel 1845 mitteilte, kehrte dort aber nur ein Teil der Bergtouristen ein: «Bei der sogenannten Eremitage machten wir halt, traten jedoch nicht ein, da die ungeheuren Preise, die von diesen frommen Vätern für die schlechteste Bewirtung gefordert werden, selbst die Engländer abschreckten.» Hinter der Kapelle San Salvatore, in einer Höhe von wenig mehr als 600 Metern, begann dann der beschwerlichste und auch gefährlichste Teil des Aufstieges, nachdem die Pferde, Esel oder Maultiere schon zuvor in einem Atrio del Cavallo – etwa Pferdehalle – genannten, um 450 Meter hoch gelegenen Talabschnitt zurückgeblieben waren, in dem man noch Hirten begegnet war oder den Mönchen, die dort nach Kräutern suchten. Der gelehrte Reiseschriftsteller Georg Keyßler wusste über dieses Tal sowie über den Eremiten und seine Klause bereits 1751 zu sagen: «Allhier lässt man etliche Diener bei den Pferden und den Stiefeln, welche man, um leichter fortzukommen, mit Schuhen verwechselt. Bei diesem Platze hat ein Einsiedler eine schlechte Wohnung angeleget, worinnen er beständig bleibt, bis die Gefahr vom Berge recht augenscheinlich wird. Wenn die Reisenden vom obern Teile des Berges ermüdet zurückkommen, steht er mit einer Flasche Wein bereit, wofür man nicht undankbar sein muss, weil seine Lebensart und [Ordens-]Regel ihm nicht verbietet Geld zu nehmen.»

Das Atrio del Cavallo ist Bestandteil eines fünf Kilometer langen und einen halben Kilometer breiten Tales, das sich östlich davon als Valle dell'Inferno fortsetzt. Valle del Gigante, das Tal des Riesen, hat man die gesamte Tallandschaft genannt, seit Menschen dort immer wieder einmal Riesen in den Wolken tanzen sahen, die damit Vesuveruptionen ankündigten. Über dem Tal erhebt sich im Norden der Monte di Somma mit dem höchsten Punkt Punta del Nasone (1132 m), ein Höhenzug, der einem Begriff der Vulkanologie den Namen gab: Eine Somma ist das, was von einem Vulkan übrig bleibt, wenn er einbricht oder explodiert, ein Becken, ein Explosionskrater, dessen Umwallung die Überreste der Berghänge bilden. Bisweilen endet die Lebensgeschichte des Vulkans damit nicht, sondern setzt sich fort, indem in jenem Becken im Ver-

lauf neuerlicher Eruptionen ein Vulkankegel aufgeschichtet wird. Das ist auch hier geschehen, und man hat diesen Kegel Vesuv genannt, während Vulkanologen vom Somma-Vesuv-Komplex sprechen, denn eigentlich kann ja nur von einem Bergmassiv die Rede sein. Selbst heutige Bergführer vermeiden die Bezeichnung Vesuv und ziehen es vor, die von der Somma umringte Erhebung Gran Cono, großer Kegel, zu nennen.

Nach einer derzeit unter Vulkanologen verbreiteten Anschauung mag der Monte di Somma sein Dasein vor etwa 300 000 Jahren am Meeresgrund begonnen haben. Der bislang älteste nachweisbare plinianische Ausbruch, Codola-Eruption genannt, fand vor ungefähr 25 000 Jahren statt, und vor 18 500 Jahren erreichte der Vulkan dann seine größte Höhe: sicherlich 1800 bis 1900 Meter. Zur Caldera geworden ist Monte Somma schließlich während der ebenfalls plinianischen Sarno-Eruption vor etwa 22 000 Jahren, der vielleicht stärksten in seiner Geschichte. Die Caldera blieb hernach über Jahrtausende ein Schauplatz gewaltiger Explosionen, und wahrscheinlich entstanden darin immer wieder neue Schichtvulkane, die dann von plinianischen Eruptionen zerstört wurden: Vorgänger des heutigen Vesuvs. Wann dessen Kegel zum Schluss auf den Trümmern seiner Ahnen emporwuchs, wird sich kaum genau benennen lassen, weil jeder Bohrkern die vermengten Schichten vergangener Eruptionen herzeigt.

Goethes Weg vom Atrio del Cavallo zum Krater führte über raue, scharfkantige Lavabänke, durch Schotter, Schlacke, Grus und Asche. Er hat das bescheiden «eine saure Arbeit» genannt. Ebenso genügsam erscheint auch seine Schilderung des Gipfelerlebnisses. Es geschah schließlich nicht gar so selten, dass Dichter und Schriftsteller den Vulkan wie François-René Chateaubriand im Januar 1804 als Kulisse benutzten, die sie in der erwünschten Aura erscheinen ließ: «Ich bin auf dem Gipfel des Vesuvs. Ich sitze schreibend an der Mündung des Feuerberges und bin im Begriffe, in seinen Schlund hinabzusteigen.» Eine SMS aus dem 19. Jahrhundert.

Jener erste und nicht gerade ereignisreiche Aufstieg auf den brennenden Berg war für Goethe, einen Mann, der als Mineraloge und Leiter der Bergbaukommission zu Weimar tätig ist, gewiss unbefriedigend, und wenn er wüsste, dass der Vesuv derzeit jemandem in Deutschland als literarischer Gegenstand dient, würde allein dies ihn sicherlich schon zur Wiederholung bewegen: 1787 erscheint Wilhelm Heinses in vieler Hinsicht – von der Kunsttheorie bis zur gesellschaftlichen Utopie – bemerkenswerter Briefroman «Ardinghello und die glückseligen Inseln». Heinse hielt sich von 1780 bis 1783 in Italien auf und bestieg während dieser Jahre, die für ihn nicht weniger glücklich und entscheidend als Goethes Italienaufenthalt waren, den Vesuv. Im Roman zeichnet er den Feuerberg mit kräftigen, eigenwilligen Federstrichen: «[...] Den dritten Tag schon waren wir oben auf dem Vulkan und genossen den Anblick der höchsten Gewalt in seinem Krater, die man auf Erdboden schauen kann. Die Risse von

unten heraus, trichterförmig, gehen über alle Macht von Wetterschlägen, auffliegenden Pulvertürmen und Einbrüchen stürmenden Meeres. Erdbeben, die Länder bewegen wie Winde Wasserflächen, sind dagegen nur schwache Vorboten. Man glaubt in die Wohnung der Donnerkeile, wie [in] ein Schlangennest hineinzusehen, so blitzschnell ist alles aus unergründlicher Tiefe gerissen, von Metall bespritzt und Schwefel beleckt: ein entzückend schaurig' Bild allerhöchster Wut. [...] Er sieht aus wie ein Wesen, das sich selbst gemacht hat, alles andre ist wie Kot dagegen, und der Dampf aus seinem offenen Rachen ist im eigentlichsten Verstand entsetzlich schön. An keinem andern Ort möcht ich seine Feuerauswürfe beachten; es muss ein wahres Bild rasender Hölle sein. Unten am Fuß sind die Menschen mit ihren Wohnungen wie unschuldige Lämmer, die er sich zur Beute herschleppte, und die alte Mutter, die See, zieht vergebens zärtlich rauschend heran, sie zu retten.»

Ein Lavastrom stürzt im Valle del Gigante westwärts. Die leuchtend feurige Färbung ist übertrieben, und auch die landschaftlichen Gegebenheiten sind etwas verzerrt. Im rechten Hintergrund der Observatoriumshügel, davor – wie auch am Monte Somma – von Führern begleitete Bergwanderer. Neapolitanische Gouache aus dem 19. Jahrhundert.

Goethe wiederholt nun seinen Aufstieg gemeinsam mit einem Freund, dem Maler Wilhelm Tischbein, der ihn «ungern, doch aus treuer Geselligkeit» begleitet. Ungern deshalb, weil schon der ferne Anblick Tischbeins Widerstreben weckt. «Eine solche furchtbare, ungestalte Aufhäufung, die sich immer wieder selbst verzehrt und allem Schönheitsgefühl den Krieg ankündigt», erscheint dem Maler nämlich, so Goethe, «ganz abscheulich».

Zwei Führer ziehen, zwei weitere schieben einen Touristen, der sich auf den Wein im Korb freuen darf, durch knöcheltiefe Asche den Vesuvhang hinauf. Britische Zeitschriftillustration von 1872.

«Am Fuße des steilen Hanges empfingen uns zwei Führer, ein älterer und ein jüngerer, beides tüchtige Leute. Der erste schleppte mich, der zweite Tischbein den Berg hinauf. Sie schleppten, sage ich, denn ein solcher Führer umgürtet sich mit einem ledernen Riemen, in welchen der Reisende greift und, hinaufwärts gezogen, sich an einem Stabe auf seinen eigenen Füßen desto leichter emporhilft. So erlangten wir die Fläche, über welcher sich der Kegelberg erhebt, gegen Norden die Trümmer der Somma.

Ein Blick westwärts über die Gegend nahm wie ein heilsames Bad alle Schmerzen der Anstrengung und alle Müdigkeit hinweg, und wir umkreisten nunmehr den immer qualmenden, Stein und Asche auswerfenden Kegelberg. Solange der Raum gestattete, in gehöriger Entfernung zu bleiben, war es ein großes, geisterhebendes Schauspiel. Erst ein gewaltsamer Donner, der aus dem tiefsten Schlunde hervortönte, sodann Steine, größere und kleinere, zu Tausenden in die Luft geschleudert, von Aschenwolken eingehüllt. Der größte Teil fiel in den Schlund zurück. Die andern, nach der Seite zu getriebenen Brocken, auf die Außenseite des Kegels niederfallend, machten ein wunderbares Geräusch: erst plumpten die schwereren und hupften mit dumpfem Getön an die Kegelseite hinab, die geringern klapperten hinterdrein, und zuletzt rieselte die Asche nieder. Dieses alles geschah in regelmäßigen Pausen, die wir durch ein ruhiges Zählen sehr wohl abmessen konnten. [...] Wie aber durchaus eine gegenwärtige Gefahr etwas Reizendes hat und den Widerspruchsgeist im Menschen auffordert, ihr zu trotzen, so bedachte ich, dass es möglich sein müsse, in der Zwischenzeit von zwei Eruptionen den Kegelberg hinauf an den Schlund zu gelangen und auch in diesem Zeitraum den Rückweg zu gewinnen. Ich ratschlagte hierüber mit den Führern unter einem überhängenden Felsen der Somma, wo wir, in Sicherheit gelagert, uns an den mitgebrachten Vorräten erquickten. Der jüngere getraute sich das Wagestück mit mir zu bestehen; unsere Hutköpfe fütterten wir mit leinenen und seidenen Tüchern, wir stellten uns bereit, die Stäbe in der Hand, ich seinen Gürtel fassend.

Vom Gesteinshagel auf dem Vesuv überraschte Touristen. Auf der rechten Seite ist auch ein treuloser Bergführer unter den Fliehenden. Britische Zeitschriftillustration von 1891.

Noch klapperten die kleinen Steine um uns herum, noch rieselte die Asche, als der rüstige Jüngling mich schon über das glühende Gerölle hinaufriss. [...] Der Anblick war weder unterrichtend noch erfreulich, aber eben deswegen, weil man nichts sah, verweilte man, um etwas herauszusehen. Das ruhige Zählen war versäumt; wir standen auf einem scharfen Rande vor dem ungeheuren Abgrund. Auf einmal erscholl der Donner, die furchtbare Ladung flog an uns vorbei, wir duckten uns unwillkürlich, als wenn uns das vor den niederstürzenden Massen gerettet hätte; die kleineren Steine klapperten schon, und wir, ohne zu bedenken, dass wir abermals eine Pause vor uns hatten, froh, die Gefahr überstanden zu haben, kamen mit der noch rieselnden Asche am Fuße des Kegels an, Hüte und Schultern genugsam eingeäschert.»

Das ist ein Bravourstück, das man von einem fast vierzigjährigen Dichter, der alles Ungeordnete, Unberechenbare oder Anarchische verabscheut – und der Vulkan verhält sich natürlich anarchisch, wenngleich sich dieses Mal die Folge von Eruptionen abzählen lässt – nicht erwartet hätte. Gewöhnlich wird in der Literatur im Zusammenhang mit solchen Abenteuern nur von Charles Babbage berichtet, dem englischen Mathematiker und Erfinder einer mechanischen Rechenmaschine, die als Vorläuferin moderner Computer gilt. Babbage

Vermutlich während der sechziger Jahre des 19. Jahrhunderts aufgenommenes Lavafeld auf dem Vesuv; links das von 1841 bis 1847 erbaute, 1845 eingeweihte Observatorium. Darunter eine Touristengruppe im Jahr 1883 vor dem Eruptionskegel im Krater. Beide Fotografien gehörten zum Angebot der Firma Giorgio Sommer.

seilt sich 1828 in den Vesuvkrater ab und nutzt die regelmäßigen Intervalle zwischen den Eruptionen, um mehrfach schnell zum Ufer eines Lavasees zu laufen und die Vorgänge darin zu beobachten. Freilich fallen ihm danach die Stiefel versengt von den Füßen, und noch Jahrzehnte später erinnert er sich gern an die anschließend fast in einem Zug geleerte Whiskyflasche, obwohl er sein Leben lang Brandy vorzieht.

Auch Goethes Kühnheit wird von wissenschaftlicher Neugier beflügelt, denn damals stehen zwei geologische Theorien im Widerstreit: Sogenannte Neptunisten, geschart um den von Goethe bewunderten Abraham Gottlob Werner, nehmen an, alle Gesteine seien durch Ablagerung oder chemische Prozesse im Meer entstanden. Ihre Gegner, Anhänger des schottischen Geologen James Hutton und Plutonisten genannt, halten dagegen, Gesteine wie Granit oder Basalt würden ihren Ursprung vulkanischen Eruptionen verdanken. Die Ansicht der Neptunisten hat den Vorteil, dass sie mit der biblischen Schöpfungsgeschichte vereinbar ist, und wenngleich niemals jemand Versteinerungen von Meerestieren – wie häufig im Kalk und anderen Sedimenten – in Eruptivgesteinen wie Granit oder Basalt findet, gewinnen die Plutonisten erst im 19. Jahrhundert die Oberhand. Goethe begleitet den Streit sachkundig und zuweilen vermittelnd. Sachkunde hat ihren Preis, Schwätzer leben bequemer. Der Dichter nimmt den Aufstieg auf den Vesuv deshalb gleich dreimal auf sich. Nur zwei von Abraham Gottlob Werners prominenteren Jüngern tun ihm das später gleich: Alexander von Humboldt und Leopold von Buch im Jahr 1822. Als Goethe am Ende der dritten Märzwoche 1787 die Nachricht erreicht, auf dem Vesuv sei ein frischer Lavastrom zu beobachten, steigt er also sofort wieder hinauf:

«Die Lava war schmal, vielleicht nicht breiter als zehn Fuß, allein die Art, wie sie eine sanfte, ziemlich ebene Fläche hinabfloss, war auffallend genug [...]. Indem sie während des Fortfließens an den Seiten und an der Oberfläche verkühlt, so bildet sich ein Kanal, der sich immer erhöht, weil das geschmolzene Material auch unterhalb des Feuerstroms erstarrt, welcher die auf der Oberfläche schwimmenden Schlacken rechts und links gleichförmig hinunterwirft, wodurch sich denn nach und nach ein Damm erhöht, auf welchem der Glutstrom ruhig fortfließt wie ein Mühlbach. Wir gingen neben dem ansehnlich erhöhten Damme her, die Schlacken rollten regelmäßig an den Seiten herunter bis zu unsern Füßen. [...]

Wir versuchten noch ein paar Dutzend Schritte, aber der Boden ward immer glühender; sonneverfinsternd und erstickend wirbelte ein unüberwindlicher Qualm. Der vorausgegangene Führer kehrte bald um, ergriff mich, und wir entwanden uns diesem Höllenprudel. [...]

Der herrlichste Sonnenuntergang, ein himmlischer Abend erquickten mich auf meiner Rückkehr; doch konnte ich empfinden, wie sinneverwirrend ein ungeheurer Gegensatz sich erweise. Das Schreckliche zum Schönen, das

Ein Feld fladenförmiger Lava auf dem Vesuv. Fotografie amerikanischer Touristen aus dem Jahr 1938, in dem die letzte explosive Eruption zwar neun Jahre zurücklag, zeitweilig jedoch immer wieder Lava austrat, an der sich links unten ein Führer zu schaffen macht: Zum Beispiel waren Abdrücke von Münzen in der noch formbaren Lava beliebte Andenken.

«**Lava** [ist] die feurigflüssige Masse im Innern der Vulkane, welche bei Eruptionen aus den Kratern oder Wänden derselben in Strömen herabfließt und erkaltet. Im Vulkan schwillt sie hellglänzend wie flüssiges Eisen, platzt mit großem Geräusch, indem der unter ihr befindliche Wasserdampf zu entweichen sucht und als eine dicke weiße Dampfwolke aus dem Krater emporsteigt, welche Stücken glühender Lava mit sich fortreißt. Oft wird die flüssige Lavamasse durch den Druck des Dampfes so hoch gehoben, dass sie über den Rand des Kraters hinwegfließt und sich in Strömen über die Wände des Vulkans ergießt. Doch geschieht dies meist nur bei kleineren Vulkanen, bei größeren spaltet sich der Berg an der Wandung, und aus diesen Spalten tritt der Lavastrom hervor. Die größte Höhe, bis zu welcher die Lava im Vulkan gehoben werden kann, zeigt der Vulkan Klutscheff in Kamtschatka, aus dessen 4700 Meter über dem Meere gelegenen Krater sich Lava ergossen hat. Die Hitze der schmelzenden Lava ist sehr verschieden, doch kann sie im Mittel zu 1270 °C angenommen werden; bei der Zerstörung von Torre del Greco [unter dem Vesuv] im Jahre 1794 war eine Glocke, welche in einen Lavastrom fiel, nur teilweise geschmolzen, indem nur das Zink flüssig wurde und das Kupfer ungeschmolzen zurückblieb. Die Oberfläche des Lavastromes erkaltet ziemlich schnell und erhärtet, während die unter der gebildeten Kruste befindliche glühende Lava langsam fortfließt, indem sie durch ihren Druck die erhärtete Decke fortwährend zerreißt. [...] Die Geschwindigkeit, mit welcher sich der Lavastrom fortbewegt, hängt sowohl von dem Gefälle als auch von der Flüssigkeit und der Menge der Lava ab. Der Lavastrom, welcher sich 1805 aus dem Krater des Vesuvs ergoss, erreichte schon nach drei Stunden die Meeresufer: eine gerade Entfernung von 7000 Metern.»

Pierers Universal-Lexikon, Bd. 10, 1860

Schöne zum Schrecklichen, beides hebt einander auf und bringt eine gleichgültige Empfindung hervor. Gewiss wäre der Neapolitaner ein anderer Mensch, wenn er sich nicht zwischen Gott und Satan eingeklemmt fühlte.»

Die Gedanken beim Abstieg vom «Höllenprudel» verraten manches über Goethes Ansichten von der Landschaft, von ihren Bewohnern und über ihn selbst. Der Vulkan jedenfalls gehört ihm höllischen Bereichen an, der brennende Berg erscheint – im Gegensatz zum nächtlichen Anblick aus dem Fenster einer Schönen – garstig, unästhetisch, mit Tischbeins Worten als «furchtbare, ungestalte Anhäufung». Umwälzungen, ob nun in Natur oder Gesellschaft, betrachtet der Vesuvwanderer aus Weimar widerstrebend. Schöpfung oder Formgebung aus Zerstörung, das widerspricht nicht allein seinem Kunstsinn, und er wird deshalb im Herzen trotz erlangter Anschauung Neptunist bleiben. Noch im zweiten Teil des «Faust», im Gespräch über die Entstehung der Gebirge, lässt er den Teufel als Plutonisten auftreten: «Ich war dabei, als noch da drunten siedend / Der Abgrund schwoll und strömend Flammen trug.» Überdies mögen Berge für Goethe ein zwar erregender, aber auch ein abweisender Anblick sein. Die «erhabene Schönheit der Bergwelt» gehört den Wertvorstellungen des 19. Jahrhunderts an, das er nicht mehr gänzlich als sein Jahrhundert betrachtet.

Während des Aufenthaltes in Rom hatte Goethe den Gymnasialprofessor, Schriftsteller und Kunsttheoretiker Karl Philipp Moritz kennengelernt und schätzte ihn «wie einen jüngeren Bruder». Moritz, der ärmlichen Verhältnissen entstammt und sich als Hutmacher, Schauspieler und Theologiestudent versuchte, bis ein bescheidenes Einkommen als Hauslehrer es ihm gestattet, endlich Gebrauch von seinen Talenten zu machen, folgt Goethe im Mai 1787 in die «reizenden Gefilde von Neapel». Den Vesuv sieht er eher mit Wilhelm Tischbeins Augen: «Das ist ein trauriger Anblick, diese schwarze, verbrannte Fläche. [...] Da steigt der blaue Schwefeldampf allenthalben aus den Ritzen der geborstenen dünnen Kruste, welche die unterirdische Glut zu unsern Füßen deckt, und meine Gefährten erscheinen mir wie Geister, die sich in einer öden Schattenwelt begegnen, denn lebende Menschen gehören nicht in dieses furchtbare Chaos.»

Auch ein Bravourstück mit gefüttertem Hut, wie es sein Freund aufführte, ist nicht Moritz' Sache. Vom Bergführer verlassen, weil es «heiße und glühende Steine» regnet, sinkt er erschöpft am Kraterrand nieder: «Wir sehen nun eine Rauchwolke nach der andern aus dem weiten Umfange des Abgrundes sich emporwälzen; auf einmal entsteht ein dumpfes Gebrüll in der Tiefe, und wir sehen nun ohne Gefahr den prasselnden Steinregen, den der Sturm von uns hinwegweht, dicht zu unsern Füßen ausbrechen.» Damit wendet Moritz sich ab, besieht lieber das leuchtende Neapel und die Inseln vor der Golfküste und hastet zum nächsten Kapitel, das er den Wirkungen des Lacrymae Christi – heute verringert auf Lacrima Christi – widmet: des berühmten, aber selten gerühmten Weines von den Vesuvhängen.

Das Erschrecken über die Vesuveruption vom Juni und Juli 1794, die den Ort Torre del Greco zu mehr als drei Vierteln unter Lavaströmen begrub, erreichte auch Deutschland. Der kolorierte Kupferstich aus Friedrich Bertuchs «Bilderbuch für Kinder» (Weimar 1798) zeigt einen vorgestellten Anblick von Neapel her.

Der Ursprung des Weines Lacrymae Christi del Vesuvio

«Vorzugsweise reizend ist es, dieses Blickes [...] vor der Wohnung des Eremiten unter dem Schatten alter, das Bild anmutig umrahmender Steineichen zu genießen. Schon vielen ist hier unter dem weltberühmten Namen Lacrymae Christi ein nicht selten schwer zu genießendes Getränk kredenzt worden; vielleicht nur wenige kennen aber den sagenhaften Ursprung dieser auffallenden Benennung. Als Luzifer abgefallen war, so berichtet die Legende, und sich auf dieser Welt ein eigenes Reich begründen wollte, da riss er in seinem Fall ein Stück des Paradieses selbst mit hernieder. Es fiel zur Erde, und noch heute zeigen die Küsten um Neapel alle die Herrlichkeit, die zu schauen nur den Erwählten bestimmt war. Unser Heiland nun, der, bevor er sein Lehramt antrat, weithin durch die Welt gepilgert, gelangte einstmals auch zu dieser Höhe, und als er die entzückende Landschaft im Glanze der Sonne vor sich hingebreitet sah, da schmerzte es ihn, dass des Paradieses schönster Teil durch des Satans Tücke den Himmelsbewohnern entrissen sei. Er weinte, und an jeder Stelle, die eine Träne benetzt hatte, keimte eine Rebe, und die Trauben boten den edelsten Saft, der je auf Erden gekeltert worden, und nach Jahrtausenden gedeihen die Schösslinge nur an diesen Abhängen, und heute noch heißt der Wein, der von ihnen gewonnen wird: Tränen des Herrn.»

Karl Witte in «Carl Frommels pittoreskes Italien», 1840

Bedauerlich, dass Karl Philipp Moritz so schnell davongeht, denn die Jahre von 1783 bis 1794 sind Jahre strombolianischer Aktivität auf dem Vesuv. Was das bedeutet, mag das kleine Vulkan-Glossar am Ende dieses Buches erläutern, das auch andere unumgängliche Begriffe aus der Vulkanologie erwähnt. Hier jedoch sollte erklärt werden, dass ein längere Zeit anhaltendes vulkanisches Geschehen von mäßiger Stärke gemeint ist, ein Feuer, dem man sich nähern und das man beobachten kann, wenngleich es gefährlich ist, weil zeitweilig immer wieder einmal feurige Lavafontänen emporschießen, glühende Lapilli und Schlacken oder Bomben ausgeworfen werden, kochende Lava umherkriecht und der Krater dem Betrachter aus seinem Schlund, fauchend wie ein Drache, heiße Gase entgegenbläst. Im Juni 1794 beendet der Vesuv diese Phase mit einer explosiven Eruption, der heftigsten des 18. Jahrhunderts. Er tut es nicht ohne Warnungen: Quellen versiegen, die Wasserräder der Mühlen drehen sich nur noch träge, eine Woche vor dem Ausbruch schießen aus einem Weinberg über Torre del Greco Qualm und Flammen hervor, dann schüttelt sich die Erde unter Resina. Zehn Tage lang tobt der Vulkan, am Ende sind 18 000 Anwohner geflohen und mehr als drei Viertel der Ortschaft Torre del Greco von einem Lavastrom zerstört, der sich bis in das Meer ergossen hat. Im Norden haben Schlammlawinen Teile der Dörfer Ottajano und Somma begraben, Menschenwerk im Wert von fünf Millionen Dukaten ist vernichtet.

Die Lavaflut von 1794, im Vordergrund Torre del Greco. In den Glockenturm (rechts, fast in der Mitte) konnten Fußgänger später von oben hineinsehen, ganz vorn ergießt sich Lava ins Meer. Darunter derselbe Ort, zugedeckt von glühender Lava, die jedoch gewiss dunkler aussah, als es sich der Maler dieser neapolitanischen Gouache aus dem folgenden Jahrhundert vorstellte.

Nein, was Karl Philipp Moritz dagegen auf dem «Höllenprudel» erlebt hat, erscheint ihm wenig dramatisch, es regt ihn nicht an und nicht auf. Vielleicht ist das auch eine Frage des Temperaments. Denn schon zwei Jahre vor Goethe und Moritz empfindet der Franzose Jean Baptiste Mercier Dupaty das gleiche Bild so:

«Das ist er also! Seit so vielen Jahrhunderten brennt er, dieser furchtbare Vulkan! So viele Städte hat er verschlungen, so viele Menschen hingerafft! Und jetzt, in diesem Augenblick, bedroht er den weiten Umfang der Länder zu meinen Füßen, bedroht das sorglose Neapel, wo man jetzt lacht und tanzt und singt und nicht einmal an den Vesuv und seine Schrecken denkt. Welch ein Schein umgibt den Krater! Ha, welche Glut in seinem Schlunde! Dumpf brüllt der feurige Abgrund; jetzt schießt aus seiner Mitte, unter schrecklichem Donner und Krachen und einem dichten Aschenregen, die Feuersäule garbenähnlich empor. Millionen Funken erfüllen die Luft, schwarze Steine zu Tausenden fahren zischend heraus, stürzen herab, springen hoch auf, fallen wieder und rollen fort. Eben rollt hier ein Stein, nicht hundert Schritte von mir. Plötzlich schließt sich der Abgrund, plötzlich tut er sich wieder auf und speit einen abermaligen Brand. Das glühende Lavameer steigt bis an den Rand des Kraters, schwillt, kocht, fließt über und furcht in langen Feuerströmen die schwarzen Abstürze des Berges.

Ich war ganz außer mir. Die Einöde, die Höhe, die Nacht, der brennende Berg – und ich da!»

Gewiss, es scheint derzeit auf dem Vesuv etwas feuriger als bei Moritz' Aufstieg zuzugehen, und Dupaty ist überdies wohl der wahrnehmungsfähigere Schriftsteller und einer von den wenigen, die Naturschauspiele nicht bewundern können, ohne ihre Wirkung auf die Mitmenschen zu bedenken. Es wird deshalb kein Zufall sein, wenn Georg Forster, der Begründer der modernen Reiseliteratur und deutsche Jakobiner, den Text des zeitweilig verbannten, fortwährend in politische Schwierigkeiten geratenden Dupaty bald entdeckt und übersetzt.

«Die einfachste Beschreibung wird hier zur erhabensten Dichtung!»

Vulkanophilie

Den Mann, dessen Aufstieg auf den Vesuv den Rückblick auf das 19. Jahrhundert eröffnen soll, ist der – so beschreibt ihn ein zeitgenössisches Damenlexikon – «originelle Spaziergänger und Fußreisende, der Mann mit dem düstern Antlitz und dem melancholischen Auge, aber dem starken, mannhaften Herzen unter dem schlichten Rock, ein deutscher Dichter, fast berühmter durch die Bizarrerie seines Schicksals und Charakters als durch seine Schriften»: Johann Gottfried Seume. Deutsche Dichter, man denke an Hölderlin oder Lenz, sind damals meist bettelarm und wandern deshalb oft und weit, aber Seume werden sie nie übertreffen: Er läuft von Leipzig nach Sizilien, nach Russland und Schweden. Am Beginn seiner Wanderungen, als er nach Paris unterwegs ist, fällt er hessischen Werbern in die Hände, die ihn an das britische Heer verkaufen, mit dem er statt an die Seine nach Nordamerika gelangt. Man könnte sagen, damit beginne auch Seumes Karriere als Deserteur, die jedoch nicht sonderlich erfolgreich ist und ihn nur in die preußische Armee, also vom Regen in die Traufe führt. Nach weiteren absonderlichen Zwischenspielen kann er dann endlich seinen berühmten «Spaziergang nach Syrakus im Jahre 1802» – so der Titel der Reiseschilderung – unternehmen. Am Weg liegt der Vesuv, der ihn enttäuscht, weil der Vulkan nach dem Ausbruch von 1794 nur noch erschöpft stöhnt und seinen Krater gefahrlos darbietet:

«Der Sand und die Asche machen das Steigen entsetzlich beschwerlich; man sinkt fast so viel rückwärts, als man vorwärts geht. Es war übrigens Gewitterluft und drückend heiß. Endlich kam ich oben an dem Rande an. Der Krater ist jetzt, wie Du schon weißt, eingestürzt, der Berg dadurch beträchtlich niedriger, und es ist gar keine eigentliche größere Öffnung mehr da. Nur an einigen Stellen dringt etwas Rauch durch die felsigen Lavaritzen hervor. Man kann also hinuntergehen. [...] Fast jeder, der heraufsteigt, steigt hinab in den Schlund, und es sind von meinen Bekannten viele unten gewesen. Ich selbst hatte den rechten Weg nicht gefasst, weil ich eine andere kleinere Öffnung untersuchen wollte, aus welcher noch etwas Dampf kam und zuweilen auch Flamme kommen soll. Die Zeit war mir nun zu kurz; sonst wäre ich von der andern Seite noch ganz hinuntergestiegen.»

Keine der gewöhnlichen Apokalypsen aus Flammen und Grauen, eine blasse Szene, der Seume in einem seiner schrecklich langen Schulmeistergedichte etwas Glanz und Bedeutsamkeit zu geben sucht: «Vom Schädel des Verderbers sieht / Mein Auge weit hinab durch Flächen, / Auf welchen er in Feuerbächen /

Junge Frau mit einem Kranz aus Olivenlaub. In Herculaneum gefundenes Fresko (jetzt im Archäologischen Nationalmuseum Neapel). Das nur 20 x 15 cm messende Bildnis wurde von den Ausgräbern aus einer größeren – wahrscheinlich mythologischen – Darstellung herausgelöst.

Eine 1805 vom Duca Della Torre in Neapel veröffentlichte Ansicht des brennenden Berges, auf der ein Priester die Eruption des Jahres 1794 beschwört. Die seltsam anmutenden «Rauchringe» – Hinweise auf rhythmisch verlaufende Explosionen – finden sich auch auf anderen zeitgenössischen Darstellungen.

Verwüstend sich durch das Gebiet / Der reich geschmückten Schöpfung zieht.» Die Umstände sind fraglos ungeeignet, den Vulkan als Naturschauspiel zu würdigen, die Rolle des «Verderbers» hingegen zieht den Dichter sichtlich an: «Obgleich der Vesuv gegen den Ätna nur ein Maulwurfshügel ist, so hat er doch durch seine klassische Nachbarschaft vielleicht ein größeres Interesse als irgendein anderer Vulkan der Erde.» Mit der klassischen Nachbarschaft sind die Ausgrabungsstätten Pompeji und Herculaneum gemeint, von denen auch Goethe sagt, noch nie habe ein Unglück der Nachwelt so viel Freude bereitet.

Wie es scheint, gerät man bei der Suche nach Berichten aus jener Zeit fortwährend in Goethes Nähe, dieses Mal allerdings an einen seiner Gegner, an den aus Weimar stammenden Dramatiker, Schriftsteller, Verleger von Zeitungen und Zeitschriften und schließlich Kaiserlich-Russischen Staatsrat August von Kotzebue. Man könnte ihn auch noch einen Historiker nennen: 1817 halten Mitglieder der auf der Wartburg zusammengekommenen Burschenschaften seine «Geschichte des deutschen Reiches» für wichtig genug, um sie bei einer der in Deutschland beliebten Bücherverbrennungen auf eine Mistgabel zu spießen und mit dem albernen Spruch «Fröne fortan dem Zwingherrn der Hölle!» dem Feuer zu übergeben. Kotzebues Komödien und Dramen hingegen – es sollen mehr als 220 sein – werden damals vom Publikum derart geschätzt, dass Goethe immerhin fast 90 davon inszeniert. Ihr Autor muss also nicht nach Italien laufen und ist besser betucht als Seume, als er im November 1804 «in Begleitung einiger Freunde und einiger Weinflaschen» auf den Vesuv steigt. Der Vulkan hatte zuvor von August bis Oktober gewütet und seine Lavaströme abermals in die Weinberge über Torre del Greco entsandt. An einigen Stellen sind die Lavabänke noch so heiß, dass Kotzebue und seine Freunde sich darauf

Neapolitanische Gouache aus dem 19. Jahrhundert mit der Beischrift «Eruzione 1803». Gemeint ist jedoch vielleicht das Jahr 1805, in dem – wie hier gezeigt – Lavafontänen aus der Südflanke hervorbrachen und abermals das geplagte Torre del Greco heimsuchten.

die Schuhsohlen versengen. Ihr gewundener Weg durch «ein grässliches Schlackenmeer» endet erst nach Stunden auf dem ausgebrannten Gipfel.

«Hier stand ich auf einer schmalen Bergwand, durch eine rauchende Kluft, höchstens zehn Schritte breit, von einer ähnlichen getrennt, welche dem Krater selbst zur Einfassung diente. Hier sah und hörte ich – wer leihet mir eine Sprache für das, was ich sah und hörte! Doch die einfachste Beschreibung wird hier zur erhabensten Dichtung. Aus der Mitte des Kraters erhob sich der schwefelgelbe Kegel, den die Eruption dieses Jahrs gebildet hat; jenseits desselben stieg unaufhörlich ein dicker Rauch empor aus dem erst in der letzten Nacht geöffneten Schlunde. [...] Die Luft über dem Krater hatte sich verkörpert; man sah sie sehr deutlich in einer heftig zitternden Bewegung. In der Tiefe des Berges kochte und brauste es fürchterlich wie der stärkste Orkan; zuweilen aber – und das machte auf meine Sinne den tiefsten Eindruck – erfolgte plötzlich eine Totenstille von einigen Sekunden, dann erhob sich das Brausen doppelt stark, und der Rauch quoll dichter und schwärzer hervor. Es war, als habe der Berggeist den Schlund plötzlich verstopfen wollen, aber die Flamme habe sich nicht einkerkern lassen, sondern sei mit verdoppelter Wut hervorgebrochen. So weit mein Auge reichte, hatte der Vulkan seine grässlich bunte Decke ausgebreitet; der gelbe Schwefel, die schwarzen Schlacken, das blendend weiße Salz, der graue Bimsstein, das moosgrüne Kupfer, die Metallflittern, alles das bildete zusammengenommen den Mosaikboden der Hölle.» Das ist schlichtweg eines der am besten gelungenen Bühnenbilder vom Vesuv!

Dass sie tatsächlich in der Hölle gewesen und ihr knapp entronnen waren, erkennen Kotzebue und seine Reisegefährten erst einige Tage später. Da sitzen sie in fröhlicher Runde abends in Neapel beisammen, als plötzlich «einer von

Der von Fumarolen umgebene Vesuvkrater, bewundert von Touristen des 18. Jahrhunderts (1775). Darunter der Eruptionskegel im Krater auf einer Abbildung aus dem Jahr 1877. Lava floss bereits über den Kraterrand.

uns ein Licht auf dem Vesuv bemerkte, welches schnell in eine feurige Schüssel sich zu verwandeln schien. Wir sprangen alle auf und eilten auf den Balkon. Siehe, da wuchs mit jedem Augenblick die hell leuchtende Glut. Schon dehnte das Feuer sich sichtbar nach dem Abhange des Berges – ein neuer Strom quoll aus der Mündung, und nun wälzte sich die Flamme mit zunehmender Geschwindigkeit den steilen Aschenkegel herab, dessen Fuß sie in einer kleinen halben Stunde erreichte.»

Im Februar 1809 schreibt dann jemand einem daheim gebliebenen Schlossverwalter aus Neapel: «Ich bin mit Extrapost hierher gereist – nur der Ausbruch des Vesuvs konnte mich zu einer so unregelmäßigen Depense [Ausgabe] bewegen, denn der Vesuv wartet nicht mit seiner Pracht auf die armen Fußgänger, und ein so hohes und seltenes Schauspiel glaubt' ich mit einem allerdings für meine Umstände beträchtlichen Geldopfer erkaufen zu müssen. Mich reut die Ausgabe nicht, ich bin überreichlich dafür belohnt worden.» So ganz stimmt das alles freilich nicht, denn der Brief stammt von Hermann von Pückler-Muskau, späterhin Schriftsteller, Landschaftsarchitekt und Fürst, den niemals eine Ausgabe reut und dessen Vesuv derzeit gerade Julie von Gallenberg heißt. Der Vulkan ist auch nicht soeben ausgebrochen, sondern brennt bereits seit dem Januar 1806.

Aber Pückler ist ein hervorragender Beobachter, und sein Erlebnis gehört schon deshalb hierher, weil inzwischen der Eindruck entstanden sein mag, der Vesuvgipfel habe sich stets mit einem weiten und tiefen Krater mit einem Schlot in der Mitte dargeboten. Das war nicht so, vielmehr sah man häufig ein Bild, das auf einigen aktiven Schichtvulkanen zu beobachten ist: Allmählich, dergleichen kann viele Jahre dauern, steigt Lava nach dem Ende einer Eruption im Schlot auf und füllt den Krater Schicht um Schicht, sodass der hernach beschriebene «schwarze Kessel» entsteht. Auf der erkalteten Oberfläche können sich irgendwo Ausbruchskegel bilden, und manchmal fließt Lava über den Kraterrand. Gewöhnlich befreit der Vulkan sich aber schon zuvor von diesem Pfropfen. Nach der Eruption sieht sein Krater dann – sofern der Ausbruch ohne zerstörende Explosion und ohne Einsturz der Kraterwände verlaufen ist – wieder wie die Öffnung eines gefegten Schornsteins aus. Während einer langen, vom Januar 1806 bis zum Oktober 1822 dauernden und vorwiegend effusiven Ausbruchsphase des Vesuvs blicken Pückler-Muskau und andere Besucher deshalb nicht in den bisweilen beschriebenen «gähnenden Abgrund», sondern sie sind wie Seume mittendrin:

«Der tief eingesunkene schwarze Kessel, in dem wir uns befanden, mochte ungefähr eine Viertelstunde im Umfange messen. In ihm hatten sich fünf voneinander getrennte Feuerschlünde an dem uns entgegengesetzt liegenden Ende des Kraters gebildet, die jetzt fast so regelmäßig wie bei einem Feuerwerke einer nach dem andern zu spielen begannen. Die Explosion fing jedes Mal mit einem dumpfen unterirdischen Donner an, der nach und nach an Stärke zunahm.

In den Editionen Sommer (oben) und Brogi erschienene Fotografien von Vesuvtouristen des 19. Jahrhunderts, in dem Damen sich noch mit Schirmen vor unerwünschter Bräunung schützten und Herren durch erhöhte Sitzplätze bekundeten, wer den Ausflug führte.

Noch war es Nacht. Plötzlich, mit einem heftigen unterirdischen Schlage, erhob sich eine Feuergarbe, aus Millionen Funken und Tausenden glühender Steine bestehend, turmhoch in die Luft, schwebte eine Weile am Himmel und sank dann majestätisch wieder herab, fast bis zu unseren Füßen herandringend und wie ein feuriger Regen sich auf dem schwarzen Boden weit umher verbreitend. Sechs- bis siebenmal wiederholte sich dies wundervolle Schauspiel rasch nacheinander, die letztern Auswürfe immer niedriger werdend, worauf einige Minuten ein Stillstand mit der alten früheren Nacht zurückkehrte. Nach einiger Zeit begann der Donner von neuem, und eine andere Öffnung wiederholte dann das erste Schauspiel, ihre Flammenpyramide oft in noch höhern Dimensionen den Sternen zusendend. In dieser Art wechselten die verschiedenen Schlünde fast die ganze Nacht hindurch mit einer Ordnung ab, als leite ein unterirdischer dienstbarer Geist nur ein Fest zu unserm Vergnügen.»

Neun Jahre nach Pückler sieht der Dezember 1818 einen Großen der englischen Dichtung auf dem Vesuv: Percy Bysshe Shelley. Briten, die sicherlich den größeren Teil der Italienreisenden stellen, weil die technische Revolution einen wohlhabenden Mittelstand zeugte, sind hier übrigens viel zu kurz gekommen. Das gilt insbesondere für die unerschrockenen Frauen unter ihnen, von deren Mut oder Leichtfertigkeit August von Kotzebue stirnrunzelnd berichtet: «Die Damen machten hundertweise Lustpartien nach Torre dell'Annunziata, der Mündung, aus welcher die Lava floss, gerade gegenüber. Da spazierten sie dann gemächlich bis an den Fuß des Berges, standen am Ufer des Feuerstroms, sprangen mutwillig über die schmalen Arme desselben hinüber und herüber, stellten sich wohl gar vor den Strom und erwarteten dessen Ankunft [...]», was in der damaligen Frauenkleidung nun wirklich ein Kunststück war.

Auch Shelley wird von Damen begleitet: Mit ihm gehen seine Frau Mary sowie Claire Clairmont, die Geliebte von Shelleys Dichtergenossen George Byron. Der jedoch bleibt in Venedig, um ein Wiedersehen mit Claire zu vermeiden. Auch hält er nichts davon, inmitten einer Heerschar von Reisenden einen Vulkan zu bewundern, der von seiner zertretenen Höhe gaffenden Touristen den Feuerstrahl herzeigt: «Vesuvius shows his blaze, an usual sight / For gaping tourists, from his hackney'd height», spottet er in «The Bronze Age». Aber etwas mehr als einen Feuerstrahl gibt es da schon zu sehen, und in einem Brief an den Dichter und Novellisten Thomas Peacock schildert Shelley das Erlebnis so:

«Gletscher ausgenommen, ist der Vesuv die eindringlichste Schaustellung von Naturgewalten, die ich jemals gesehen habe. [...] Von Resina bis zur Einsiedelei folgst Du den Windungen, die den Berg hinaufführen und überquerst einen weit ausgedehnten Strom erstarrter Lava: ein getreues Abbild der Meereswellen, von irgendeinem Zauber in hartes, schwarzes Gestein verwandelt. Die Reihen dieser brausenden Flut scheinen in der Luft zu schweben, und es ist schwer zu glauben, dass die Wellenkämme, die da über Dir zu brechen

drohen, ohne Bewegung sind. Diese ganze Ebene war einmal ein Meer aus flüssigem Feuer. [...]

Die Gipfellandschaft ist ein flaches Gewirr, das grauenvollste Chaos, das man sich vorzustellen vermag: in grässliche Klüfte gespalten, zu Grabhügeln aus Felsbrocken und Schlacke aufgehäuft und dazwischen einst vom Vulkan zusammengeworfene, geschwärzte, ausgeglühte Felsmassen in furchtbarer Unordnung. Mittendrin steht der konische Hügel, aus dem allzeit Rauch und Fontänen aus flüssigem Feuer hervorquellen. Gegenwärtig ist der Berg nur geringfügig tätig und stößt fortwährend eine dichte Qualmwolke aus – unterbrochen von gewaltigen Säulen aus undurchdringlichem, pechschwarzem Rauch, die nacheinander mit einem tiefen, hohl klingenden Sausen himmelwärts streben. Aus ihrer Finsternis regnen feurige Steine herab, und ein schwarzer Ascheschauer erreichte sogar den Platz, an dem wir saßen. Die Lava, gleich einem Gletscher, kriecht unaufhaltsam mit einem knisternden Geräusch voran, das an ein unter der Asche glimmendes Feuer gemahnt. [...] Wir näherten uns dem äußersten Rand einer der Lavazungen; sie war ungefähr zwanzig Fuß breit und zehn Fuß hoch, und da das Gelände kaum abfiel, bewegte sie sich nur langsam. Als sie vorrückte, sahen wir ihre Panzerung abbröckeln, und da verriet sich die in ihrem Innern fließende Flamme. Bei Tag ist das Feuer kaum sichtbar; alles, was Du bemerkst, sind ein Beben in der Luft und die Wolken und Fontänen aus weißem, nach Schwefel riechendem Rauch.»

Solche Bilder können Vesuvbesucher damals jahrelang sehen. 1805 hatte die Lava wieder einmal Torre del Greco erreicht, diesmal allerdings nur den Ortsrand, und die Zeit vom Januar 1806 bis zum Oktober 1822 wird dann beständig von wechselnden Episoden strombolianischer Aktivität bestimmt. Bergtouristen und Anwohner gewöhnen sich an Dampf- und Rauchsäulen, an das Grollen in der Tiefe, an Lavafontänen und träge herabkriechende Lavaströme. Manche ihrer Berichte darüber klingen recht gleichgültig, aber da gibt es einen, der tiefer empfindet: James Holman, ein blinder britischer Weltreisender, 1821 auf dem Vesuv. «Wir erreichten gegen acht Uhr den Eremiten, bei dem wir uns auf den Rat unseres Führers mit Brot und Wein versahen, bevor wir unsern mühsamen Weg antraten. Der Fußpfad wurde bald sehr weich, da er über die Asche hinführte, die mit einigen Lavastücken vermischt von dem Krater ausgeworfen wird. Wir erreichten endlich die einzige Seite des Berges, wo damals vulkanisches Feuer brannte. Der Führer nahm mich bei der Hand und geleitete mich an eine Stelle, wo Flammen und Schwefeldampf zwischen den Felsspalten hervorquollen; unter unsern Füßen donnerte der Berg, als wolle er sich aufreißen und uns hinabschlingen. Mein Stock, den ich seitdem wie ein Siegeszeichen aufbewahre, trägt die Spur der Flamme, an der ich ihn anbrennen ließ. Mein Führer [...] sagte, dies sei das erste Mal, dass ein Blinder den Vesuv erstiegen habe, und die Nachricht davon würde den König sehr belustigen, dem man täglich berichten muss, wer den Berg besteigt. [...] Endlich ließ ich mich an eine Stelle des Berges führen, die festeren Grund bietet und kälter ist, wo wir am Krater eines kleinen und schon erloschenen Vulkanes ausruhten. Hier hatte sich vor zwei Jahren ein Franzose in den furchtbaren Schlund hinabgestürzt [...]»

James Holman spürte die verzehrende Kraft unter seinen Füßen, und wirklich ist Scartellato – der Bucklige, wie Neapolitaner den Vulkan nennen – noch nicht fertig mit den Menschen. Er gibt 1822 die gewohnten Vorzeichen – bebende Erde, versiegende Quellen –, denen jedoch zuvor nicht immer ein Ausbruch gefolgt war, und auch der britische Vulkanologe George Poulett Scrope, der im vorangegangenen Jahr am bis zum Rand mit Schlacke und Lavablöcken gefüllten Krater stand, hatte nicht vermutet, dass der Vesuv Unheil vorbereiten würde. Aber am Abend des 20. Oktober beginnt das Vorspiel zum stärksten Ausbruch des 19. Jahrhunderts: Gewaltige Explosionen erschüttern den von Blitzen erhellten Berg, über dem sich eine wuchtige Säule aus glühender Asche erhebt. Am folgenden Tag bricht aus seiner Westflanke Lava hervor und drängt in das Atrio del Cavallo, tags darauf steigen aus dem östlichen Kraterrand Lavafontänen auf, die sich erst 500 oder 600 Meter und dann, so versichern Beobachter, zwei Kilometer hoch erheben. Das flüssige Feuer am Himmel, berichten Augenzeugen, erhellt noch die Gesichter der Gaffer in Neapel. Aus der Eruptionswolke regnet Asche auf das Umland, sodass viele Hausdächer in Torre Annunziata und selbst das Kirchendach in Boscotrecase zusammenbrechen. Danach, Anfang November, ruft die auf dem Berg anderthalb Meter hoch liegende Asche schließlich die größten Schäden hervor, als sie von heftigen Regenfällen in eine Schlammflut verwandelt wird. Menschenleben sind diesmal anscheinend nicht zu beklagen, und man könnte sagen, ein Leidtragender des Ausbruches sei der Bucklige selbst: Er bleibt enthauptet zurück, denn irgendwann haben die Explosionen den gesamten Kraterkegel davongeblasen.

Der vom Vulkan ausgehenden Faszination tut das keinen Abbruch, zumal der Kegel während künftiger Eruptionen wieder nachwächst. Im Herbst 1828 besehen ihn der preußische Kronprinz Friedrich Wilhelm und seine Frau Elisabeth von Bayern, sachkundig begleitet von dem in Neapel lebenden Dichter August Kopisch, der bei dieser Gelegenheit – wenn ihm an Anstellung und Verdienst liegen sollte – sein Glück macht. Offenbar ist der künftige König Friedrich Wilhelm IV. sehr eingenommen von dem, was er bei dieser Gelegenheit sieht, denn er wird 1859, bereits todkrank und deshalb im Tragsessel, noch einmal auf den Vesuv zurückkehren.

Inzwischen erscheinen auch jene ausgewanderten Engländer, die sich Amerikaner nennen, und besteigen den brennenden Berg. Einer der prominentesten von ihnen heißt James Fenimore Cooper und kommt 1829. Heute muss man schon erklären, wer das war – noch vor einigen Jahrzehnten wären jedem männlichen Leser zumindest «Lederstrumpf» und «Der letzte Mohikaner» in den Sinn gekommen, wenn dieser Name genannt worden wäre. Cooper

Folgende Doppelseite: Was der blinde James Holman als verzehrende Kraft unter den Füßen spürte, erreichte auch danach immer wieder brennend die Oberfläche. Die Statistik des 19. Jahrhunderts verzeichnete zwanzig Eruptionszyklen, von denen einige Jahre währten: 1806–1822, 1835–1838, 1841–1850, 1855–1861, 1881–1884, 1891–1894 und schließlich 1895–1899.

Mit Wasserdeckfarben gemalte Abbilder von Vesuveruptionen blieben fast im gesamten 19. Jahrhundert das beliebteste Andenken jener, die zum Golf von Neapel reisten. Diese hier zeigen den brennenden Berg 1822 (oben) und 1834.

gehörte der Reihe jener amerikanischen Schriftsteller an, denen ein starker Hang zur Seefahrt gemeinsam war: Herman Melville, Mark Twain, Jack London, Ernest Hemingway etwa – was für Geschenke an eine sehnsuchtsvolle Leserschaft! Cooper war Seemann geworden, nachdem man ihn aus der Eliteschule Yale warf, weil er einen Esel in das Schulgebäude und auf den Professorenplatz gezerrt hatte. Er ging zunächst zur Handels- und dann zur Kriegsmarine, und eines der Schiffe, auf denen er diente – damit bekommt der Autor wenigstens den linken Fuß wieder in die maritime Literaturgeschichte –, hieß «Vesuvius». Man kann von Cooper also eine Neigung für das Thema erwarten, und in der Tat widmet er in seinem Reisebericht dem Vesuv ein Dutzend Druckseiten. Dass sie nicht so fließend wie andere geraten sind, mag der Übersetzung geschuldet sein: «Das Schauspiel, welches uns in dem Augenblick, wo wir an dem Rand des Kraters angelangt waren, überraschte, war eines der außerordentlichsten, das ich jemals erlebt habe», heißt es da zum Beispiel völlig verdreht. Aber der Anblick entspricht wohl auch nicht gänzlich Coopers Erwartungen:

«Der Boden der [Krater-]Höhlung hatte das Ansehen einer Lehmgrube, er ähnelte einigermaßen der Solfatara, und aus seinen Spalten quoll Rauch und Qualm hervor. Hell schimmernde Schichten von Bimsstein gaben ihm ein verworrenes, widerwärtiges Ansehen [...].

Eben hüllte nämlich eine gewöhnliche Wolke den Gipfel des Kegels ein und entzog uns den Anblick der ganzen Gegend bis auf den Krater selbst und seine nächsten Umgebungen, indem sie allen Gegenständen, die wir noch erkennen konnten, eine düstere Färbung verlieh. Vermutlich drangen einige wenige Sonnenstrahlen durch diese Nebelhülle, die nicht hoch genug über unsere Häupter hinaufzureichen, aber ungefähr halbwegs längs den Seitenwänden des Kegels hinab sich zu erstrecken schien; denn die Schwefelmassen erglänzten weit lebhafter und ungewöhnlicher als bald nachher. Der gelbliche Schimmer, den diese Massen von sich strahlten, die nicht natürliche, sondern eher übernatürliche Wirkung dieser Erscheinung, verbunden mit dem Anblick des gähnenden Abgrunds, dem aus der Tiefe herauf widerhallenden Getöse und den gelegentlichen Ausströmungen feuriger Massen: Alles vereinigte sich, um diesem Schauspiel eine Ähnlichkeit mit dem Bilde zu geben, welches man hin und wieder vom Eingang zur Unterwelt entworfen hat.»

Wenn man eine größere Anzahl von Berichten überblickt, in denen das Erlebnis Vulkan beschrieben wird, dann fällt einem der nahezu einstimmige Vergleich mit der Hölle auf. Es ist vielleicht bemerkenswert, dass Autoren, sogar Dichter, sich auf das Höllenbild beschränkten, von denen man wegen ihrer Belesenheit erwartet hätte, sie würden den nicht nur geografisch naheliegenden Entsprechungen aus der Odyssee, Vergils «Aeneis», Dante Alighieris «Göttlicher Komödie» oder den schönen Mythen von Titanen, Zyklopen, Vulkan und Venus den Vorzug geben. Vermutlich unterblieb das nicht deshalb,

«**Solfatára** (ital., franz. Soufrière, Schwefelgrube), spaltenförmige oder auch wohl kraterartige Öffnung in Vulkangebieten, aus der neben Wasserdampf Gase wie schweflige Säure und Schwefelwasserstoff zutage treten, durch welche die Gesteine der Nachbarschaft Zersetzungen erleiden und einen Überzug von Schwefel erhalten. [...] Die bekannteste Solfatara ist die Solfatara von Pozzuoli bei Neapel. Sie entspricht einem der vielen Krater, die sich auf der schon bei den Alten als Phlegräische Felder bezeichneten vulkanischen Hügellandschaft im Westen von Neapel befinden und ist ein durch Einsturz eines solchen entstandenes, fast kreisrundes Becken, das rings von den Kraterwänden umgeben und nur von der Westseite her zugänglich ist. Aus zahlreichen Spalten und Rissen und namentlich aus einer kluftartigen Höhlung, der Bocca grande, strömt heiße schweflige Säure mit Wasserdampf und Schwefelwasserstoff gemischt hervor.»

Meyers Großes Konversations-Lexikon, Bd. 18, 1909

weil sie ihre Leser unterschätzten, sondern weil sie Realisten waren: Die Hölle kannte schließlich jeder, sofern er einige Zeit im großen Käfig menschlicher Beziehungen verbracht hatte.

Sie kannte auch der große Giacomo Leopardi gut, der kleinwüchsig, bucklig und verschlossen war, jung starb und jetzt im Parco Virgiliano in Neapel ruht, in dem man das Grab Vergils vermutet. Den Vesuv bestiegen hat Leopardi jedoch sicherlich nicht, sondern er streifte nur auf den Berghängen über Torre del Greco umher. Dort ist in der – heute so benannten – Villa delle Ginestre kurz vor Leopardis Tod 1837 das ebenso schwermütige wie gedankenreiche Gedicht «La Ginestra» entstanden, dessen erste Zeilen den Ginster auf den Hängen des «grimmigen Zerstörers» preisen und das nicht nur Italiener sehr schätzen: «Hier an des Berges Flanke, / Den dürren Halden des Vesuvs, / Des grimmigen Zerstörers, / Wo Baum und Blume sonst nicht froh gedeiht, / Legst du weithin der stillen Zweige Teppich, / Duftender Ginster, aus; / Denn auch die wüste Stätte schreckt dich nicht», beginnt die Übertragung von Ludwig Wolde.

Ebenfalls nicht gerade glücklich zu nennen war wohl Friedrich Hebbel, Dramatiker und Lyriker deutscher Zunge, dessen Italienerlebnis von seiner Armut und der ihm eigenen Schroffheit vergällt wird und dennoch so prägend wie das Goethes gerät. Mit Hebbels Worten: «Im Ganzen bestätigte sich mir die allgemeine Erfahrung, dass man in Italien etwas zurücklässt, was man nur dort loswird, und aus Italien etwas mit fortnimmt, was man nur dort erlangt. Auch ich datiere seit meinem römischen Aufenthalt eine neue Epoche.» Das gilt ebenso für Neapel und den Vesuv, der sich wieder einmal, diesmal seit dem September 1841, in einem Stadium strombolianischer Aktivität befindet, das erst endet, als im Februar 1850 Explosionen die nördliche Kraterwand aufreißen.

Der Vesuv 1844. Inzwischen erscheint auf dieser neapolitanischen Gouache das Observatorium, das erste zur Vulkanbeobachtung bestimmte Institut der Welt, denn Baubeginn war 1841.

Erfreut, den Vulkan tätig zu sehen, schreibt Hebbel im Juli 1845 an Elise Lensing, die Mutter seiner ältesten Söhne, die damals noch hofft, er werde sie heiraten:

«Am andern Ufer, uns gerade gegenüber, unten in Nacht gehüllt, erhob sich der Vesuv mit seiner Flammenkrone. Er trieb nicht bloß Funken, sondern er spie, was keineswegs immer der Fall ist und zuweilen im ganzen Jahr nicht vorkommt, wirkliche Lava, die in einem breiten Feuerstrom vom Krater niederfloss; der Ausdruck Speien ist außerordentlich bezeichnend, denn dies gewaltige Schauspiel macht weniger den Eindruck einer Erderuption als eines bewussten Vernichtungsaktes einer ungeheuren dämonischen Macht, die sich, Verderben brütend, in die Schöpfung hineingestellt hat. Die zwischen die verschiedenen Ausbrüche fallenden regelmäßigen Pausen sind wie ein Sammeln des Atems, und das Ausstoßen und Heraufblasen des Elements ist wie ein Entleeren von Lungen.»

Das ist eine beinahe neue, jedenfalls hervorragende Sicht: der Vulkan als lebendiger, überlegt tätiger, Verderben brütender Widersacher der Schöpfung. Nach dem Aufstieg, den Hebbel gemeinsam mit dem Literaturhistoriker Hermann Hettner und einem dänischen Bekannten unternahm, griff freilich auch er zum Höllenbild: «Wir hatten ein vulkanisches Meer vor uns, zusammengeflossen aus den noch zu unterscheidenden einzelnen Strömen von Lava, wie sie im Lauf der Jahrhunderte aus dem geheimnisvollen Schoß des Berges hervorgebrochen sind. In der Mitte, ziemlich steil, erhebt sich der kleinere Kegel mit dem gegenwärtigen Krater, aus dem, wie man es schon von unten bemerkt, in regelmäßigen Pausen nicht Flammen, sondern glühende Steine von zuweilen sehr beträchtlicher Größe herauffahren; dabei vernimmt man ein Geräusch, das aus einem dumpfen Kollern und einem heulenden Gezisch zusammengesetzt und zum Teil ein unterirdisches ist, und ein roter Lavastrom, einem kochenden Brei ähnlich, wälzt sich langsam vorwärts, diesmal nicht breiter als ein mäßiger Fußsteig, bei einer Eruption aber die ganze Fläche, auf der wir standen, überdeckend und alles Lebendige vor sich herjagend. Wir näherten uns dem Kegel, so weit wir konnten und hielten an, als die Hitze zu groß wurde; an ein Besteigen und Besichtigen des Kraters war nicht zu denken; dies ist nur zu einer Zeit möglich, wo der Berg nur kleine Steine auswirft, und auch dann nur, wenn der Wind, der jetzt ruhte, sehr scharf von einer bestimmten Seite her weht und den Auswurf, nebst der alles einhüllenden Rauchwolke, abtreibt. [...]

Einen grauenhaften Anblick gewähren die erstarrten Lavaströme, die den Kegel, sich durcheinander windend, umringen; sie sehen aus, wie Schlangen, Krokodile, Sphingen, und nicht etwa bloß für die Phantasie, sondern für das Auge; es ist, als ob die fabelhaften Ungeheuer, womit der Kindertraum der Menschheit das Chaos bevölkerte, hier lebendig geworden wären. Ich sagte schon oben, dass der Tag nicht ganz hell und deshalb die Aussicht beschränkt war, aber ich konnte das nicht bedauern, das schreckliche Bild ging umso besser zur Totalität zusammen, Wolken und Nebel legten sich als Rahmen herum und schnitten es ab von der übrigen Welt. Die Sonne passt nicht zu einem Feuer speienden Berg, die Hölle muss sich selbst beleuchten, erst nach ihrem Untergang schloss sich der Eindruck in seiner ganzen Eigentümlichkeit ab.»

Eine ebenso wortgewandte Beschreibung der Vesuvlandschaft beschert das Jahr 1853, in dem der in Rom lebende Historiker und Schriftsteller Ferdinand Gregorovius – 1876 erster deutscher und zudem protestantischer Ehrenbürger der Stadt, die ihn damit unter anderem für seine «Geschichte der Stadt Rom im Mittelalter» ehrt – durch Süditalien reist. Als gewissenhafter Historiker ist Gregorovius es gewöhnt, sich andere als die zugänglichsten Standpunkte zu suchen, und beschreibt deshalb einen selten erprobten Ausblick: «Von keinem Punkt aus kann der Vesuv ein gleiches Bild gewähren wie von der Spitze der Somma, die ihn an Höhe beinahe erreicht. [...] Ich kenne keine Ansicht der Natur, in welcher sich eine so vollkommene Verbindung des Furchtbaren mit dem Reizenden zeigte wie in dem Aschenkegel des Vesuvs; und nun, da ich auch den Krater des Ätna bestiegen habe, darf ich sagen, jene Verbindung ist das Charakteristische, welches dem Vesuv eigen ist. Es ist schwermütige Majestät; die Farbe der Asche, mit deren Anblick sich zugleich die Vorstellung des Sanften und Weichen verbindet, ihr bräunlicher oder bläulich milder Ton, endlich die schönen Linien des Kegels kommen hinzu, um ein wunderbares Gemälde hervorzubringen. Wenn die glänzende blaue Meeresfläche, das violette Gebirge und die duftige Landschaft den Aschenkegel als Hintergrund umgeben und so diese lebhafteren Lichter gleichsam hervorquellen, wird hier eine bezaubernde Farbenstimmung hervorgebracht.

Ein Touristenpaar und seine Führer vor dem Eruptionskegel im Vesuvkrater. Wohl 1872 entstandenes Gemälde von Hubert Sattler (1817–1904). Links neben der Gruppe ein zur Sänfte hergerichteter Stuhl, mit dem die Frau getragen worden ist. Im April 1872 wurde ein solcher Aufstieg zahlreichen Touristen schon weit unter dem Krater zum Verhängnis. Salzburg Museum.

Wir lagerten auf der steilen Wand der Somma, alle Seligkeit der Welt in Himmel, Erde und Meer über, um und unter uns verbreitet. Ruhig ließ uns der Vesuv gewähren, nur aus dem hochgelben Schwefelrande dampfte er, um uns zu sagen, dass mitten in das Paradies aller Wonnen der Dämon der Zerstörung hingestellt sei. Jene beiden Lavastreifen, welche den Aschekegel schwarz einfassen, sind die erstarrten Ströme zweier jüngerer Eruptionen. Der auf der linken Seite stammt vom Jahre 1850 her. Damals hatten sich, gegen den Fuß des Aschekegels hin, fünf kleine Krater gebildet; wir sahen diese sonderbaren schwarzen Kegel. Herr Berncastel zeigte mir auch die Stelle, wo beim Ausbruch von 1847 ein Amerikaner und ein Deutscher ums Leben kamen. Tollkühn sich vorwagend, wurden beide von glühenden Steinen niedergeschlagen.» Wären da nicht die letzten Sätze, so könnte dies wohl eine der beschaulichsten Schilderungen vom Vesuv sein. Doch dann klingt es wieder vertraut, wenn der Berg mit seinem sizilianischen Gegenüber verglichen wird: «Indes gewährt sein Krater doch ein lebhafteres, farbenglühenderes Gemälde der Hölle, als ich auf dem Ätna sah.»

Es soll nicht bei einem Stillleben der Unterwelt bleiben: Im Mai 1855 brechen aus Spalten im Norden des Kraters mehrere Lavaströme hervor und stürzen lodernd in das Tal des Riesen. Später wird man schätzen, es seien etwa 30 Millionen Kubikmeter Lava gewesen, die sich da Massa di Somma und San Sebastiano näherten. Die Schäden an Häusern und Anbauflächen bleiben allerdings mit 35 000 Dukaten verhältnismäßig gering, und es folgen während der siebzehn Jahre danach nur noch schwächere effusive Eruptionen. Als Mark Twain sich 1867 im Windschatten gepeinigter Maultiere und habgieriger Bergführer von Torre Annunziata her den Vesuv hinaufquält, gibt es deshalb kein «farbenglühendes Gemälde der Hölle» zu sehen. Aber selbst der leidenschaftli-

26. April 1872, drei Uhr nachmittags: Eine der Fotografien aus Giorgio Sommers Serie. Die Eruptionswolke folgt den Winden, und während Dampf und Qualm über dem auf San Sebastiano und Massa gerichteten Lavastrom südwestwärts ziehen (unten links), wird die Wolke in mittlerer Höhe sowie in der Stratosphäre nach Nordosten getrieben. Zwei weitere Lavaströme fließen nach Torre del Greco, werden aber diesmal drei Kilometer vor dem Ort verharren.

che Spötter Twain, der schon auf Hawaii tätige Vulkane gesehen hat, ist von dem brennenden – oder nunmehr schwelenden – Berg derart beeindruckt, dass er schreibt: «Ich bin froh, dass ich ihn besucht habe. Er war es wirklich wert.» Vor allem die von früheren Ausbrüchen hinterlassenen Lavafelder regen Twains Gestaltungskraft an, und er beschreibt sie ausschweifend als «einen schwarzen Ozean, aufgewühlt in tausend phantastischen Formen, ein wildes Chaos der Vernichtung, Verwüstung und Unfruchtbarkeit, eine Wildnis wellenförmiger Erhebungen, wüster Wirbel und auseinandergerissener winziger Gebirge, knorriger und knotiger, gerunzelter und verdrehter schwarzer Massen, die verzweigte Wurzeln, große Rebstöcke, Baumstämme nachäfften, alles ineinander verschlungen und durcheinandergemischt; und alle diese unheimlichen Formen, dieses ganze Panorama, diese sturmgezeichnete, fernhin sich erstreckende schwarze Wüste, die mit so packender Deutlichkeit von Leben, Handlung, brodelnder, brandender Bewegung zu künden schien, war versteinert – war im Augenblick ihres wahnsinnigsten Aufruhrs dem Tode und der Kälte verfallen! – war gefesselt, gelähmt und stehen gelassen worden, um für alle Zeiten in machtlosem Zorn zum Himmel emporzustarren!»

Ein Jahr nach Mark Twains Besuch reißt die Nordwestflanke des Kraterkegels auf, und sieben Millionen Kubikmeter Lava ergießen sich über geplagte Landstriche. Wiederum ein Jahr später, im April 1872, fordert «der Bucklige» zahlreiche Menschenleben, begräbt Teile von Massa di Somma und San Sebastiano und verschafft sich Luft, indem er einen neuen, 250 Meter tiefen Krater aussprengt. Dabei geschieht etwas, was sich in der Geschichte des Vesuvs zuvor noch nie ereignet hat: Am 26. April fotografieren zwei Männer von Neapel her die Eruptionswolke, und dabei entstehen, wenn der Autor nicht irrt, die ersten Aufnahmen von einer Vulkaneruption. Der eine Fotograf heißt Achille Mauri, unterhält ein Studio in der Via Roma und wird seine Bilder nicht ganz so erfolgreich verkaufen wie der Mann neben ihm, der Georg – oder nun Giorgio – Sommer heißt, aus Frankfurt am Main stammt und zu jenen Menschen gehört, über deren Lebensgeschichte das berühmte «Vedi Napoli e poi muori!» stehen könnte. Denn nach einem Zwischenspiel in Rom lebt Sommer in der Stadt am Golf und wird dort auch sterben. Außerordentlich geschäftstüchtig, betreibt er mehrere mit Werkstätten verbundene Studios, in denen nicht nur einzelne Fotografien, sondern auch Fotoalben von italienischen Städten und Landschaften, Ansichtskarten sowie Terrakotten und Nachbildungen von antiken Kunst- und Gebrauchsgegenständen aus Bronze angeboten werden. Die Serie von Fotografien, die er da am Nachmittag des 26. April 1872 aufnimmt, ist nicht allein eine beachtliche Leistung seines Berufsstandes, sondern kennzeichnet auch einen kulturellen Einschnitt.

Natürlich gab es schon zuvor Holzschnitte, Kupfer-, Holz- und Stahlstiche, Radierungen, Lithografien und anderes mehr, womit man den Vesuv und seine Ausbrüche zum Teil massenhaft darstellte, aber Sommers leicht zu ver-

vielfältigenden Aufnahmen zieren bald Ansichtskarten: Die Welt erhält nun ein getreues Abbild vom brennenden Berg, und dem Absender genügt eine knappe Notiz auf der Rückseite, um herzuzeigen, dass auch er in Arkadien sowie auf Goethes «Höllenprudel» war. Eine Beschreibung dessen, was er gesehen – und vor allem, was er gefühlt – hat, erübrigt sich; im Wettstreit mit Bildern sind Worte meist unterlegen. Gewiss, es verschwinden auch jene Bilder, deren Herstellung größeren handwerklichen Aufwand erforderte: die hübschen neapolitanischen Gouachen zum Beispiel, die in kindlicher Manier oder künstlerisch vollendet immer wieder einen glühenden Vesuv im Mondlicht darstellen, vor dem Segelschiffe wie Schwäne dahinziehen, während auf der Mole aufgeregte Menschlein gaffend stehen. Dergleichen ist nunmehr zu aufwendig, geht nicht schnell und zahlreich genug, verschwindet in einer Hast, die auch das Ende der Briefe vom Vesuv bedeutet – für das natürlich nicht der Hoffotograf Giorgio Sommer verantwortlich ist, mit dessen Ansichtskarten schließlich bald zahlreiche Erzeugnisse anderer Firmen wetteifern.

Der Funicolare del Vesuvio beendete die ärgsten Plagen des Aufstiegs. Oben eine Fotografie von Fahrgästen der achtziger Jahre des 19. Jahrhunderts, darunter ein Waggon der Ferrovia del Vesuvio, geschoben von der Lokomotive, die den als Zahnradbahn nach dem System Emil Strub betriebenen Streckenabschnitt überwand. (Auf der Postkarte nahm der Name Strub eine für italienische Zungen gefälligere Form an.)

Nach dem dritten Viertel des 19. Jahrhunderts entsteht nur noch eine Handvoll lesenswerter Berichte von Aufstiegen auf den brennenden Berg. Denn nahezu alle der hier bisher vorgestellten Texte waren ursprünglich Briefe, die späterhin in Veröffentlichungen aufgenommen wurden, und diese Art der Mitteilung wird mit dem Erscheinen handlicher Bilder immer seltener. Auch da zeigt sich, dass Geschwindsein stets Verlust an Wahrnehmung, Genuss und Gedächtnis nach sich zieht. Wer künftig mit der Bahn, mit dem Omnibus oder mit dem Sessellift zum Vesuvkrater hinauffährt, dessen am tiefsten empfundenes Erlebnis besteht zumeist in der Bezahlung oder in Funktionsstörungen dieser Transportmittel. Was darüber hinausgeht, wird fast so schnell auf eine Postkarte gekritzelt, wie heutige Vesuvbesteiger es in ihr Telefon sprechen.

Es scheint vorbei zu sein. Die Dichter sind gestorben, die Glut ist verloschen, was bleibt, ist Asche. Eine nur hin und wieder für Monate, manchmal für wenige Jahre unterbrochene Folge von matten Eruptionen lässt den Berg endgültig zur überlaufenen Touristenattraktion werden, von der Otto Julius Bierbaum 1902 enttäuscht berichtet, der Vesuv sei nur noch «ein Vulkan außer Dienst». Schon 1839 war die Eisenbahnstrecke zwischen Neapel und Portici – die erste in Italien – eröffnet worden, bald darauf wurde im Zusammenhang mit dem Bau des dann 1845 eingeweihten Observatoriums eine von Resina heraufführende Straße fertiggestellt. Seit 1880 fährt man sogar mit dem Funicolare del Vesuvio, einer Schienenseilbahn, auf den Gipfelkegel und muss nur noch eine geringe Wegstrecke zu Fuß zurücklegen. Für 21 Lire, zahlbar im örtlichen Reisebüro der Firma Cook, sind Besucher aus Neapel im Jahr 1900 nach kaum drei Stunden am Krater und müssen sich dort nicht mehr die Hüte füttern. Scheuen sie sich, das letzte Wegstück allein zu gehen, so zieht sie ein kräftiger Bergführer für zwei weitere Lire hinauf. Das alles kann nicht sonderlich anstrengend sein, denn das Tagesmotto vieler Touristen lautet bald: «Vormittags Pompeji, nachmittags Vesuv, abends Teatro San Carlo!» Zuvor hatte das britische Touristikunternehmen Thomas Cook 1887 die Schienenseilbahn gekauft und beherrscht somit die Vermarktung des Berges. In den Jahren 1902 bis 1904 lässt die Firma nahe beim Vesuv-Observatorium, 600 Meter hoch, das Hotel Eremo errichten und finanziert 1903 den Bau einer elektrisch betriebenen Schmalspurbahn, der Ferrovia del Vesuvio, die nun Reisenden die Kutschenfahrt oder den Ritt zwischen Pugliano – heute Bestandteil Ercolanos – und der unteren Haltestelle der Schienenseilbahn erspart. Weil man längst auch mit einer elektrisch betriebenen Eisenbahn von Neapel zur Station Pugliano fahren kann, benötigt der Vesuvtourist für die Fahrt von Neapel bis hinauf zum Krater jetzt nur noch anderthalb Stunden.

Allerdings vergehen nach der Eröffnung der Ferrovia lediglich drei geschäftige Jahre, dann erweist sich wieder einmal grausam, wie dünn der Boden ist, auf dem wir gehen, und dass ein Vulkan kein Bergzirkus ist.

IL VESUVIO - Ferrovia - Gramagliera sistema Strubb

Eselritt und Schweizer Bahn

ZUM BRENNENDEN GIPFEL

«Die Bauern, so aus den nächsten Dörfern gefolget, fangen allhier ihre Dienste an, und zwar mit solcher Begierde, dass wann [...] nicht alle zum Verdienste gelangen können, es bisweilen zu blutigen Schlägereien kömmt; wobei die Fremden, um welche man sich auch in buchstäblichem Verstande recht reißt, übel daran sind. Ein Reisender tut wohl, dass er sein geladenes Gewehr mit sich nehme, weil hier ein schlimmes und diebisches Volk ist, das an der Seite große Messer, dergleichen in Deutschland die Fassbinder bei ihrer Arbeit brauchen, trägt. Sie sprechen ungescheut von ihren bestialischen Lastern und Bosheiten [...]. Solange wir noch unten am Vesuvius waren, verhießen sie große Dinge und prahlten, dass sie uns bis an die Bocca oder oberste Öffnung des Berges bringen wollten; je höher wir aber kamen, desto zaghafter wurden sie und führten bei jedem Auswurfe des Berges den Namen der heiligen Maria und des heiligen Januarius mit Anführung der großen Gefahr, worein wir uns stürzen würden, im Munde, also dass es nötig war, ihnen selbst Herz und Mut einzusprechen. Die Dienste, welche sie den neugierigen Fremden leisten, bestehen darinnen, dass zween vorangehen oder kriechen und dem Fremden, der sich an ihnen festhält, die Mühe im Steigen erleichtern. Zu solchem Ende tragen sie über dem Leibe einen breiten ledernen Riemen, woran man sich halten kann. Sind diese zwo Leute nicht stark genug, so kommen noch etliche von hinten zu, die den Fremden mit schieben helfen. Ein leichter Mensch braucht nicht mehr als zween, die vor ihm hergehen; einem schweren aber wird es allezeit sehr sauer, man mag ihm helfen wie man wolle. Man tut wohl, wegen der Belohnung mit solchen Leuten den Handel zu schließen, ehe man in ihrer Gewalt und Schuld ist; man muss ohnedem gemeiniglich eine kleine Zugabe als ein außerordentliches Trankgeld zurücklassen, weil sie mit dem bedungenen selten zufrieden sind.»

Das ist eine garstige Geschichte, die der reisende Hofmeister, Schriftsteller und Gelehrte Johann Georg Keyßler da in der Mitte des 18. Jahrhunderts erzählte. Nun gehört es zum Alltag des Touristen, dass er sich in einem fremden Land fortwährend geschröpft und zuweilen sogar bedroht fühlt – das war damals nicht anders als heute. Und oft sind seine Befürchtungen nicht einmal grundlos. Um bei dem gegebenen Beispiel zu bleiben: Sicherlich war in den Vesuvdörfern erheblich mehr mit den Reisenden als mit der Landwirtschaft zu verdienen, und das entfachte Gier und Aggressivität. Dass man dann versuchte, sich mit einer Vorauszahlung aus dem Staub zu machen oder die Leistung

Herkules im Garten der Hesperiden: Rechts die goldenen Granatäpfel, die der Held bei jener Gelegenheit stahl. Fresko im Caldarium der Villa der Poppaea Sabina, Oplontis (Torre Annunziata). Bemerkenswert ist die gelbe Schleife am Baumstamm – heute in mehreren Kulturen ein Zeichen von ganz unterschiedlichem Symbolgehalt.

Im April 1872 verlockte das Frühlingswetter neben Touristen auch zahlreiche Einheimische zum Aufstieg in das Atrio del Cavallo. Als sich dort plötzlich die Erde auftat, tötete Lava – nicht der hier dargestellte Lapillihagel – mehr als einhundert Bergwanderer. Zeitgenössische Abbildung aus «Le Monde Illustré».

möglichst gering zu halten, ist auch nicht gerade eine italienische Eigenheit. Schon Goethe klagte über einen Bergführer, der ihn bei seinem ersten Aufstieg treulos im Stich ließ – «der Führer war mir auch verschwunden» –, berichtete aber ebenso von dem fürsorglichen und mutigen Cicerone, der ihm das Abenteuer mit dem gefütterten Hut erst ermöglichte. Aufstiege zum «Höllenprudel» waren damals eine üble Schinderei, der sich sowohl Touristen als auch Bergführer nicht immer gewachsen zeigten.

Auch der Maler Johann Christian Reinhart, zuvor schon in den Alpen und den Pyrenäen unterwegs, musste sich im Juni 1793 schrecklich mühen: «Erst

---

Die andere Sicht

«Vom ersten Tag an durchstreiften wir die Stadt, den Hafen, die Vororte. Wir ließen den Baedeker absichtlich beiseite, wir wollten hier zu Hause sein. Wir haben nie die obligate Vesuvfahrt ‹mit Cook› gemacht, aber etliche Wanderungen im Vesuvgelände, und mit der im Baedeker als räuberisch gebrandmarkten Vesuvbevölkerung sind wir in freundschaftlichen Kontakt gekommen. Als die Leute merkten, dass wir nur halbe Fremde waren, dass wir ein bisschen ihre Sprache redeten, da galten wir ihnen nicht mehr als Ausbeutungsobjekte. Ein halbes Dutzend Führer und Händler saßen um uns herum, wenn wir Rast hielten, es wurde gemeinsam geraucht – mit welcher Grandezza nahmen sie unsere Zigaretten an und boten uns Feuer! –, sie machten die Honneurs der Gegend und verscheuchten bettelnde Kinder energischer und erfolgreicher, als wir das vermocht hätten.»

Der Philologe Victor Klemperer über das Jahr 1914, in dem er als Lektor in Neapel tätig war

---

wenn man in die eigentliche Region des Vesuvs gelangt, erhält man einen Begriff von den Schwierigkeiten der Reise. Ihr unterer Teil ist von Lavaströmen gebildet, die sich in verschiedenen Epochen ergossen haben, und ein schmaler Fußsteig windet sich zwischen diesen unförmlichen Massen hindurch. Einige Pomeranzenschalen und zurückgebliebene Schuhsohlen bezeichneten ihn. Die zwote Hälfte des Berges ist regelmäßig konisch und steigt beinahe senkrecht in die Höhe.» Von den herumliegenden Sohlen war Reinhart bereits erzählt worden, und er nahm deshalb vorsorglich ein zweites Paar Schuhe mit, ließ es jedoch bei dem Einsiedler zurück, weil sein Schuhwerk bis dahin kaum abgenutzt war. Er hatte – so wie es die vielen Sandalenträger auf dem Vesuv noch heute tun – nicht mit den winzigen, scharfkantigen Lapilli auf dem Gipfelberg gerechnet: «Bald fingen die Schuhe an, sich mit Steinchen oder Asche zu füllen, erweiterten sich immer mehr, und der obere Teil ging endlich in Stücken, sodass ich mit bloßen Zehen auf die spitzigen Felsen trat und ein doppeltes Gleichgewicht, erst für mich und dann für die Schuhe, halten musste. Jeder Schritt war schmerzlich, entweder durch die Anstrengung oder durch das Anstoßen meines unverteidigten Fußes. Meine Kräfte waren erschöpft; das geringere Übel schien mir, die Nacht auf der Lava zuzubringen, und ich fing an, sehr fest an diesem Entschluss zu hangen.»

Das Anliegen dieses Kupferstiches aus der «Voyage pittoresque» des Pariser Theologen und Juristen Richard de Saint-Non war keine topografische Aufnahme der Vesuvlandschaft im Mai 1771, sondern sollte an einem halben Dutzend Gruppen und Einzelwesen die verschiedenartigen Beziehungen von Menschen zur Naturgewalt darstellen.

Ähnliche Qualen beschrieb Josef Ritter von Trentinaglia-Telvenburg, der im Oktober 1876 eigentlich allein, besinnlich und unbehelligt zum Krater hinaufsteigen wollte, sich dann aber doch inmitten von einem halben Dutzend Bergführern wiederfand: «Erschöpft und schweißtriefend erreichte ich mit den Führern, die, da sie einen Fremden gewahrten, bis zu fünf angewachsen waren, den Kraterrand. Von der Zudringlichkeit dieser Leute kann man sich keinen Begriff machen. Die einen bieten Zugriemen oder Tragsessel oder schöne Lavastücke oder Bergstöcke oder sonst was an, und mag man sie noch so oft wegjagen, sie kommen doch immer wieder; will man nicht handgemein werden, so muss man sie eben mitgehen lassen. Nach erfolgter Expedition verlangt dann jeder sein Geld für geleistete Dienste, denn der eine hat einem einmal die Hand gegeben, ein anderer den Stock einmal aufgehoben, ein dritter unaufgefordert die Gegend erklärt; kurz, fünf bis sechs Leute müssen rein umsonst entlohnt werden. [...] Die Strecke vom Observatorium [...] bis zum Kraterrande ist, obgleich nur anderthalb Stunden dauernd, so mühsam und so anstrengend, dass ich mich nie erinnere, im Hochgebirge je eine so fatigierende [ermüdende] Tour gemacht zu haben. Abgesehen von der ungeheueren Steilheit des Weges (36°), oder vielmehr der einzelnen felsigen Anhaltspunkte, die aus dem fußtiefen Lavasande hervorragen, und abgesehen von der Schwierigkeit, unter den Strahlen der neapolitanischen Mittagssonne in diesem losen Lavaschutte, wo man fast bei jedem Schritte zurückrutscht, emporzukommen, ist es der den oberen Teil des Berges einhüllende, oft zum Schneiden dichte Rauch von schwefeliger Säure, der bei ungünstigen Windverhältnissen die Respirationsorgane derart affiziert, dass man kaum zu atmen vermag, sich heftiger Hustenreiz einstellt, Schmerzen in der keuchenden Brust fühlbar werden und man wirklich ersticken zu müssen glaubt. Da von der Richtung des Windes, der täglich öfters wechselt, auch die Richtung und Stärke des Rauchqualmes abhängt, so beeilen sich die Führer oft bergan laufend, solche rauchfreie Stellen zu erreichen, was ihnen zum Schaden und Ärger der Fremden freilich oft misslingt, sodass man sich erschöpft und dem Ersticken nahe, in Schal und Schnupftuch gehüllt, auf die heiße dampfende Erde werfen muss. Je höher man hinaufkommt, desto intensiver der Geruch, desto heißer der Boden und desto unheimlicher die Situation. Rechts und links, unten und oben, steigen aus dem schwarzen Boden Dampfsäulen auf, und hin und wieder hört man, wenn man sich mit dem Ohre auf die Erde legt, unterirdische dumpfe Töne, eine stille Mahnung, nicht gar zu lange auf diesem trügerischen Stück Erde zu verweilen – ein plötzlicher Ausguss von Lava wäre ein sicherer Tod, ein Entrinnen unmöglich.»

Der Ritter von Trentinaglia-Telvenburg scheint Führer und Folter mannhaft ertragen zu haben. Johann Christian Reinhart hingegen, so zuversichtlich aufgebrochen – «einige Gläser Wein hatten den Schweiß ersetzt, der schon reichlich geflossen war, und ich fühlte mich stark genug, mehr als einen Vesuv

In der lithografischen Werkstatt von Gaetano Dura in Neapel entstanden um die Mitte des 19. Jahrhunderts Blätter, die das Treiben von Touristen auf dem Vesuv mit mildem Spott abbildeten.

zu ersteigen» –, war bald erschöpft und somit fähig, auch fremde Leistungen zu würdigen: «Am Ende des Bergrückens, auf dem die Wohnung des Einsiedlers liegt, stießen wir auf eine Karawane von Engländern [...] mit einigen Damen in Tragsesseln, die so weit gegangen waren, als ohne zu große Anstrengung zu gehen möglich ist. Indes hat man Engländerinnen gesehen, die bis zur Spitze des Kraters gestiegen sind. Eine männliche Unternehmung!»

Reinharts Schilderung belehrt auch darüber, dass die Geistlichen in der sogenannten Einsiedelei nicht immer die dumpfen, habsüchtigen Gesellen wa-

Klausenwein

«Beim doppelten Schein der Fackeln und des brennenden Vesuvs kamen wir bei der Einsiedelei auf der Hälfte des Berges an, wo ein verkleideter Gastwirt, der sich einen Einsiedler schelten lässt, die Fremden mit ziemlich bitteren Christustränen reguliert.»

Hermann von Pückler-Muskau, 1809

«Ich machte damals auch dem Eremiten auf dem San-Salvatore-Hügel, der doch einmal eine historische Person ist, einen Besuch. Seine Klause ist ein weiß getünchtes, zweistöckiges Bauernhaus mit einem Kreuzlein auf dem Dache, stattlichen Kastanienbäumen nach vorn und sogenannten Stationen zum Gebete seitwärts. Daselbst treibt denn gegenwärtig ein Franziskaner-Laienbruder zum Besten seines Klosters mithilfe einiger Knechte Wirtschaft; auch handelt er mit Fackeln; man kauft sie aber billiger durch den Cicerone in Resina. [...] Das einzige Luxusmöbel ist ein altmodisches, niedergesessenes Sofa. Die nackte Wand schmückt ein Kruzifix. Durch die Anwesenheit dieses ‹Herrgottchens› lässt sich aber der Bruder nicht abhalten, seinen Lacrymae Christi, und was er sonst noch spendet, den Gästen übermäßig anzukreiden, obgleich er das ganze Jahr durch eine regelmäßige Einnahme hat. Darüber führen denn viele Reisende bittre Klage. Nikolai sagt: ‹Der Eremit ist ein gewöhnlicher Kneipenwirt, der nur, wenn er es für nötig hält, seine Kutte anlegt. Sein Lacrymae Christi ist ein dünnes, gelbliches, trübes Gesöff.›»

Karl August Mayer, 1834

«In den zwei auf das Pfingstfest folgenden Tagen stieg die Anzahl der Verkaufsbuden [während des 19. Jahrhunderts] übermäßig an. Zu dieser Gelegenheit trafen und versammelten sich vor der ‹Klause› Tausende von Menschen aus ganz Kampanien. Die Leute aßen und schlemmten, bis sie nicht mehr konnten, tranken ganze Flaschen aus und bekränzten ihre Häupter mit Obstgirlanden. Sie klatschten vor einer hölzernen Statue des heiligen Gennaro, und dann tanzten sie zu dem Geknalle und Geknattere von Feuerwerkskörpern die Tarantella. [...] Diesem fröhlichen Lärmen und Treiben schlossen sich schließlich auch die Fremden an.

Vittorio Paliotti, Der Vesuv.
Eine feurige Geschichte, 1981

ren, als die sie häufig beschrieben wurden: Der Literatur-Nobelpreisträger Paul Heyse hat einen gewinnsüchtigen Eremiten und die Wanzen in seinem Quartier sogar lyrisch verflucht. Reinhart überlieferte dagegen, es seien zuweilen sprachgewandte Männer gewesen – seiner habe mehrere Jahre in Paris, Berlin und Petersburg gelebt. Dummköpfe fanden sich stattdessen nicht selten unter den Touristen, von deren Eintragungen in das Gästebuch August von Kotzebue schrieb: «Natürlich wird hier eine Art von Stammbuch gehalten, in welches jeder, der zu den Wundern des Vesuvs – wenn auch nur bis hierher – wallfahrtet, seinen Namen verzeichnet und sonst noch etwas Dummes oder Kluges, nach Belieben oder Vermögen, dazuschreibt. Hilf Himmel! Welch eine Suppe

Das Hotel Eremo warb einst mit dem wunderbaren Ausblick auf den Golf von Neapel sowie mit «Ballnächten auf dem Vulkan» um ein gut betuchtes Publikum.

von Unsinn, auf der die Gedanken wie einzelne Fettaugen schwammen. [...] In allen Sprachen fand man hier dergleichen Allotria, doch muss ich beschämt gestehen, dass beim flüchtigen Durchblättern es mir so vorgekommen, als hätten die Deutschen das meiste dumme Zeug geschrieben; wenigstens affektierten sie die meiste Empfindsamkeit.» Im selben Jahr wie Kotzebue, also 1804, bemerkte auch Francois-René de Chateaubriand, er habe in jenem Buch nicht einen einzigen Gedanken gefunden, «der des Aufbewahrens wert wäre». Weil der Schriftsteller Chateaubriand auch ein patriotischer Politiker war, musste er freilich anmerken: «Die Franzosen, mit dem ihrer Nation eigentümlichen Geschmack, begnügten sich, den Tag ihres Besuches zu bemerken oder etwas zum Lobe der Einsiedelei zu sagen.»

Die in der Mitte des 18. Jahrhunderts erbaute Kapelle, der Mittelpunkt dieses vorgeblich abgeschiedenen Geschehens, ist bis heute vom Wüten des Vulkans und von Erdbeben verschont geblieben. Sie steht in dem nunmehr für Bergwanderer unzugänglichen, von Gittern umgebenen Gelände bei einem modernen Nebengebäude des Observatoriums und ist an der durchbrochenen Fassade mit der darin aufgehängten Glocke leicht kenntlich. Wer bis dorthin gelangt, der hat dann bereits das verfallende Hotel Eremo hinter sich gelassen, vor dem eine Skulptur des Erlösers die Arme inzwischen nicht mehr grüßend, sondern mit einer Geste der Vergeblichkeit ausbreitet. Es haben sich selten genügend Hotelgäste gefunden, um den prächtigen Bau wirtschaftlich ergiebig führen zu können. Auch ein Versuch, darin in jüngster Zeit eine Diskothek zu betreiben, ist gescheitert. Wie es scheint, wird das Gebäude jedoch im Zusammenhang mit dem Bau einer neuen Vesuvbahn wiederhergestellt werden.

Die Geschäftsidee des Hotels Eremo ist gescheitert, stattdessen würde eine Jugendherberge für die jungen Bergwanderer unserer Tage sicherlich zahlreiche Gäste anziehen. Rechts ein Aufstieg in den achtziger Jahren des 19. Jahrhunderts. Die jeweilige Kleidung der Teilnehmer verrät, wer Tourist und wer Führer oder Träger ist – einer der Letzteren geht sogar barfuß. Fotografie von Giorgio Sommer.

Etwas über die Anzahl der Vesuvtouristen in jener Zeit verrät ein Beitrag im Hamburger Journal «MINERVA« von 1802, der das Abenteuer von acht Franzosen schildert, die im Jahr zuvor in den Krater hinabgestiegen waren. Eine Anmerkung zu diesem Bericht klärt nämlich darüber auf, «dass es keineswegs so schwer sei, den Gipfel des Vesuvs zu erklettern – wie denn nicht nur Gelehrte, sondern Leute aller Art, selbst Weiber, oft Lustreisen auf denselben machen, sodass jährlich wohl 2000 Personen hinaufsteigen». Ihre Anzahl wuchs, und deshalb entzog sich der Dichter Wilhelm Waiblinger – schon zum zweiten Mal am Vesuv – 1829 dem Trubel auf dem Berg und besah ihn von einem Boot im nächtlichen Meer her. Was er dabei dichtete, entschwand aus gutem Grund dem Gedächtnis der Italienreisenden und Vesuvbewunderer: «Dann betracht' ich gerne, Vesuv, dein erhabenes Nachtbild, / schaudernd fühlt das Gemüt, was du im Innern verbirgst, / und es entwallt dem schrecklichen Haupt ein düsteres Glutrot, / das die südliche Nacht flüchtigen Scheines erhellt.» Vittorio Paliotti vermeldet, dass neun Jahre nach Waiblingers Aufenthalt jährlich bereits 7000 Touristen auf dem «schrecklichen Haupt» umherspazierten.

Wie die Aufstiege ausgeführt wurden, klang bereits im vorigen Kapitel an: zunächst auf Eseln oder Mauleseln, bisweilen zu Pferde, dann zu Fuß. «Jetzt», stöhnte der Geistliche und Kunsthistoriker Balthasar Speth, der 1816 über ein Lavafeld kletterte, «kömmt das Ärgste. Am Fuße des Kegels angelangt, muss man sein treues Tier verlassen und den eigenen Füßen sich anvertrauen. [...] Kömmt's einem doch vor, als stände man hier unten schon an der Werkstätte aller Furien der Hölle, so schwarz und grässlich klaffen weit umher die formlosen Gestalten erstarrter Wut [aus Lava]. Ihr seht keine blühende Natur mehr um euch, nur Schreckbilder ihres Grimmes, womit sie selbst sich durchwühlt und

Zeitvertreib auf dem Vulkan I

«Gegen Abend [...] begaben sich er, Riedesel und D'Hancarville nebst drei Bedienten mit Fackeln und einem Führer [...] nach Portici und über die alte Lava der neuen entgegen. Nach einem Wege von zwei Stunden, welches für Winckelmann als einen sonst guten Fußgänger der allerbeschwerlichste in seinem ganzen Leben war, mussten sie, um bis zur Mündung zu kommen, die brennend heiße Lava übersteigen, was aber ihr Führer zu tun sich weigerte. Da kein anderes Mittel übrig war, so nötigte ihn der Stock, und D'Hancarville ging mit einer Fackel voran, während ihm seine zwei Gefährten folgten. Das Leder ihrer Schuhe zerplatzte, und sogar die Sohlen wurden versengt; sie gelangten jedoch bis zur Mündung, die aber vor der Menge der Asche kaum zu erkennen war. Hier zogen sie sich völlig aus, um ihre vom Schweiße nassen Hemden zu trocknen, brieten Tauben an dem feurigen Flusse und hielten nackend wie die Zyklopen ihre Mahlzeit.»

Joseph Eiselein 1825 in seiner Biografie Johann Joachim Winckelmanns, dessen Aufstieg 1767 stattgefunden hatte

«Wir hatten uns kalte Küche, Austern und einige große Flaschen Lacrymae Christi mitgenommen, welche die Führer trugen. Unsere Esslust stimmte mit unserer Begeisterung überein, und so oft es im Vesuv zu krachen begann und der Donner aus dem innern Schlunde unter dickem Dampfe hervorbrach, stießen wir unsere Gläser an und tranken [auf] die Gesundheit unserer Freunde. Die Steine, welche der Vesuv bei jeder Explosion auswarf, flogen über uns weg, und nur selten fiel etwas neben uns nieder. [...] Die öftere Wiederholung solcher Explosionen macht, dass man ihrer endlich so gewohnt wird als der immer wiederkehrenden hohen Wellen im Meersturm.»

Wilhelm Gottlieb Becker, 1785

im Inneren ewig gärt, um ewig neue Gräuel, neue Verwüstung zu gebären. Jetzt steigt der Weg schroffer und fast senkrecht empor. Hier gilt's ein Klettern auf Händen und Füßen an den rauen Vorsprüngen des festen Lavastroms hinan.»

Dabei halfen weiterhin gut bezahlte ziehende und schiebende Begleiter, die der Schriftsteller Aloys von Hoefele 1830 aber wenig hilfreich fand: «Ein Berg von Asche und Lava-Geröll, wo man weder den Fuß fest aufsetzen noch einen Schritt machen kann, ohne wieder herabzugleiten [...]. Vergebens hält sich der Fremde an dem Strick, den ihm der Wegweiser darreicht oder wohl auch um seinen Leib befestigt, um ihn nachzuziehen. Umsonst stützt er sich dabei auf den Stock, der oft bis zur Hälfte einsinkt und in der glühenden Asche, die an manchen Orten so heiß ist, dass man Eier darin gar machen kann, samt den Stiefeln des Wanderers ziemlich verbrannt wird.»

Eine bequemere Möglichkeit bot der Tragsessel – gewöhnlich nicht mehr als ein Stuhl, an den zwei Stangen gebunden wurden. Aloys von Oefele, den schon der Lohn für einen Soldaten, der das zurückbleibende Maultier bewachte, gehörig entsetzt hatte, war aber sein Gebrauch zu teuer: «Die Reichen, Be-

Gaetano Dura, dessen Karikaturen des Geschehens auf den Vesuvhängen etwa 1840 entstanden, würde dort auch heute noch zahllose Motive finden: diesmal frierende Bergwanderer in Strandkleidung, verdrossene Sandalenträger mit blutenden Füßen und anderes mehr.

quemen und die Frauenzimmer lassen sich in einer Art von Sessel hinauftragen; es muss aber sehr schwierig sein, und ich kann die Ausführung kaum begreifen; auch sind die Unkosten 3–4 Piaster.» Das war in der Tat nicht billig. Der gesamte Vesuvausflug kostete damals neun spanische Piaster zu jeweils zwölf Carlini. Davon entfielen auf die Kutschenfahrt von und nach Neapel vier Piaster und zehn Carlini, auf den Bergführer ein Piaster, auf Proviant und Fackeln ein Piaster und zwei Carlini sowie auf die Treiber und vier Esel zwei Piaster.

Wer jung und gesund war, lehnte sowohl Zugseil als auch Tragsessel ab. Zu ihnen gehörte Karl August Mayer, ein in Neapel lebender Schriftsteller. Er vermeldete vom Juli 1834: «Wir als rüstige junge Leute stiegen ohne jemandes Hilfe wohlgemut hinan, indem wir uns auf der Grenze zwischen Asche und Lava hielten und erreichten ohne sonderliche Anstrengung in einer halben Stunde [nachdem man die Maultiere zurückgelassen hatte] den Gipfel. Antonio, der [mit] uns kaum gleichen Schritt hielt, erzählte, ein englisches Mädchen habe den Tag zuvor den Weg in einer Viertelstunde gemacht. Wir wünschten uns in ihre Gesellschaft, um mit ihr im Steigen wetteifern zu können. Während wir noch von ihr sprachen, holten wir zwei wohlbeleibte Franzosen ein, die sich schweißtriefend auf allen vieren kaum merklich vorwärtsbewegten, indes eine Gesellschaft Italiener lachend und schreiend herabkam und in großen Sprüngen wie mit Siebenmeilenstiefeln an uns vorbeiflog.»

Die Tragsessel blieben in der Ebene – das zeigen Abbildungen aus Pompeji – noch bis zur Zeit des Ersten Weltkrieges gebräuchlich, vom Vesuv verschwanden sie nach dem Bau der Schienenseilbahn 1880. Gedacht waren sie für Damen, doch ließen sich auch kurzatmige Herren damit umhertragen, und

Als Angebot für die Dame steht auf den Lavafladen ein Stuhl bereit, der in eine Sänfte verwandelt wurde und dessen Gebrauch im rechten Hintergrund vorgeführt wird. Britische Zeitschriftillustration von 1872.

beide wurden darin zuweilen seekrank. Die Komponistin Fanny Hensel – wegen des weisen Großvaters und des berühmten Bruders bekannter unter ihrem Geburtsnamen Mendelssohn – verließ deshalb den Tragsessel, in dem sie im Sommer 1840 auf den Kraterkegel gelangt war, aber das beendete ihre Qualen nicht:

«Am Fuße des sogenannten Aschekegels steigt man ab, und diese letzte Höhe hinauf ließ Wilhelm mich tragen. Man spart auf diese Weise allerdings Beine und Lungen, wenn Ihr aber denkt, dass es bequem ist, diesen höllischen Berg in irgendeiner Art heraufzukommen, so irrt Ihr Euch sehr. [...] Sehr ängstlich ist es, sich so schleppen zu lassen, da selbst die geübten Füße der Träger zwischen dem losen Gerümpel der Stein- und Lavablöcke den fast senkrechten Gipfel hinan beständig abrutschen, und ich kann nicht leugnen, dass mir das Herz ein paar Mal in die Hosen fiel. Fast eine Stunde dauerte diese Tierquälerei, dann waren wir oben, in Satanas Hauptquartier, auf einer aschigen, steinigen Ebene, wo man den Rauch aufsteigen sieht. [...]

Ich hatte keinen Mut, mich den Aschenkegel hinuntertragen zu lassen und gab lieber meine Füße preis. Ihr habt aber keinen Begriff, was es heißt, diesen Berg hinunterzusteigen. Sie wählen dazu die Seite, wo die lose Asche liegt mit weniger Steinen als an der, wo man aufsteigt. Es ist eine grauliche Partie, man versinkt bis an die Knie in die Asche, ist in Wolken eingehüllt, die Schuh füllen sich bei jedem Schritt, sodass man sie nicht mehr schleppen kann, man fällt, watet, keucht; die anderen kamen mir weit voraus, ich kam nicht mehr aus der Stelle und blieb mit meinem Führer weit zurück, völlige Dunkelheit brach ein, und ich lernte das Gruseln. Zitternd vor Müdigkeit kam ich endlich den ande-

«Ein Besuch auf dem Vesuv» – Blatt aus George Cruikshanks Karikaturenfolge «Misshelligkeiten einer Reise zum Kontinent», London 1835.

ren nach. Obgleich diese schlimmste Stelle nur etwa zehn Minuten herabzusteigen dauert (derselbe Teil, den man in einer Stunde erklimmt), so versichere ich Euch, ich werde an diese zehn Minuten denken.»

Fast drei Jahrzehnte später erschien es auch Mark Twain zu gefährlich, einen Tragsessel zu benutzen: «Wenn man es wünscht, tragen einen vier dieser einheimischen Piraten in einer Sänfte zum Gipfel, aber angenommen, sie rutschen aus und lassen einen fallen – ist damit zu rechnen, dass man jemals zu rollen aufhört? In diesem Leben sicher nicht.»

Den wohl anrührendsten Bericht von einer Tragsesselpartie hinterließ der preußische Militärjustizbeamte Gustav Nicolai, der vielleicht enttäuschteste und deshalb grämlichste Italienreisende des Jahrhunderts, der seit dem Erscheinen seiner Reiseschilderung von vielen verlacht wurde und von dem man Mitgefühl für seine Träger eigentlich nicht erwartet hätte: «Ich habe schon gesagt, dass jeder Tragsessel von acht Männern getragen wurde. Der Anblick dieser armen Teufel, die, um jeder einen halben Piaster zu verdienen (denn ein solcher Sessel kostet vier Piaster), sich einer so ungeheuren Anstrengung unterziehen, war wirklich schmerzlich und vergällte die Freude. Der Kegel ist so steil, dass wir, die Getragenen, die Knie fast an den Mund drücken und den Kopf in der unbequemsten Stellung vorn übergebogen halten, auch uns stets mit den Händen vorn anklammern mussten, um nur nicht hintenüber zu stürzen. Unsere halbnackten Träger krochen auf Händen und Füßen vorwärts, indem sechs von ihnen, auf beide Seiten verteilt, die Stangen des Sessels auf die Schulter gelegt, zwei von ihnen aber sich vorgespannt hatten und an Stricken zogen. Zehnmal Fuß fassend und ebenso oft wieder zurückrollend, quälten und mühten sie

Zeitvertreib auf dem Vulkan II

«Ich hätte geglaubt, der Hölle nahe zu sein, wenn wir nicht ein paar so hübsche und so liebenswürdige Weiber bei uns gehabt hätten, dass man bei ihrem Anblick wohl an's Sündigen, aber als Strafe höchstens an's Fegefeuer denken konnte. Wir blieben im Krater bis gegen Morgen, wo die Eruption immer am heftigsten zu werden pflegt, und tranken unterdessen fleißig, durch Wasser gemildert, die mitgenommenen Lacrime Christi auf die Gesundheit Plutos und aller Götter des Tartarus. So oft wir eine Bouteille geleert hatten, warfen wir sie in die glühende Lava, deren Hitzegrad so heftig war, dass das Glas, sobald es die Lava nur berührte, schon fast in demselben Augenblick geschmolzen mit dahinfloss. Einer der Führer erzählte uns, dass ein Engländer vor zehn Jahren dies Experiment statt der Flasche mit einem unglücklichen Esel vornehmen ließ, den er vorher gebunden durch zehn Lazzaroni's hatte hinauftragen lassen. Das arme Tier hatte nicht die Schmelzfertigkeit der Bouteillen gezeigt und fürchterlich geschrieen, ehe es völlig zu Asche verbrannt wurde.»

Hermann von Pückler-Muskau, 1809

«Die Lava, welche das Ansehen von geschmolzenem Metall hatte und hier nur mehrere Fuß breit war, bewegte sich nur langsam, wie Teig, vorwärts. Da sie rechts und links an alte Lavafelder anstreifte und erhärtete Lavastücke mit sich fortschleppte, hörte man ein Stoßen und Klingen wie von übereinandergeschobenen Ziegeln. Der Mineraloge warf Zink hinein, das in grünlicher Flamme aufzischte und weit den Berg hinab einen blendenden Schein gab. Als ich hinüberspringen wollte, wehrte mir der Cicerone, weil ich dort im Winde große Glut und erstickenden Dunst zu bestehen haben würde. Nach dem Brauche der Vesuvbesteiger drückten wir jetzt Münzen in den Lavateig, den der Führer wie [geschmolzenes] Glas am Stocke herausspann, und nahmen sie als Andenken und Wahrzeichen mit uns fort. Unterdessen röstete der weißbärtige Führer dem Engländer [...] Eier an der Lava. Da es an Salz gebrach, holte er vesuvianisches Salz, das ganz schmackhaft ist. In den weiten, oft zimmerhohen Drusenräumen und Höhlen der erstarrten Lavawellen hängt es tropfsteinartig nieder.»

Karl August Mayer, 1834

sich ab, uns emporzuschaffen, dass es ein Erbarmen war. Der Schweiß floss in Strömen über ihr Gesicht, Nasenflügel und Mund waren weit geöffnet, alle Muskeln dieser gelben, ausgemergelten Gestalten traten in krampfhafter Spannung hervor. Einer von ihnen sank einem Sterbenden gleich zurück, einem andern floss das Blut aus Mund und Nase. Uns traten die Tränen in die Augen; wir erklärten, dass wir verzichten und umkehren wollten; allein, dies hätten sie ja um keinen Preis zugegeben. Auch waren wir allmählich höher gekommen, und das Ziel schien nicht mehr fern. Und wer würde es glauben, bei dieser ungeheuern Anstrengung waren sie nicht einen Augenblick still; unaufhörlich schwatzten und schnatterten sie; ja, einer meiner Träger sang! [...] Fünf Viertelstunden dauerte diese Qual, während welcher unsere Träger nur viermal an-

Vulkanische Bomben töten zum Vesuvkrater aufsteigende Bergwanderer. Dramatisch überzogene Darstellung auf dem Titelblatt von «Le Petit Parisien» vom Mai 1900.

gehalten und sich wenige Minuten erholt hatten. Eben sank die Sonne, als wir den Gipfel erreichten. Sofort stürzten unsere Träger auf uns zu und baten um ein Trinkgeld. Erst nachdem sie befriedigt waren, konnten wir an den Sonnenuntergang denken.»

Wer es endlich geschafft hatte, gab sich je nach Profession und Wesensart verschiedenen Regungen hin. Dazu nochmals Karl August Mayer, dessen Bericht schon allein durch die Betriebsamkeit bemerkenswert ist, die 1834 auf dem Vesuv herrschte und dafür spricht, dass die zuvor erwähnten Besucherzahlen wahrscheinlich zu gering geschätzt wurden: «Auf dem höchsten Punkte lagerten wir uns auf der bebenden Erde und genossen das Schauspiel nach

«**Räuber**. Das Verhalten gegen sie hängt großenteils von der Denkweise der Reisenden ab. Nach dem Charakter der Italiener im Ganzen zu schließen, dürfte entschlossene Gegenwehr bewaffneter Reisender einen glücklichen Ausgang nicht zweifelhaft lassen; nur müsste man sich auf Kutscher und Postillon verlassen können. Revolver (Pistolen mit 4 oder 6 Schüssen) sind wohl die beste Reisewaffe. Will man sein Leben nicht in die Schanze schlagen, so ist das rätlichste ein Accord [Vergleich, Einigung]. Gehen aber die Räuber, die gewöhnlich in größerer Anzahl ihren Streich ausführen, nicht darauf ein und es ertönt der Schreckensruf ‹Faccia in terra› [Hinlegen!], so bleibt nichts übrig, als sich mit dem Gesicht auf die Erde zu werfen und sich ausplündern zu lassen. Die beste Methode ist wie bei der Cholera die prophylaktische; denn ohne Disposition wird so leicht keiner angefallen. Man muss also alles Reichtum verratende Aufsehen vermeiden oder, wenn man dies nicht kann, sich mit hinlänglicher Bedeckung schützen. [...] Die Post wird nur dann angefallen, wenn sie bedeutende Geldsummen führt; aber der Räuber erfährt dies leichter als der Reisende. Die unsichersten Gegenden sind noch immer die Umgebung von Rom und vornehmlich der Weg nach Neapel; desgleichen Sizilien, namentlich die Umgegend von Palermo.»

Ernst Förster, Handbuch für Reisende in Italien, 1866

Muße. [...] Der Mineraloge schrieb, glaub' ich, schon in Gedanken eine Abhandlung über die Eruption; der Maler und ich waren wie toll vor Freude über das Prachtfeuerwerk. Da der Steinhagel zunahm, so stiegen wir hinab und traten wieder auf die Hochebene. Dort hatte sich unterdessen ein halbes Hundert Fremde mit Führern, Eseltreibern und Proviantträgern gruppenweise zusammengestellt oder auf die verschiedenste Weise gelagert. Man hörte Ausrufungen der Verwunderung in allen Sprachen; auch Geschrei des Schreckens ließ sich vernehmen, wenn bisweilen ein Stein näher als gewöhnlich fiel. Zwei italienische Damen, die von dem Wege und dem mächtigen Schauspiele angegriffen schienen, saßen dicht an ihren Bedienten geschmiegt, als hielten sie hier oben in der Lavawüste eine Schäferstunde. Viele Treiber lagen auf dem Bauche und schwatzten, um den feurigen Springbrunnen unbekümmert, von Eseln, Fremden und Trinkgeldern; andere schliefen. Eine zahlreiche Gruppe von Franzosen trank und aß oder schwatzte und lachte, die brennenden Zigarren im Munde. Weiter zurück ruhten ein Engländer und seine Frau nebeneinander auf Matratzen, die sie hatten heraufschleppen lassen, um alles recht bequem ansehen zu können. Dabei waren sie bis zur Brust in Decken eingehüllt. Plötzlich hörten wir dicht hinter uns Worte in schwäbischer Mundart. Es waren zwei württembergische Handwerksburschen mit Kitteln, Ranzen und Wachstuchhüten, von denen der eine in die Worte ‹S ischt aber gar zu nett!› ausbrach. Sie waren durch ganz Italien bis zum Vesuv gepilgert und genossen nun einen Anblick, der so vielen Bemittelten versagt bleibt.»

Briganten verhören einen von ihnen entführten Reisenden – vermutlich geht es dabei um das Lösegeld. Lithografie aus der neapolitanischen Werkstatt Gatti und Dura (etwa 1840).

Nebenher: Die Teilnahme von Frauen an den Aufstiegen, von manchem damals noch als ungewöhnlich empfunden, war längst etwas Alltägliches. Die schönen, der ersten Hälfte des 19. Jahrhunderts angehörenden Karikaturen des neapolitanischen Verlegers und Lithografen Gaetano Dura zum Beispiel stellen fast ausschließlich Bergfahrten von Paaren dar, und das wiederholt sich auf späteren Fotografien wie jenen von Giorgio Sommer oder Giacomo Brogi. Ab 1890 gab es dann auch Darstellungen paarweise aufsteigender Frauen in größerer Zahl – nicht verwunderlich in einer Zeit, in der in den Alpen längst unerschrockene Bergsteigerinnen unterwegs waren.

Außer dreisten Bergführern, betrügerischen Einsiedlern, sich lösenden Schuhsohlen, in das Schuhwerk eindringenden Steinchen, dem Versinken bis an die Knie, scharfkantigen Lavablöcken, der Hitze und dem Schwefelgestank sowie störrischen Maultieren gab es noch eine weitere Plage, von der ein vielseitiger und viel gereister Mann berichtete: Franz Löher, bald nach seinem Vesuvaufstieg geadelt und mit einem eigens für ihn eingerichteten Lehrstuhl für Literaturgeschichte, Länder- und Völkerkunde bedacht, also ein vertrauenswürdiger Mensch. Er selbst bewahrte sich ein gesundes Misstrauen, zu dem er in Neapel, wo er Zeuge «einer furchtbaren Verwilderung der Sitten» war und wo ein flinker Gauner ihm die Taschenuhr stahl, auch allen Grund hatte. Auf dem Weg zum Vesuvgipfel und den Felskranz des Monte Somma betrachtend, erinnerte er sich: «Dies Gebirge hatte ich mir unzugänglicher gedacht. Denn noch vor wenigen Wochen (ich erzähle vom Frühling 1863) musste eine befreundete Familie am Vesuv umkehren, weil Briganten die Somma besetzt hielten. Man denke sich – dicht vor der Hauptstadt. Von den Bewegungen der Briganten sprach man in Neapel an jedem Ort, einige mit Scham und Ärger, andere voll kaum verhehlter Freude [...].»

Briganten – das Wort kennzeichnete zu verschiedenen Zeiten recht verschiedene Menschen: nunmehr zum Beispiel bourbonisch gesinnte Rebellen, die gewalttätig gegen den Anschluss an Piemont protestierten, oder gewöhnliche Banditen. Zwei Jahre nach der Vereinigung Italiens und vor dem Sommer 1863, in dem Militärtribunale und Ausnahmegesetze die Briganten im Süden des Landes ausmerzen sollten, könnten es sowohl Aufrührer als auch Banditen gewesen sein, vor denen sich Vesuvbesucher fürchteten. Mancher tut das noch heute. Völlig grundlos, denn der Camorra ist eher am Wohlergehen von Touristen gelegen, die Geld in den Süden bringen, an dem sie auf irgendeine Weise teilhaben kann. Weitaus gefährlicher sind freischaffende Diebe, aber die gehen kaum auf den Vesuv, wenngleich dort jährlich eine halbe Million Besucher mit Kameras und Geldgürteln umherläuft. Nein, Taschendiebe fahren hinaus nach Pompeji, wo tagsüber ein viel dichteres Gedränge herrscht und wo – insbesondere vor dem Bordell, das alle unbedingt sehen wollen – selbst die Mauern Hände haben.

Ein Gedränge wie in Pompeji herrschte nun auch auf dem brennenden Berg, obwohl dessen Besteigung doch so qualvoll war. In der Reportage «Napoli a occhio nudo» (Neapel mit bloßen Augen) schilderte der Schriftsteller Renato Fucini, wie es ihm dabei im Mai 1877 ergangen war: «Ich muss bekennen, dass ich von Furcht und Panik nicht mehr weit entfernt war. Als der Wind auffrischte, erlebte ich einen besonders üblen Augenblick, denn ich sah, wie die riesige Rauchwolke über dem Krater in sich zusammenfiel, sich blitzschnell über die Bergflanken ergoss und auf mich zuraste [...]. Sie überwältigte mich innerhalb von Sekunden. Meine Augen tränten. Ich musste niesen. Ich hatte Hustenanfälle. [...] Ich begann zu rufen, ich sang, ich brüllte die Namen meiner Freunde, obwohl ich sie in dem dichten Nebel gar nicht mehr sehen konnte. [...] [Auf dem Gipfel] steigerte sich unsere Begeisterung zur Raserei. Alle redeten durcheinander. Es gab verwunderte Aufschreie, ein großes Händeschütteln ringsum, Weingläser wurden erhoben, die Leute rannten hin und her [...]. Ich schrie Grüße an meine Eltern, an meine Freunde und sogar an meine Feinde; [...] ich hätte selbst den Teufel umarmt [...].»

Da schien es eine hervorragende Geschäftsidee zu sein, wenn man, um solche Höllenqualen künftig zu lindern, eine zum Krater führende Bahn betreiben würde. Als die Pläne dafür gediehen waren, rief die Aussicht auf solch ein Transportmittel jedoch in den Dörfern am Berg Widerstand hervor: Was würde nun aus den Einnahmen der Bergführer und Träger werden? Der Unternehmer, der das Vorhaben schließlich finanzierte, erklärte sich deshalb bereit, neben einer jährlichen Zahlung an die Kommunen auch eine Abgabe auf jeden beförderten Fahrgast zu entrichten. Damit stand der Eröffnung im Juni 1880 nichts mehr im Wege, und fortan führte eine Schienenseilbahn von der Station Funicolare Inferiore (794 m) zur Station Funicolare Superiore (1181 m) unter dem Krater. Benutzt wurden zwei endlose Drahtseile, gezogen von einer Dampfmaschine

Ausblick vom Parkplatz Quota 1000 auf die von Ercolano heraufführende Straße. Die hellgraue Fläche im Atrio del Cavallo vor dem Monte Somma ist ein Lavafeld des Jahres 1944, das inzwischen von Flechten, aber auch bereits von Gräsern und vereinzelten Bäumchen besiedelt wurde.

mit einer Leistung von 33 kW. Nicht viel, wenn man bedenkt, dass die beiden Wagen – sie trugen die Namen Vesuvio und Etna und boten jeweils 15 Fahrgästen Platz – auf der 806 Meter langen Strecke eine Steigung von bis zu 63% überwinden mussten. Berühmter noch als diese technische Leistung wurde jedoch das Lied, das anlässlich der Eröffnung entstand: Funiculi, Funiculà.

Zwei Jahre später beförderte die Bahn einen Fahrgast, der John Mason Cook hieß. John Masons Vater Thomas Cook hatte 1845 das erste Reisebüro Europas gegründet und organisierte seit 1855 Reisen, die von England auf den europäischen Kontinent führten, seit 1861 auch Pauschalreisen. Irgendwie schienen die Cooks in die Vesuvbahn vernarrt zu sein, denn John Mason beteiligte sich jahrelang an dem unwirtschaftlichen Unternehmen: Obwohl zuweilen 300 Passagiere am Tag zu erklecklichen Fahrpreisen befördert wurden, überstiegen Rückzahlungen, verschiedene Abgaben und die Kosten der Kohle, die mit Maultieren auf den Berg transportiert werden musste, die Einnahmen bei Weitem. 1887 gaben die ursprünglichen Betreiber auf, und ihre Anteile wurden ihnen von John Mason Cook vergütet, der zugleich die Zahlungen an die Gemeinden einstellte. Die Antwort der Betroffenen bestand darin, dass sie eine Station in Brand setzten, die Zugseile durchsägten und einen der Wagen in den Krater stürzten. Man einigte sich erst nach einem halben Jahr Stillstand.

Vesuvfahrt mit Thomas Cook & Son

«Von Pugliano zum Kraftwerk am Fuße des Monte Cateroni verläuft die Bahnlinie neben Weinbergen, auf denen die Trauben für den berühmten Lacrima Christi reifen sowie an Pflanzungen und Obstgärten voller prächtig gedeihender Orangen und Zitronen vorbei. [...] An der Station Hermitage [Einsiedelei, Klause] gerät die Aussicht dann unglaublich schön und faszinierend, sodass man wohl glauben kann, sie finde nirgendwo in der Welt ihresgleichen. An diesem lieblichen Ort haben THOMAS COOK & SON ihr Hotel und Restaurant THE HERMITAGE [Eremo] bauen lassen. Von diesem entzückenden Platz an folgt der Zug seinem sich hinter dem Königlichen Observatorium hinaufwindenden Weg und hält nach etwa zwölf Minuten unter dem Krater. Während dieser kurzen Fahrt gelangt man von einem blühenden Garten in die Wüste. [...]
Am Fuß des Gipfelkegels wechselt der Fahrgast in den Wagen des Funicolare und befindet sich nach zehn Minuten Fahrt nur noch wenige Meter vom Krater entfernt. [...] Hier, auf dem Gipfel des Vesuvs, umgeben vom Rauch, der aus unsichtbaren Spalten aufsteigt und vor der gewaltigen schwarzen Rauchsäule im Hintergrund stehend, erblickt der Reisende ein Bild, das er niemals vergessen wird. Er sieht Schluchten, Täler und die Felder erstarrter Lava in all ihren wunderlichen Formen. Er sieht die vereinzelten oder zu Städten zusammengedrängten weißen Häuser in der Ebene. Er sieht das blaue Meer, das mit majestätischer Ruhe gekräuselt an der Küste entlangzieht, und links und rechts erscheinen über den niedrigen Bergen Kampaniens die Silhouetten anderer märchenhafter Landstriche. Aber er sieht auch die Hügel, die Grabstätten der Städte und Weiler vergangener Jahrhunderte, und er hört das langgezogene, hohle Rumpeln in den Tiefen des Berges, das ihn daran erinnert, dass die Kraft, die sie unter tödlichen Lavaströmen begrub, noch immer lebendig ist, dass sie wiederum die Werke der Menschen zerstören und eine gesegnete, lächelnde Landschaft in eine Wüste verwandeln könnte.»

Cook's Handbook to Naples and Environs, 1922

Cook ließ jetzt auf seine Kosten die bereits zum Vesuv-Observatorium (609 m) führende Straße bis zur Talstation des Funicolare verlängern. Am Beginn des 20. Jahrhunderts konnte der Geologe Hippolyt Haas deshalb einen Ausflug auf den Vesuv so schildern:

«Nach längerer Wagenfahrt an den Laven von 1872, an bettelnden sogenannten Eremiten und am Observatorium vorbei gelangt man zur unteren Station des Funicolare, der Drahtseilbahn, wird hier abgefüttert, und dann, wenn man mit Müh und Not sein Deputat erhalten hat, in einen der als Waggons bezeichneten Marterkästen gesteckt und hinaufgezogen auf den Aschenkegel. Oben heil angekommen, erwartet den Vesuvfahrer eine neue Überraschung. Starke Männer stürzen sich auf ihn, einer oder auch zwei, je nach dem Leibesumfang des Opfers. Ein Lederriemen wird diesem um den Leib geworfen, dessen Enden von den Angreifern erfasst werden, und im raschesten Tempo wirst du so hinaufbefördert an den Krater – halb zieht man dich, halb sinkst du hin –, über Aschen, Schlacken, Bomben, einerlei ob kantig, rundlich oder spitz, ohne Rücksicht auf dein Ich, auf deine dünn besohlten Schuhe, deinen kurzen Atem, dein Stöhnen und Keuchen. Avanti, avanti! Nur immer vorwärts! Endlich bist du oben! Ah! Aber die Freude ist nur kurz. Zunächst hält dir dein zweibeiniges Zugtier die Hand hin. Zwei Lire und das übliche Trinkgeld! Dann nimmt dich ein anderer unter seine schützenden Fittiche, ein Führer. Mit diesem spazierst du um den Krater herum, und sofern an diesem Tage der Vesuvius gerade guter Laune ist, was sehr von den Umständen abhängt, bekommst du auch wirklich etwas zu sehen. Einmal, bei schönem Wetter, eine unbeschreiblich schöne, in Worten kaum zu schildernde Aussicht über den Golf und das Festland, die ihresgleichen suchen dürfte, dann aber einen von zerfressenen und zernagten schwarzen, roten, braunen und gelben Wänden eingefassten tiefen Schlund, [...] aus dem es nach Herzenslust herausbrodelt und qualmt. Bläst dir der Wind die sauren Dämpfe gerade ins Gesicht, so ist's weniger angenehm. Noch peinlicher ist die Sache, wenn der Geist des Vulkans über deinen ungebetenen Besuch ergrimmt, glühende Lavabrocken ausspeit und dich etwa zum Zielpunkt seiner Treffübungen macht. [...]

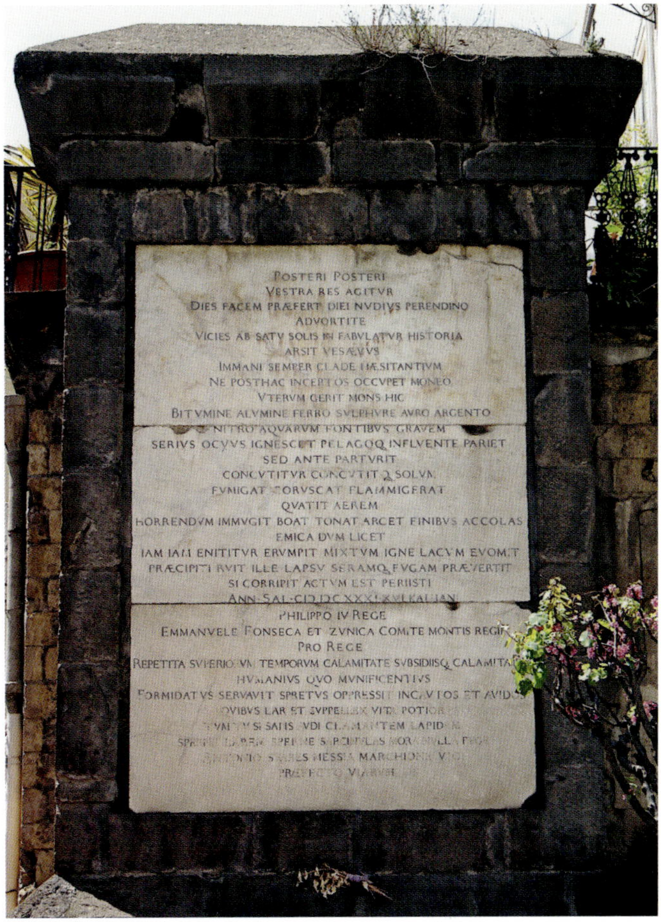

Unter dem ruhenden Vulkan: Seit vier Jahrhunderten erinnert in Portici die mahnende «Stimme des Marmors» Nachgeborene an die im Berg lauernde Gewalt und an die Schrecken der Eruption von 1631, bei der mindestens viertausend Menschen umkamen und vierzigtausend fliehen mussten.

Bist du um den Krater herumgejagt worden, so geht's nicht minder schnell wieder bergab. Mit Asche bedeckt, triffst du wieder an der oberen Station der Drahtseilbahn ein; schon warten die Wagen. Hinein und davon! Neapel erreichst du noch zeitig genug, um wie ein aus der Asche wiedererstandener Phönix mit reiner Wäsche und in full dress an dem Diner in deinem Hotel teilnehmen und dabei ein höchst geistreiches Gespräch über die Annehmlichkeiten einer Vesuvbesteigung und allerhand vulkanische Dinge mit deinem Tischnachbar anknüpfen zu können.»

Auf dem neuesten Stand war Haas' Beschreibung schon nicht mehr, als sie 1904 in erster Auflage erschien. Die Firma Cook – nunmehr die Söhne des 1899

Am Kraterrand überrascht das Farbspiel der erstarrten Lava, auf der als erster Siedler die silbern graublaue Flechte Stereocaulon vesuvianum erscheint. Unten: Am Boden des Vesuvkraters hat sich über dem verstopften Schlot herabgestürztes Geröll angesammelt – nur fünf Kilometer tiefer brodelt eine Magmakammer.

verstorbenen John Mason Cook – eröffnete im September 1903 eine elektrisch betriebene, fast acht Kilometer lange Schmalspurbahn, genannt Ferrovia del Vesuvio, die das 97 Meter hoch gelegene Pugliano bei Resina – heute ein Ortsteil von Ercolano – mit der unteren Station des Funicolare verband. Eine Teilstrecke vom Kraftwerk in 250 Meter Höhe, in dem der mit Gas betriebene Stromerzeuger stand, bis zur Station Einsiedelei/Observatorium wurde dabei wegen der großen Steigung als Zahnradbahn nach dem von Emil Strub entwickelten System ausgeführt. Von dort schob eine mit einem Zahnradantrieb ausgestattete Lokomotive die Wagen aufwärts. Wie auch die übrige Strecke war das Teilstück – nach dem Vorbild der Jungfraubahn – von Schweizer Ingenieuren geplant und verwirklicht worden; auch die 30 Personen fassenden Wagen sowie die Lokomotiven stammten aus der Schweiz. Der Zulauf von Touristen nahm jetzt so erheblich zu, dass 1904 der Funicolare del Vesuvio umgebaut werden musste: Er erhielt ein Schmalspurgleis, zwei Waggons aus der Schweiz mit jeweils insgesamt 22 Sitz- und Stehplätzen, und der Seilzug wurde nunmehr elektrisch angetrieben. Das Gleis lag in einem Betonbett, das man auf halber Höhe zur Ausweichstelle verbreiterte. Noch im selben Jahr eröffneten die Cooks nahe beim Observatorium das Hotel Eremo, das seinen Gästen nicht nur einen besseren Lacrima Christi als jenen des Einsiedlers, sondern auch einen wunderbaren Ausblick auf die Bucht von Neapel bot. Alles schien vortrefflich geraten, aber im April 1906 erinnerte der Vesuv mit der stärksten Eruption des Jahrhunderts daran, dass man zu nah am Feuer gebaut hatte.

«Ich fühle mich hier sehr unwohl, und das erbärmliche Leben am Hof ist nicht dazu angetan, meine leicht reizbare Natur zu beruhigen. Es ist ein Land von Geigern und Dichtern, von Huren und Halunken.»

Der britische Seeheld Horatio Nelson, nach dem Sieg bei Abukir in Neapel als Befreier gefeiert, an Lord Saint-Vincent. Neapel, September 1798

«Neapel [...] ist die geheimnisvollste Stadt Europas, es ist die einzige Stadt der antiken Welt, die nicht untergegangen ist wie Ilios, wie Ninive, wie Babylon. Es ist die einzige Stadt der Welt, die nicht in dem ungeheuren Schiffbruch der antiken Kultur versunken ist. Neapel ist ein Pompeji, das niemals

DER HAUSBERG

«Zwischen Gott und Satan eingeklemmt ...»

Bella Napoli

Mit Neapel ergeht es einem wie mit Vulkanen: Man ist gewarnt worden, es geht schrecklich laut, unordentlich und verworren zu, vermutlich droht auch Gefahr, aber das alles ist belebend, überaus anziehend. Und abstoßend zugleich. Ganz wie Pulcinella oder besser Pullecenella, der rüde Spaßvogel mit der schwarzen Habichtsnase und dem mächtigen Buckel, der einzige irdische unter den neapolitanischen Stadtheiligen: lebensgierig, verschlagen, gefräßig, geil, aber dennoch zugleich eine schwermütig stimmende Figur, mit der man schon einmal eine stumme Viertelstunde am Grab der vertanen Zeit zubringt. Pulcinella ist der überzeugendste Apostel einer farbenfreudigen, lasterhaften Gegenwelt voller Sonne und lüstern flatternder Bettwäsche, Fischerboote und Mandolinen, dunkler Reben und rauchender Vulkane.

Abschnitt eines Freskos in der Villa dei Misteri, Pompeji. Die Frau im mittleren Hintergrund trägt einen Thyrsos, einen Kultstab, der auf einen Ritus des Bacchuskultes hinweist, bei dem die kniende Novizin links symbolisch gegeißelt wird. Allein der rote Untergrund verrät den Wert, der dem Gemälde beigemessen wurde: Aus Schwefel und Quecksilber angefertigtes Rot war die teuerste Farbe.

Woher nur dieser Zauber, was verlockte zum Beispiel kühle, nüchterne Deutsche, Österreicher, Schweizer über die Jahrhunderte? War es allein Sehnsucht nach der Krone, die Corradino, den armen Konradin, aus Schwaben nach Neapel führte, wo er dann, sechzehnjährig, seinen Kopf auf den Richtblock legen musste? Bewegten allein Machtgier und Rachsucht die Habsburgerin Maria Carolina, als sie sich an der blutbefleckten Stadt festkrallte, war es allein Not, die so viele Schweizer bewog, sich dort zu Tausenden als Soldaten zu verdingen? Einer der Letzteren – vielleicht hilft das weiter – stand übrigens neben Ferdinand Gregorovius, als der auf den Golf von Neapel blickte: «Zu Füßen lag in abendlicher Klarheit das Meer mit den Eilanden Nisida, Procida und Ischia. Ich blieb, von diesem Schauspiel hingerissen, stehen. Ein gemeiner Schweizersoldat hatte sich zu mir gesellt und sagte plötzlich, auf dieses Paradies weisend: ‹Ach, es ischt zu schön, es macht ganz traurig!›»

Gewiss, es ist dort so schön, dass es traurig stimmen kann, doch dem einen oder anderen mögen Landschaften mehr geben, die weniger sonnig und nicht mit kleinen Schachteln vollgestellt sind, Landschaften, die nicht blenden, sondern den Blick erwidern. Es kann nicht sein, dass nur Empfinden für Schönheit Angehörigen aller europäischen – und späterhin auch übrigen – Völker, zumal ihren Dichtern, Philosophen, Schriftstellern, Naturforschern und Gelehrten aller Art, Musikern, Malern, Bildhauern, Architekten, den Atem verschlug, sobald sie «unter den Vulkan» gerieten. Und welches Neapel zog sie denn an: das griechisch, das römisch, das mittelalterlich, französisch, spanisch oder italienisch geprägte? Das Neapel der Lazzaroni oder jenes der Fürsten, die dort – behauptete der Spötter Mark Twain – zahlreicher als die Polizisten waren.

Blick von der Festung Sant'Elmo: Wie es der Name sagt, nämlich als Spalte, zieht sich der Spaccanapoli genannte Straßenzug durch Neapels Altstadt. Rechts Monte Somma und der Vesuv, dessen Krater vom Zentrum (unten) der eine Million Einwohner zählenden Stadt nur 14 Kilometer entfernt ist.

Skizzen aus Neapel I: Der Fleischhandel

«Was die jetzigen Zeiten anlangt, so muss man gestehen, dass die Freiheit und freche Lebensart der liederlichen Weibspersonen in dieser Hauptstadt auf den höchsten Grad gestiegen und die Stadt hierinnen alle anderen übertreffe. Es wohnen in einer einzigen Gegend über zweitausend Kurtisanen beisammen, und schämen sich geistliche Personen nicht, in diesen Gassen sich gleichfalls einzuquartieren. In allem rechnet man allhier über achtzehntausend solcher Donne libere. Die Jugend wird dadurch gänzlich verdorben, und die Geistlichkeit selbst kann wenig im Zaume gehalten werden, weil die weltliche Obrigkeit nichts über sie zu befehlen hat. [...] Die Früchte der unreinen Wollust werden von den Deutschen und Spaniern die französische, von den Franzosen aber die spanische oder neapolitanische Krankheit genennt.»

Johann Georg Keyßler, Neueste Reisen durch Deutschland, Böhmen, Ungarn, die Schweiz, Italien und Lothringen, 1751

«Hässliche, zerlumpte Frauen mit bemalten Lippen, mit abgezehrten, schminkeverkrusteten Wangen, Abscheu erregend und erbarmungswürdig, standen an den Straßenecken herum und boten den Vorübergehenden ihre traurige Ware feil: Knaben und Mädchen von acht bis zehn Jahren, denen die Marokkaner, Inder, Algerier, Madagassen prüfend unter die Kleider tasteten oder mit der Hand zwischen die Knöpfe der kleinen Hosen griffen. Die Frauen priesen gellend: ‹Two dollars the boys, three dollars the girls!›»

Curzio Malaparte, Die Haut, 1948

Nicht einmal das konnten oder wollten nahezu alle Besucher der Stadt beantworten. Wie denn auch, was ist schon rühmenswert am Gesang der Sirenen, wenn man ihn nur an den Mast gefesselt oder mit Wachs in den Ohren beschreiben darf?

Denn so hieß die älteste Gründung griechischer Kolonisten dort, dies war ihre Stadtgöttin, so wurde Neapel auch späterhin von den Dichtern genannt: Parthenope, nach einem der dämonischen Wesen der griechischen Mythologie, die vorüberfahrende Seeleute mit ihrem hinreißenden Gesang anlockten und dann töteten. Als der listenreiche Odysseus ihr widerstand, soll Parthenope sich in das Meer gestürzt und in eine Klippe an Neapels Ufer verwandelt haben oder ertrunken und dort begraben sein. Eine hübsche Geschichte, die wohl als Gleichnis dienen kann, den Fragenden jedoch so klug und töricht wie am Beginn zurücklässt. Fassbarer ist da Goethes Ansicht vom Neapolitaner, der zwischen Gott und Satan eingeklemmt sei. Dem Dichterfürsten – übrigens auch er sogleich vom Sirenengesang verzaubert, Rom war ihm da nur noch «ein altes, übel platziertes Kloster» – galten dabei als göttlich wohl der Landstrich und die dort herrschende Freizügigkeit, als satanisch der Vulkan sowie die sozialen Gegebenheiten. Dass er Rom mit einem Kloster verglich, mag auf Freiheiten hindeuten, mit denen man damals verschwiegen umging. Jedenfalls

FOTO IN
15
MINUTI
QUI
IL MATTINO
KOSO

Gasse in der Altstadt. Hier können selbst kleine Lieferfahrzeuge bestenfalls mit eingeklappten Außenspiegeln hindurchfahren, und die Aufstellung von Abfallcontainern ist unmöglich. Wer hier wohnt, kann Selbstbehauptung nur nach außen richten und muss alle Lebensregungen mit den Nachbarn teilen, aber dafür mangelt es Kindern nicht an Spielgefährten, und niemand bleibt allein, wenn er alt, krank, gebrechlich oder einfach nur traurig ist.

dann, wenn man weniger lärmend veranlagt war als Hermann Pückler-Muskau, der sein Erleben Italiens so zusammenfasste: «Hier, wo sich alles vereinigt – reizende Natur, hohe Erinnerungen und Denkmale des Altertums, die höchsten Werke der bildenden Kunst, ein göttliches Klima und himmlische Weiber, um das Leben in lauter Lust und Wonne, in süßem Rausch wegzuträumen.»

War Pückler-Muskau ein Schwarmgeist? Vermutlich, denn da waren andere Stimmen, die das jammervolle Neapel der Bettler, Diebe und Huren, der Päderasten und der Kinderprostitution beschrieben – ein beständig von der Armut belieferter Markt für betuchte Touristen. Zudem gab es Klagen, das Paradies sei voller Wanzen: «Stelle Dir vor, lieber Leser, dass man Dir in der schönsten Gegend der Erde eine prächtige Villa mit einem lieblichen Garten [...] geschenkt hätte, dass Du aber in diesem Besitztume bei Tage und bei Nacht von Flöhen, Mücken und Wanzen zerstochen würdest, dass Du zur täglichen Stillung Deines Hungers eine den Nahrungsmitteln der Hottentotten vergleichbare Ekelkost hinabwürgen müsstest, dass Du Dich unablässig von einem schmutzigen, mit Läusen und Flöhen behafteten, betrügerischen Gesindel umgeben sähest und Dich vergeblich nach wissenschaftlicher Erhebung sehntest, würdest Du diesen Zustand ertragen? [...] Wir können zwar, was die Kost anlangt, hier in Neapel nicht klagen; allein, wie viel Reisende sind denn imstande, auf längere Zeit in Gasthöfen vom ersten Range zu logieren? Seitdem ich die Trattoria von Capua und die Sudeleien der hiesigen Straßenköche gesehen habe, möchte ich keine neapolitanische Garküche besuchen. Dass man ferner sich in ganz Italien vergeblich nach geistiger Erhebung sehnt, ist leider nur zu wahr. [...]

Nun bin ich hier; ach, alles ist so nüchtern und gewöhnlich; statt der Kostüme sehen wir Lumpen, statt der duftigen Farben Kot und Ungeziefer, statt jener idealen Gesänge hören wir nur heiseres, wüstes Geschrei und Gebrüll, statt jener reizenden Mädchen der Bühne sehen wir schlumpige Weibsbilder! [...] Ja, Italien, Du hast in dem stillen, friedlichen Reiche meiner Phantasie mit rauer Hand gestört!»

Böse klingt das, widerspricht der damals – seit Goethes «Italienischer Reise» – unter deutschen Intellektuellen als korrekt vereinbarten Ansicht von Italien, stammt von dem preußischen Militärjustizbeamten Gustav Nicolai und wurde schon deshalb von Zeitgenossen – teils in eigens aus diesem Anlass erschienenen Schriften – wütend angegriffen. Nicolai war ja leicht angreifbar: Überall sah er aufgeblasene, korrupte Grenz- und Zollwächter, Beutelschneider aller Art, zudringliche Bettler, stechendes Getier, Schlendrian, Misswirtschaft, schlechtes Wetter, nirgendwo Orangenhaine und vor allem kein Wild auf den Speisenkarten, kaum eines seiner Kapitel endete ohne nächtliche Ungezieferjagd. Die bildende Kunst zeigte ihm häufig nur «Darstellungen viehischer Wolllust», nach Paestum ist er gar nicht erst gereist, weil ihn dort doch «nur Ruinen» erwartet hätten, er verzichtete auch auf Sizilien, Capri und Ischia –

VIA
DEI TRIBUNALI
QUART. S. LORENZO

Neapel, ein Fest für die Sinne: So erwarten, wenn sie nicht verreist sind – Parmigianinos hier abgebildete «Antea» kehrte gerade aus New York zurück –, zum Beispiel im Schloss Capodimonte weltberühmte Werke von Botticelli, Caravaggio, El Greco oder Tizian den Besucher, und von den mehr als 300 Kirchen der Stadt sagt man, sie würden nicht weniger Kunstschätze als die Museen von Florenz und Venedig gemeinsam bergen.

schon wegen der Flöhe. Dabei war er durchaus nicht die «lederne Beamtenseele», die andere in ihm sahen, sondern zum Beispiel ein hingebungsvoller und sachkundiger Musikliebhaber: Nach Neapel hatte ihn wohl eher als der Vesuv eine von ihm überschwänglich geliebte Revolutionsoper gelockt – «Die Stumme von Portici», die eine Revolution in Belgien sowie Aufruhr in Mailand und Warschau hervorrief. Nun fühlte er sich zum Vergnügen vieler Leser betrogen, sodass sie schmunzelnd übersahen, was er über seine drei Besuche im Archäologischen Museum in Neapel schrieb: kunstverständige Empfindungen, die so gar nicht zur ihm zugewiesenen Banausenrolle passten. Hinzu kommt, dass man die von Nicolai beklagten Misslichkeiten auch in den Beschreibungen anderer Autoren jener Zeit finden konnte – zum Beispiel bei August von Kotzebue, obgleich dessen Verleger den Text bereits zensiert hatte.

Wer würde denn zum Beispiel Theodor Fontane misstrauen, der ebenfalls enttäuscht war, weil viele der seit Jahrhunderten gerühmten Kunstschätze Italiens in seinen Augen bestenfalls dekorative Anforderungen erfüllten. Er schrieb am 3. November 1874 aus Neapel an Karl Zöller: «Die Lügerei der Menschen, auch derer, die etwas von den Dingen zu verstehn vermeinen oder auch meinetwegen wirklich verstehn, ekelt mich an. Nichts ist rarer als innerliche Freiheit den Erscheinungen des Lebens und der Kunst gegenüber und der Mut, eine selbständig gehabte Empfindung auch auszusprechen. Und doch wäre selbst das Dummste immer noch besser als das Unwahre, aus Furcht oder Eitelkeit Nachgepapelte. [...] Es ist unglaublich, wie viel Schwindel umgeht. So viel, dass alle Welt mit Fingern auf jeden zeigt, der es wagt, dies auszusprechen. Denn auch die Besten sind mehr oder weniger Großschwindelbewahrer und fühlen sich verletzt oder bedroht, wenn jemand laut oder leise zu lachen wagt. Nur eines ist nicht Schwindel: der Golf von Neapel, der eben sonnenbeschienen und bootebefahren in den herrlichsten Farben vor mir liegt [...].» Von solcher Bewunderung ausgeschlossen blieben allerdings die Neapolitaner: «Ein völliges Bummelvolk. Ich komme preußischer zurück denn je. Freiheit und weiter nichts ist etwas ziemlich Elendes. Der Mensch bedarf der Trainierung. Die Zehn Gebote waren doch nichts andres als Disziplin.» Auf den Vesuv stieg der märkische Wanderer, dem man schon beim zweiten Stadtbummel die Geldbörse gestohlen hatte, leider nicht. Aber dann, nachdem er wie Gustav Nicolai dreimal das Archäologische Museum besucht hatte, pries er etwas, das er vorbehaltlos bewundern konnte, und schrieb am 24. November an Mathilde von Rohr: «Vor dreißig Jahren hätten mich nicht zehn Pferde von Neapel weggekriegt, und ich würde Kopf und Kragen darangesetzt haben, mein Leben, oder doch ein bestes Stück davon, dem Studium Pompejis und seiner ausgegrabenen wunderbaren Schätze zu widmen.»

Der Vesuv, gesehen vom Molo Beverello. Links neben den hellen Flecken in der Bildmitte – dem Hotel Eremo und dem Observatorium – zieht sich der von Flechten blaugrau gefärbte Lavafluss des Jahres 1944 herab. Auf der Abbildung darunter zwei der vielen Kreuzfahrtschiffe, die Neapel ständig anlaufen, unter der Festung Sant'Elmo und neben dem Castel Nuovo.

Skizzen aus Neapel II: Das Panorama

«Welch' ein Azurblau des wolkenlosen Himmels; wie strahlt es zurück aus der kristallreinen Meerestiefe, wie spielen darin, zum lieblichen Kranze geordnet, alle die rein gezeichneten Bilder des prachtvoll geschmückten Uferrandes! – Welche wunderbare Weihe im Duft- und Lufttone hat dieses Panorama aus dem Lande, wo die Orange blühet, überhaupt – welcher Zauber der zartesten Farbentinten ist darüber ausgegossen! Welche Wollust im Einatmen der lauen, balsamischen Lüfte, die der Seewind erfrischt! Der Eindruck des Ganzen ist so berauschend, dass der Beschauer Mühe hat, im Kreise herum dem Einzelnen zu folgen. Dort unten liegt Neapel – eine fremde Welt, mit seinen flach bedachten Palästen, byzantinischen Kirchen und heitern Orangengärten. [...] Dort, im hellen Kristallglase des Meerbusens, spiegeln sich die Baumgruppen und Paläste der Villa Reale von den Zaubergärten Armidens umgeben, da die belebte Uferstraße der Chiaia, dann die weißen, lang gestreckten Gebäude der Arsenale, der Molo, der Vesuv, eine Welt von weißen Villen, Dörfern und Städten, die den Golf umgeben. [...] Dem Amphitheater der Stadt schließen sich die Höhen von St. Elmo, von Camaldoli, der sanft sich erhebende Posillipo, der kühn emporragende Felsen Pizzofalcone an, alle mit Kastellen oder Klöstern gekrönt, mit Wein- und Zitronengärten umkränzt; aber alle überragt wie ein Riese unter Pygmäen der mächtige Vesuv, der die ewige Feuerkrone auf dem kahlen Scheitel trägt.»

Damen Conversations Lexikon, o.O. 1836

Genug. Was war es nur, das die Stadt unter dem Vulkan dennoch so anziehend erscheinen ließ? Wenn man ratlos ist, kann ein Blick auf die Geschichte nicht schaden: Drei Jahrhunderte nach den Gründern von Parthenope landeten im 5. Jahrhundert v. Chr. weitere Griechen am Golf von Neapel, und seither sprach man von der Nea Polis, der Neustadt. Wie dieses Kommen vor sich ging – Kampanien wurde schließlich bereits von Oskern, Samniten, Etruskern besiedelt –, ist ungewiss, vermutlich ging es nicht friedfertiger zu als während der späteren Eroberung durch die Römer. Vermeldet wird unter anderem ein griechischer Sieg über die Etrusker 474 v. Chr. in der Seeschlacht von Cumae. Die Romanisierung der Nea Polis jedoch scheint, obwohl ihre Bürger 328 v. Chr. ein Bündnis mit Samniten schlossen und den Römern die Stirn boten, verhältnismäßig unblutig verlaufen zu sein. Ein Pakt sicherte ihnen die Wahrung ihrer Traditionen, ihrer Religion und Sprache zu, entzog ihnen aber den größeren Teil der wirtschaftlichen Macht. Die fiel den Patriziern, dem Militär und der Bürokratie Roms zu und ist weidlich genutzt worden: Neapel und das benachbarte Puteoli – heute Pozzuoli – waren bald die bedeutendsten Seehäfen des Römischen Reiches. Hier wurde angelandet, worauf das Imperium ruhte, nachdem es die damals bekannte Welt unterjocht hatte: Sklaven aus Vorderasien und Getreide aus Ägypten, das neben Sizilien und Sardinien Roms Kornkammer war. Überdies Olivenöl und Wein, Brennholz und Marmor, Erze und Farb-

CONSTELLATION

Skizzen aus Neapel III:
Die Wesensart der Einwohner

«Steigen wir herab in das Gewühl der Straßen der Haupt- und Residenzstadt des Königreichs beider Sizilien, so umfängt uns das Gedränge einer Tag und Nacht hindurch bewegten Volksmenge von 400 000 Menschen. Welch' ein südliches Leben in dieser immer wogenden Menschenwelt, die alles so öffentlich treibt, dass die Straße das Haus der Bewohner geworden zu sein scheint! Dieses Geschrei durcheinander, diese wilde, verzerrte Gestikulation, diese wunderliche Zeichensprache mit den Armen, die sie wie Windmühlenflügel bewegen, ist nur dem Neapolitaner eigen. Die Männer dieses Volkes sind fast durchaus schön, dunkelbraune Kern- und Kraftgestalten mit großen, schwarzen Augen, malerisch leicht bekleidet; und doch machen sie keinen bleibenden Eindruck auf den Fremden. Die Unbeweglichkeit der Gesichtszüge kontrastiert zu unangenehm mit jener fast krampfhaften Lebhaftigkeit der Aktion, um nicht den Begriff von Falschheit zu erwecken, den tausendjährige Knechtschaft in dem Charakter dieser sonst so einfachen Natursöhne entwickelt haben mag. Der Blick des Neapolitaners ist unsicher, umherschweifend wie das böse Gewissen, und wäre der Gang dieser Salvator-Rosa-Figuren nicht weibisch und schleppend, man würde fürchten, das Banditenmesser schon zwischen den Rippen zu fühlen, indem man an diesen wilden Lazzaroni-Gestalten vorbeigeht, wovon 30 000 die Marmorstufen der Paläste und Kirchen, den Hafendamm der heiligen Lucia und den Strand der Mergellina belagern. Unter den Frauen Neapels, besonders in den höheren Ständen, gibt es allerdings glänzende Schönheiten, und Bildung und Sittsamkeit haben ihnen das Feuer des heißen Blutes zur reizenden Anmut geläutert; allein, im Allgemeinen ist die Neapolitanerin nicht schön, nicht einmal hübsch zu nennen. [...] Und doch fehlen ihnen nicht alle Reize; aus ihren Augen sprühen Flammen; in ihren Zügen herrscht so viel sprechende Lebhaftigkeit, dass eben diese Ahnung des tief im Innern sprühenden Glutherdes der Gefühle ihren Anblick so fesselnd und anziehend macht.»

Damen Conversations Lexikon, 1836

stoffe oder so exotische Dinge wie Weihrauch, fremde Gewürze, Tiere der Tropen, Zwerge aus Innerafrika. Wie schon die Pharaonen, waren die Römer närrisch nach Zwergen, die man heute in Bronzen oder auf Fresken aus den Vesuvstädten dargestellt sieht. So wie auch die bis hin zum Rammsporn und zur Galionsfigur wirklichkeitsgetreuen Schiffsdarstellungen aus jener Zeit, von denen einige – das ist bezeichnend – den Tempel der ägyptischen Göttin Isis in Pompeji schmückten. Mit ihnen mag der Affe gekommen sein, dessen Skelett erst kürzlich unter den vielen Knochen in einem Lagerraum auf dem Ausgrabungsgelände entdeckt wurde, oder die ebenfalls in Pompeji aufgefundene indische Elfenbeinstatuette, die wahrscheinlich Lakshmi darstellt, die Gemahlin der Hindugottheit Vishnu und Göttin der Schönheit und des Glücks. Untrennbar mit dem Handel verbunden ist bekanntlich die Flagge, und so entstand am nahen Kap Misenum der größte römische Kriegsschiffhafen, von dem

Auf der Herrschaft über andere Länder und durch ihre nahezu kostenlose Arbeitskraft gedieh der Wohlstand des Römischen Reiches: Reproduktion von Gustave Boulangers (1824–1888) «Sklavenmarkt».

dann Admiral Plinius im Jahr 79 aufbrach, um bedrängte Vesuvanwohner zu retten. Und natürlich gehen in Häfen auch Ideen an Land: Um 60 verließ der Apostel Paulus in Pozzuoli das Schiff, mit dem er von Malta kam, und wurde dort offenbar bereits von Glaubensbrüdern empfangen.

Neben der belebten wirtschaftlichen Entwicklung war eine andere Erscheinung kennzeichnend für den Landstrich am Golf von Neapel: Insbesondere während der Kaiserzeit gab es nur wenige Menschen mit materiellem – zuweilen auch solche mit geistigem – Reichtum, die keine Villa im Umkreis Neapels oder auf den nahen Inseln besaßen. Es war dort in vielerlei Hinsicht angenehmer als in Rom, und zu den Annehmlichkeiten gehörte eine ungebundene Lebensweise. Manche Zeitgenossen beklagten eifernd, Römer würden sich darin gefallen, dort griechische Kleidung zu tragen und fremden Göttern zu huldigen. Sie verstiegen sich sogar zu der Behauptung, auch die sittsamsten Frauen würden aus dem Landstrich zwischen Baia und Sorrent als Huren heimkehren. Die Erinnerung daran blieb eine Ewigkeit wach: «Baia, in der Nähe des Lago Fusaro, wo die köstlichsten Austern gezogen werden [...] und für jedermann käuflich sind; ehedem beliebtester, obschon wegen seiner Ausschweifungen berüchtigtester Landsitz der Römer. Hier hatten Cäsar und Pompejus, Marius, Sylla, Nero etc. ihre prächtigen Villen. [...] Selbst im Mittelalter, wo es in Trümmern lag, blieb es der Sitz der Wollust», vermeldete deshalb ein Reiseführer noch 1866. Die Casa del Fauno, die Villa dei Misteri oder das Haus der Vettier in Pompeji zum Beispiel lassen heute den Besucher etwas vom Reichtum erahnen, der am Golf von Neapel vereint war, überzeugender noch tun dies die

Villa dei Papiri in Herculaneum oder die als Besitz der Nerogattin Poppaea Sabina ausgegebene Villa von Oplontis – heute Torre Annunziata. Dort ließen sich Körper und Geist entspannen: Fußbodenheizung, Thermalbad, strahlende Wandmalereien von der Hand hervorragender Maler in jedem Raum und selbst noch in den Fluren, Speisezimmer mit Meerblick, Fußböden aus Marmorfliesen oder feinsten Mosaiken, marmornes oder mit weißem Stuck verkleidetes Säulenwerk und vor der Tür der üppige Garten sowie das 61 mal 17 Meter messende Schwimmbecken – natürlich mit durch Muskelkraft betriebener Filteranlage. Verständlich, wenn ein römischer Kaiser das Reich von Capri aus regierte und ein anderer sich als Sänger in Neapels Theater gefiel, bekannt auch, wie die Herrlichkeit endete: Was der Vesuv nicht begrub, das zerstörten Goten, Byzantiner, Langobarden, Araber, Normannen.

Mit der Normannenherrschaft im 12. Jahrhundert kam Neapel endlich zur Ruhe, mit jener der Staufer im folgenden Jahrhundert wandte die Stadt sich wieder der Welt zu. Diese Zuwendung hatte einen Namen: Friedrich II., römisch-deutscher Kaiser, in Italien geboren, auf Sizilien aufgewachsen, neben seiner Muttersprache Italienisch ein halbes Dutzend Sprachen beherrschend, Hüter und Förderer der Wissenschaften und Künste, für das gesamte Unteritalien – die Geschäfte in Deutschland überließ er meist seinen Söhnen – von kaum zu überschätzender Bedeutung, ein gottesfürchtiger Christ, der mit dem päpstlichen Bannfluch belegt starb. 1224 gründete Friedrich die Universität Neapel, die heute seinen Namen trägt. Seinen Nachkommen war jedoch im Widerstreit mit den französischen Anjou kein Glück beschieden, auch sein Enkel unterlag König Karl I. von Anjou und wurde auf der Piazza Mercato in Neapel enthauptet. Die nun folgende «erste Franzosenzeit» hinterließ unübersehbare Denkmäler im Stadtbild: Castel Nuovo, Castel Sant'Elmo, zahlreiche eindrucksvolle Kirchen, gotisch noch, doch so wie Friedrich II. schon einzelne Züge eines Renaissancemenschen trug, so dämmerte für die Stadt ein neues Zeitalter; Petrarca, Boccaccio und Giotto lebten unter ihren Dächern. Wiederum löste ein Herrschergeschlecht das andere ab – im 15. Jahrhundert eroberte Alfons I. von Aragon Neapel, vereinigte es mit Sizilien und gab sich als Erster den Titel «König beider Sizilien». Damit wurde die Stadt am Golf spanisch, genauer gesagt katalanisch, dann zankten Spanier und Franzosen eine Weile darum, bis für zwei Jahrhunderte spanische Vizekönige regierten, die nach dem Spanischen Erbfolgekrieg Österreichern weichen mussten. Schließlich, ab 1734, fiel der Landstrich – sehen wir ab von Revolutionswirren und einem französischen Intermezzo – spanischen Bourbonen zu: Karl VII. (von Neapel) oder III. (von Spanien) und Ferdinand I. (beider Sizilien) und IV. (von Neapel). Doch um welchen Preis: Als sich unter dem Schutz französischer Bajonette 1799 die – von fortschrittlichen Vertretern des Adels und des Großbürgertums betriebene, nur ein halbes Jahr währende – Parthenopäische Republik bildete, wurde sie nach dem Rückzug der Franzosen mit unsäglicher Grausamkeit von einer

Mörderbande freigelassener Sträflinge, Kannibalen, dumpfer Bauern und des Pöbels ausgelöscht. Die Franzosen kehrten 1806 noch einmal für neun Jahre zurück, aber da gab es fast keine Neapolitaner mehr, die intellektuell tätig und republikanisch oder auch nur liberal gesinnt waren. 1860 beendete dann Giuseppe Garibaldis Sieg über Neapels Heer sowie die Einigung Italiens im folgenden Jahr die bourbonische Herrschaft.

Die Hoffnungen der meisten Neapolitaner und Süditaliener erfüllten sich mit diesem zunächst begeistert begrüßten Anschluss an das Königreich Piemont-Sardinien nicht. Unter anderem ist aus der deutschen Geschichte bekannt, wie solche Vereinigungen verlaufen, und es kam auch im Süden so, wie es ein italienisches Sprichwort sagt: Jeder lenkt das Wasser zu seiner Mühle. Die wirklichen Herren Norditaliens brachten eher Interesse für den ihnen zufallenden Markt, für die Zerschlagung der dort heimischen Gewerbe und der Kleinindustrie sowie für die neapolitanischen Goldreserven als für eine Umgestaltung der nun gemeinsamen gesellschaftlichen Verhältnisse auf. Verglichen mit den Regierungen in Turin, Florenz und hernach Rom mussten die Bourbonen den Neapolitanern nun als geradezu volkstümliche Herrscher erscheinen. Der Süden blieb rückständig, blieb das Armenhaus des Landes, aus dem viele Hunderttausende auswanderten: Am Beginn des 20. Jahrhunderts lebten allein in New York mehr Italiener als in Rom.

Der in der Schlacht bei Gaugamela (331) vor Alexander dem Großen fliehende Perserkönig Dareios. Das wohl nach einem griechischen Tafelbild aus etwa zwei Millionen Steinchen geschaffene, insgesamt sechs Meter lange Mosaik aus der Casa del Fauno in Pompeji kündet vom Kunstsinn und Reichtum damaliger Villenbesitzer am Golf von Neapel.

Mehr als ein Drittel der arbeitsfähigen Neapolitaner sind ohne Anstellung und bewohnen meist Viertel wie Sanità – hier die Straße zu den Tuffsteinhöhlen des Cimitero delle Fontanelle, des größten Beinhauses der Welt – oder Forcella und die Quartieri Spagnoli. Häufig bedrückend enge Gassen sind sowohl ein Ergebnis der Baugeschichte als auch des Zusammenhaltes der Bewohner.

Es fanden sich Politiker wie der Senator Pasquale Villari sowie Schriftsteller und Journalisten, die Neapels Elend anprangerten: Jessie White Mario, eine Engländerin, Kampfgefährtin Giuseppe Garibaldis, die mit ihm den Süden erobert hatte und als naturalisierte Italienerin «La miseria di Napoli» schrieb, oder Renato Fucini, der in «Napoli ad occhio nudo» entsetzlichere Dinge schilderte als seinen hier zuvor zitierten Vesuvaufstieg, oder die Journalistin und Schriftstellerin Matilde Serao, die ihre Landsleute mit «Il ventre di Napoli» in den abscheulichen «Bauch von Neapel» blicken ließ. Zu beschreiben gab es viel: etwa das Dutzend Epidemien, die im 19. Jahrhundert Neapels Bewohner heimsuchten, von denen nicht wenige in Bassi lebten, in ebenerdigen, einräumigen, fensterlosen Räumen ohne Wasserleitungen und Kanalisation – auch das ein Grund für die viel gerühmte, offene südländische Lebensweise, für das Dasein auf der Straße. Allein 1884 brachte die Cholera 15 000 Neapolitaner um, vornehmlich solche, die in der Altstadt zwischen Spaccanapoli und Hafen wohnten. Diesmal reisten König Umberto I. und der Premierminister in die Stadt, waren bewegt, und es geschah endlich etwas: Ganze Straßenzüge wurden abgerissen und umgestaltet, sodass mehr Licht und Luft in die Stadt kamen; der italienische Staat wendete dafür die damals gewaltige Summe von 100 Millionen Lire auf. Der Abriss im Hafenviertel Santa Lucia schuf Raum für Luxus-

AC 235 VS

Skizzen aus Neapel IV: Das Klima und das Wohlbefinden

«Das Klima in Italien ist lieblich und mild, aber sehr veränderlich. [...] Daraus entsteht großer Nachteil für die Gesundheit, größerer noch aus den vielen Sümpfen, die fast das ganze Jahr hindurch die Luft mit schädlichen Dünsten füllen, den Seen und Bächen, die man schon meilenweit riecht. Die Reichen müssen im Sommer auf Berge fliehen und sich gegen die Luft der Ebene verschanzen; die Armen müssen bleiben und sterben. Die jährliche Überzahl der Totenlisten erregt Schaudern. Wo der giftige Aushauch der Sümpfe und Seen nicht hinreicht, da helfen die Menschen mit ihrem Schmutze nach. [...] Ich habe in Neapel nie eine so süße Orange gegessen als in Petersburg. Die meisten Weingattungen [...] widerstehen dem Gaumen des Fremden; Florentiner Wein und Tränen Christi sind die einzigen guten Tischweine; selten sind sie echt zu haben.»

August von Kotzebue, Bemerkungen auf einer Reise aus Liefland nach Rom und Neapel, Bd. III, 1810

«Das Klima: zuweilen durch den Nordwind im Winter beschwerlich, sonst aber sehr gemäßigt und angenehm. In der Regel herrscht von April bis September Nordwind und bringt heiteres Wetter, vom Oktober zum März Ostwind und bringt Regen. Man zählt im Ganzen 120 heitere, 70 wolkige, 90 veränderliche und 80 Regentage. Für Brustleidende und zu Rheumatismus Geneigte sollen die Wohnungen zwischen [den Stadtteilen] Martinella und Mergellina ungesund sein; wer am Fieber leidet, soll in Santa Lucia, Chiatamone und an Riviera di Chiaia wohnen; dagegen Nervenleidende im Innern der Stadt, besonders Strada Furia, vorausgesetzt, sie können Lärmen und Geschrei ohne Ende vertragen. Hoch gelegene Stadtteile werden sehr empfohlen, wenn man nicht zu Katarrh und Entzündung neigt. Wasser, Wein und was alles mögen die Schuld tragen, dass der Fremde gewöhnlich im Verlauf der ersten Wochen eine starke Diarrhö bekommt.»

Ernst Förster, Handbuch für Reisende in Italien, 1866

hotels, ausländisches Kapital floss nach Neapel, die Anzahl ausländischer Hotelangestellter, Bäcker, Fleischer, Handwerker, Händler, Ärzte überstieg nun bei Weitem jene der seit Langem dort anzutreffenden Maler, Fotografen, Schriftsteller. Sieht man ab von wenigen Beispielen – so von der durch Schweizer schon lange zuvor um Salerno begründeten Textilindustrie –, dann konzentrierte sich dergleichen allerdings auf Dienstleistungsgewerbe, auf den Tourismus, und bestärkte keine solide wirtschaftliche Grundlage, zumal die Touristen jetzt überwiegend nur noch Durchreisende zur Amalfiküste, nach Capri oder Ischia waren. Immerhin, allein die Investitionen der Firma Cook auf dem Vesuv zeigen, dass eine gewinnbringende Anzahl von Touristen – meist Briten, Franzosen, Deutsche, Russen und Skandinavier, darunter oft solche, die unter heimatlichen Verhältnissen krank geworden waren oder sich so fühlten – nach Neapel kam.

Klischeevorstellungen vom leidenschaftlichen süditalienischen Alltag, hier festgehalten vom Grabstichel, den Bartolomeo Pinelli (1771–1835) im ersten Drittel des 19. Jahrhunderts führte.

Sofern Reisende sich überhaupt für die Bevölkerung Neapels interessierten, fällten sie vorwiegend Urteile, die entweder von Schwärmerei oder von Widerwillen bestimmt wurden. Mäßigung und Verständnis waren selten, dämonische Bilder häufiger. So wie die Vesuvbesteiger sich fortwährend der Hölle nahe fühlten, verglich man Neapolitaner häufig mit Teufeln. Johann Georg Keyßler tat es schon in der Mitte des 18. Jahrhunderts: «Unter die größten Übel und schlimmsten Kreaturen dieses schönen Landes rechnen etliche überhaupt ihre Einwohner, deren Naturell als verräterisch, misstrauisch, grausam und unbeständig abgemalet wird. Allein, es ist schwer und hart, von ganzen Völkern ein Urteil zu sprechen; wiewohl nicht zu leugnen steht, dass die neapolitanische Historie fast vor andern viele und große Beweistümer von der äußersten Bosheit des menschlichen Geschlechts an die Hand gebe. [...] Die wollüstige Lebensart ist schon in alten Zeiten an den Einwohnern dieses Landes bemerket worden.» Knapp hundert Jahre später fühlte ein Autor im «Damen Conversations Lexikon» fast noch «das Banditenmesser zwischen den Rippen», räumte aber ein, «tausendjährige Knechtschaft» könne für den «Charakter dieser sonst so einfachen Natursöhne» verantwortlich sein. Eine kluge Einsicht, doch gemeinhin blieben die Urteile vordergründig – vielleicht auch deshalb, weil Vorurteile sehr hilfreich sein können, wenn man sich eilig in einer fremden Welt zurechtfinden muss. Auch hat sich wohl kaum einer der Betrachter gefragt, wie denn sein Lebensentwurf beschaffen wäre, wenn die Möglichkeit bestünde, morgen von Lava begraben oder von Asche erstickt zu werden.

Wenig mehr als zwei Jahrzehnte nach dem Autor des Damenlexikons schrieb der Zoologe und spätere Naturphilosoph Ernst Haeckel seiner Braut aus Neapel: «Alle Proben italienischer Frechheit und Infamie, die ich bisher, namentlich in Genua und Livorno, genossen, sind gegen diese hier in Neapel ein Kinderspiel. Die Impertinenz und hinterlistige Verschlagenheit dieser Leute bietet uns täglich eine Masse Proben, die nach unseren Ansichten und Begriffen ganz unglaublich sind. [...] Von diesem Grad der Unwissenheit, Rohheit, Trägheit und Sittenverderbnis kann man sich nach unserem Maßstab nur schwer einen Begriff machen, und es lässt sich dies nur einigermaßen dadurch erklären, dass Neapel fast ganz allein von den Fremden lebt und daher alle Kunst und ihr ganzes Streben nur darauf hinausläuft, diese ‹forestieri› möglichst systematisch auszuplündern, was ihnen mittelst ihrer Schlauheit und Frechheit auch vortrefflich gelingt. [...] Ich bin den ekelhaften Schmutz in den Häusern, den tollen wüsten Lärm auf den Straßen, den unangenehmen Verkehr mit den schlechten Wirtsleuten, den rohen, indolenten Fischern, den dicken Staub und die heiße Sonne der Santa Lucia jetzt herzlich satt.» Nicht weniger abgestoßen war Siegmund Freud 1902, und er teilte Martha Freud auf einer Postkarte aus Neapel mit: «Die Menschen [...] sind hässlich, oft ekelhaft, schauen aus wie Galeerensträflinge. Spektakel und Schweinerei sind wie im Mittelalter.» Und aus Sorrent: «Ich begreife alles, was man von der Wirkung des Südens auf Charakter und Tatkraft sonst gehört hat.» Das ist nun wohl der Vorwurf mangelnder Regsamkeit, nicht selten eine vor Selbstzweifel schützende Ablehnung, die uns befällt, wenn sich nicht mehr übersehen lässt, dass man auch anders leben und dabei recht vergnügt sein kann. Hinzu kommt das südländische Temperament, Geschrei, Gelächter, ausschweifende Lust an Gestik, am Tanz, die manchem Betrachter aus dem Norden nur Mangel an Selbstbeherrschung verrieten oder gar als krankhafte Lebensäußerungen galten, die von giftigen Spinnenbissen oder Skorpionstichen hervorgerufen wurden.

Verdruss angesichts zudringlicher Lebensfreude ist nun wahrhaftig kein Wesenszug, unter dem nur deutsche Naturphilosophen oder österreichische Psychoanalytiker leiden, aber die meisten Reisenden hingen ohnehin selten Gedanken nach, die ihre Wertvorstellungen hätte gefährden können, und fühlten sich deshalb unbehelligt. Für die Briten unter ihnen fasste der Kunsthistoriker und Sozialphilosoph John Ruskin, der das gesamte 19. Jahrhundert überblickte, deren Ansicht so zusammen: «Wenn der gewöhnliche englische Reisende mit eigener Hand nach einem Büschel dunkler Trauben greifen kann und ihm ein schwarzäugiges Mädchen seine Flasche Falerner bringt – dann verlangt er nichts mehr von dieser Welt oder von der nächsten und nennt Neapel ein Paradies.»

Und es schien tatsächlich ein irdisches Paradies zu sein, wenngleich eines voller Trugbilder von Unbeschwertheit und Kreativität. Für jene, die nicht im «Bauch von Neapel», sondern in einem der Hotels an der Via Partenope wohnten, war die Stadt ein Schlaraffenland, Schauplatz eines alltäglichen Karnevals, dessen Darsteller sich für ein paar Kupfermünzen närrisch kleideten und gebärdeten. Sie schwärmten von den Straßenszenen, von den barfüßigen Akrobaten, Hunde- und Affenkomödianten, die vor einer bunt bemalten Wachstuchleinwand für das Teatro San Carlino warben – ach nein, die Heimstatt Pulcinellas ist nach der letzten Choleraepidemie abgerissen worden, also lassen wir sie eine Szene der Commedia dell'Arte darstellen und die Leinwand ein über

Rauchender Vesuv, Fischer, Mönch, herumlungernder Lazzarone, Tarantellatänzer, Musikanten und Weintrinker – das vorgeblich alltägliche Leben in Neapel auf einer Fotocollage aus dem Atelier Georgio Sommer, entstanden im letzten Viertel des 19. Jahrhunderts. (Der Bersagliere in der linken Ecke passt natürlich überhaupt nicht in die Szene.)

Skizzen aus Neapel V:
Der Ursprung der Tarantella

«Eine von den besondersten Plagen des Königreichs Neapolis ist die Tarantula. [...] Die Personen, welche von einer solchen Spinne gebissen worden, heißen insgemein in diesen Landen Tarantolati, und ihre wunderliche Aufführung mit Schreien, Seufzen, Lachen, Tanzen etc. ist bekannt genug [...], und alsdann sucht man sie durch die Musik in Bewegung und Schweiß zu bringen. Es lieben aber nicht alle Patienten einerlei Melodie noch einerlei musikalische Instrumente, und muss man es auf verschiedene Arten mit ihnen probieren. Insgemein bedienet man sich der Gitarre, Hautbois [Oboe], Trompete, Violine und sizilianischen Pauke; die zwo Hauptmelodien, so auf verschiedene Arten verändert werden, heißen la Pastorale und la Tarantella. In etlichen hitzigen Gegenden [...] sind auch die Skorpione so schlimm, dass ihr Stich eben diejenigen Wirkungen, die von dem Bisse der Tarantula kommen, zuwege bringt. Solche Kranken lieben zwar auch die itztgenannten zwo Melodien; allein, solche müssen auf ganz andern Instrumenten, nämlich auf der Sackpfeife, Flöte und dergleichen gespielet, auch eine Trommel stark dabei gerühret werden. Das Landvolk weiß mit allen diesen umzugehen und machet bei der Musik allerlei Grimassen und Bewegungen, um den Patienten desto mehr aufzumuntern. Die Tarantolati tanzen bei solcher Kur so lange als etwas von dem schädlichen Gifte in ihrem Leibe ist. [...] Wenn das Übel nicht aus dem Grunde gehoben worden, stellet es sich in folgendem Jahre, und sonderlich vom Anfange des Junius bis in den Oktober, wenn nämlich die stärkste Hitze ist, wieder ein. Manchem hängen dergleichen Zufälle zwanzig, dreißig und mehrere Jahre, ja bis an sein Ende an, und etliche stürzen sich wohl gar aus Melancholie ins Wasser.»

Johann Georg Keyßler, Neueste Reisen durch Deutschland, Böhmen, Ungarn, die Schweiz, Italien und Lothringen, 1751

die Zeiten beliebtes Bild tragen: einen Vesuv, aus dem statt der Lavaströme Makkaroni quellen, auf dessen Hänge es keine Asche, sondern Parmesanflocken geschneit hat und an dessen Fuß ein Meer aus Olivenöl brandet –, schwärmten von den vorbeisausenden goldglitzernden Karossen der Adligen und von den zierlichen, mit grellen Farben und Schnitzwerk verzierten Fuhrwerken der Händler und ihren mit farbigen Büscheln und Fähnchen geschmückten Eseln, von den Puppenspielern am Straßenrand, die ihre Figuren zur Musik eines Dudelsackpfeifers tanzen ließen, von den eifernden Bettelmönchen daneben, die mit höllischen Flammen bemalte Sammeldosen schüttelten und sich verlangend Gehör verschafften, von den Tischen der Geldwechsler mit glitzernden Häuflein aus silbernen und goldenen Münzen und von jenen der Schreiber, die, mit gewaltigen Brillen bewehrt, hinter ihren aufgeschichteten Papierbogen saßen, von denen die meisten mit von Pfeilen durchbohrten Herzen verschönert waren, von den Quacksalbern und Kurpfuschern vor schreiend bunten Plakaten, auf denen sie die Leiden des Schmerzes bis zum Herausreißen des hohlen Backenzahnes dargestellt hatten, von den

Neapolitanische Komödiantengruppe unserer Tage bei einem Auftritt an der Via Tribunali, der ehemaligen Hauptstraße des griechischen und römischen Stadtkerns. Wie im antiken Theater sind die Darsteller – die Akkordeonspielerin gehört ja nicht dazu – ausschließlich Männer.

Bilder- und Buchhändlern, deren Ware auf Bindfäden gereiht an den Mauern flatterte oder auf dem Pflaster aus Vesuvlava ausgelegt war, von den Vorlesern, die einem gebannt lauschenden Publikum von den Heldentaten Rinaldos erzählten, von den Esskastanien- und Krapfenhändlern, vom Duft der Garküchen und Pizzabacköfen, vom Zucker- und Backwerk aller Art, von den krausen Austern und metallisch glitzernden Fischen in flachen Körben, von grotesk gekleideten Romanzensängern und vom Scheppern der Tamburine, von den fliegenden Locken der Tänzerinnen am Molo San Vincenzo, von der Porzellanmanufaktur, von den Gemäldegalerien, den Figuren der Krippenbauer in der Via San Gregorio Armeno, von den prächtigen Bühnenbildern einer Verdi-Oper und den hundertachtzig mit rotem Samt ausgeschlagenen Logen im Teatro di San Carlo, von Caravaggios Altarbild der Werke der Barmherzigkeit in der Kirche Pio Monte della Misericordia und von Giuseppe Sanmartinos verhülltem Christus in der Capella Sansevero, von den Majoliken im Chiostro delle Clarisse, dem schönsten Kreuzgang Kampaniens, vom Kloster San Lorenzo Maggiore, das auf den Trümmern von Neapels griechischer Agora und des römischen Forums erbaut ist und wo Boccaccio sich in die als Fiammetta unsterblich gewordene Maria von Aquitanien verliebte.

1914 war das plötzlich alles vorbei. Der große Krieg veränderte die Szene, der Tourist und seine männlichen Gegenüber geeigneter Jahrgänge wurden Soldaten, die Tänzerin schnitt in einer Textilfabrik Uniformen zu, der Romanzensänger wurde bei der Herstellung von Granaten gebraucht. Es interessierte die Letzteren sicherlich kaum, ob Italiens Nordgrenze künftig am Brenner verlaufen würde, aber der Krieg verschonte sie trotzdem nicht, sie erfuhren mit ratlosem

Schmerz, wie nahe oder ferne Angehörige nicht mehr oder als Krüppel heimkehrten. Als das endete, bot ihnen vielleicht der Sieg ein wenig Trost – so wie die Schuhe, die sie gekauft hatten, bevor sie ihre Arbeit verloren. Die beiden gingen nun nie wieder barfuß; der größere Teil der süditalienischen Bevölkerung tat das noch bis zur Zeit nach dem nächsten Weltkrieg. Andere wiederum trennten sich nicht von ihren Militärstiefeln und folgten Benito Mussolini auf seinem Marsch nach Rom. Später wurden sie und ihre Söhne dafür gestraft, indem sie in Äthiopien, Somalia, Nordafrika und selbst noch in Stalingrad kämpfen mussten. Der Stadt Neapel hingegen bescherte der Diktator ein energisches Vorgehen gegen die Camorra – schließlich konnten nicht zwei mächtige Verbrecherorganisationen nebeneinander bestehen – sowie ein paar klassizistische Großbauten nach dem Gusto des Regimes. Überdies förderte Mussolini die Ausgrabungen in Pompeji und Herculaneum, weil er sich und seine Anhänger als Nachfolger der Römer und des Römischen Reiches verstand. So sollte zum Beispiel schon sein «Marsch auf Rom» von 1923 einem ähnlichen Marsch der Armee Cäsars gleichen. Der – übrigens von Hitler, dessen «Marsch auf Berlin» im Jahr darauf bereits in München scheiterte, häufig kopierte – Gaukler Mussolini zog es dabei vor, mit der Eisenbahn in die Hauptstadt zu fahren.

1943 ist dann allerdings ein erheblicher Teil der während der faschistischen Diktatur so heftig vorangetriebenen Ausgrabungen – darunter das Große Theater, das Forum, mehrere Häuser sowie das Museum – in Pompeji zerstört worden. Amedeo Maiuri, der Direktor der pompejanischen Altertümer, wurde dabei verwundet. Alliierte Bomberpiloten hielten nämlich die von Blechdächern geschützten Grabungsstätten für militärische Ziele, weil sie sich so auffällig von den Ziegeldächern der Wohnhäuser ringsum unterschieden. Derlei Verluste waren freilich nicht vergleichbar mit dem unsäglichen Leid, das die bereits 1940 begonnenen Bombenabwürfe über die Bewohner Neapels brachten. Es ist geschätzt worden, insgesamt seien bis zu zwanzigtausend Einwohner der Stadt Opfer amerikanischer, britischer und schließlich deutscher Bomben geworden. Keine andere Stadtbevölkerung Italiens hat in solcher Hinsicht derart leiden müssen, noch 1943 flog allein die amerikanische Luftwaffe 180 Bombereinsätze gegen Neapel. Dennoch brachten diese gequälten Menschen den Mut und die Kraft auf, die deutsche Besatzung noch vor dem Einmarsch der Alliierten durch einen Aufstand zu vertreiben. Als dann am 1. Oktober 1943 Angehörige der Fünften Amerikanischen und Achten Britischen Armee sowie ihre Hilfskräfte aus Kolonien in die geschundene Stadt einmarschierten, kam unter den Soldaten ein trauriges Wortspiel auf: Statt «See Naples and die» hieß es nun «See Naples and cry!»

Wer in der Stadt überlebte, dem blieben Trümmer, Entwürdigung und Hunger. Ungläubig sah Norman Lewis während einer Fahrt durch Dörfer am Vesuv, dass die Stadtbevölkerung gezwungen war, wie Vieh neben der Straße zu weiden: «Hunderte, wahrscheinlich Tausende Italiener, die meisten davon Frauen und Kinder, suchten auf den Grünstreifen nach essbaren Pflanzen.» Bald dar-

Neapolitanische Krippenfiguren werden traditionell aus Kork, Holz und Ton angefertigt. Häufig sind zudem Darstellungen Pulcinellas oder von Prominenten (oben rechts Totò in einer berühmten Filmrolle). Die an Peperoni erinnernden Curnicielli waren ursprünglich Symbole für Potenz und Fruchtbarkeit und dienen heute als Amulette. Sie sind somit nur leicht veränderte Nachfahren der in Pompeji gefundenen Phalli.

auf begegneten ihm alltäglich Bilder, die noch weitaus widerwärtiger und beschämender waren. Was da geschah, kann, wer es aushält, ausführlicher bei Curzio Malaparte nachlesen. Lewis' Verdienst bleibt es hingegen, dass er beschrieb, wie sich zwischen amerikanischen Offizieren und italienischen Kriminellen ein unausrottbares Geflecht herausbildete: die wiederbelebte Camorra. Da mag mancher Leser es noch vergnüglich finden, wenn «neapolitanische Kleptomanie» so weit getrieben wurde, dass selbst Panzer und ganze Schiffsladungen verschwanden und die Amerikaner das von ihnen eingeführte Penicil-

Skizzen aus Neapel VI:
Sieh Neapel und weine!

«Im frühen Oktober des Jahres 1943 herrschte in der Stadt Neapel ein Tohuwabohu aus Gesause und Gejage ohne Sinn und Ziel, aus Leichendünsten, Regenströmen und Kopflichtern der Lastwagenzüge, die aus den Regenschleiern auftauchten wie lidlose Augen. Die Gegner hatten die Rollen vertauscht: Die Luftangriffe auf die Stadt wurden nun, nachdem sie der Fünften Armee das Feld hatten räumen müssen, von den Deutschen geflogen. Sobald die Sonne zwischen Regenstürzen untergegangen war, suchten die wenigen Neapolitaner, die sich überhaupt herauswagten, über die Bürgersteige huschend, in der beängstigend dicken Finsternis ihren Weg. Einzig von den Lastwagen kam hier und da ein abgeblendetes Licht. Die Toten mussten liegen bleiben, wo sie lagen, wurden vom Regen bis zur Unkenntlichkeit aufgeschwemmt. Die Lebenden rissen ihnen die Kleider vom Leibe, denn die Neapolitaner hatten Kleidung bitter nötig. Die Kloaken konnten den Unrat nicht mehr fassen und erbrachen ihn wie Mägen, die der Ekel vor dem Kriege schüttelt. [...]

Die Hafenanlagen waren ein so wirres Flechtwerk wie die Aufbauten eines Ölfeldes nach einer Explosion. Zerblasene und zertrümmerte Kräne krallten sich in den Himmel. Hier und da lagen Schiffe verrostend auf der Seite. Sie erinnerten an aufgedunsene Weiber, die sich ertränken wollten, aber das Wasser war zu flach. Die Verwüstungen längs der Mole übertrafen jede Vorstellung. Einzig in den Träumen seines zerbröckelnden Gehirns hatte Hal dergleichen schon erschaut. Die Häuserfront hinter dem Hafen war nur noch grauer Trümmerstaub.»

John Horne Burns, Etappe Napoli, 1947

lin schließlich von der Camorra kaufen mussten, um ihre Soldaten behandeln zu können. Niemand gab sich Mühe, die Umverteilung zu verbergen – weder die Schwarzmarkthändler noch die Damen der oberen Gesellschaft, die John Horne Burns bei der Wiedereröffnung des Teatro San Carlo in Mänteln sah, die aus amerikanischen Militärdecken geschneidert waren. Garstiger erscheint es dagegen, wenn berichtet wird, wie die von Lewis Gestellten über ihre Verhaftung nur lächelten, weil sie sicher sein konnten, dass ihnen sogleich hohe amerikanische Offiziere und die teuersten, durchtriebensten Rechtsanwälte beistehen würden. Man mag sich zudem fragen, weshalb Norman Lewis' Schilderung erst mehr als drei Jahrzehnte nach den Ereignissen einen Verleger fand. Jedenfalls zeigt derlei Lektüre etwas vom Neubeginn von Bestechlichkeit und Verbrechen, die noch heute – manchmal nicht unberechtigte – Vorurteile über Neapel bestimmen: Bella Napoli galt nach dem Zweiten Weltkrieg vorwiegend als Zentrum der Korruption, der Schutzgelderpressung, der Bau- und Immobilienspekulation, der Markenproduktfälschung, des Drogenhandels, des Diebstahls und der Hehlerei, an dem es chaotischer und gewalttätiger zugeht als irgendwo sonst. Und auch andere alte Übel blieben der Stadt treu: Noch 1972 suchte sie eine Choleraepidemie heim.

Deutscher Soldatenfriedhof im gerade von den Alliierten eingenommenen Neapel. Der Ausschnitt aus einer Fotografie des damaligen Kriegsberichterstatters George Rodger zeigt überdies den spitz emporgewachsenen Eruptionskegel im Vesuvkrater, der dann beim Ausbruch im März 1944 einstürzte und explodierte (unten).

Dabei gibt es einen sichtbaren Umschwung zum Besseren: Man mag darüber streiten, ob es die Empörung angesichts der Veruntreuung von Hilfsgeldern nach dem entsetzlichen Erdbeben von 1980, drei kurz nacheinander errungene Fußballmeisterschaften, die das Selbstbewusstsein der Neapolitaner merklich hoben, der Umstand, dass sich die Camorra seit dem Zusammenbruch des Ostblocks mehr internationalen Geschäften widmet, oder die Amtszeit des sozialistischen Bürgermeisters Antonio Bassolino war, mit der dieser Wandel begann. Er vollzieht sich allerdings ohne solide wirtschaftliche Grundlage und

Angedenken an Neapel

Ja, verschwunden sind sie, sind
verschwunden,
Jene kurzen, jene schönen Stunden,
Die auch ich am Pausilipp erlebt.
Holder Traum von Grotten, Felsen,
Hügeln,
Inseln und der Sonne schönen Spiegeln,
Seen, Meer – du bist mir fortgeschwebt!

Fortgeschwebt die zaubernde Sirene,
Die mich ohne süßer Flöten Töne
Schwesterlich in ihre Arme nahm;
Und mein Herz schlug voller und
geschwinder,
Und mein Blut floss reiner und gelinder,
Da ihr Atem mir entgegenkam.

[...]

Nimmer, nimmer sollt ihr mir
entschwinden,
Immer wird mein Herz euch wieder-
finden,
Süße Träume, rein und zart und schön.
Nie wird euch mein Auge wiedersehen,
Doch ein Hauch wird lispelnd zu
euch wehen:
»Ich, auch ich war in Arkadien.«

Johann Gottfried Herder, 1789

vor dem Hintergrund einer beängstigenden Arbeitslosigkeit, zuweilen beleuchtet von den Müllfeuern der Auseinandersetzungen mit der Camorra. Dennoch, Neapel ist kein Schmuddelkind unter den europäischen Reisezielen, sondern ein Fest für alle Sinne. Hans Christian Andersen, Ingeborg Bachmann, Boccaccio, Buffalo Bill, Cagliostro, Caravaggio, Caruso, Casanova, Cervantes, Joseph Conrad, Fra Diavolo, Arthur Conan Doyle, Frankenstein, Max Frisch, Goethe, Emma Lady Hamilton, Hemingway, Hitler, Alexander von Humboldt, John Fitzgerald Kennedy, Friedrich Alfred Krupp, Leibniz, Thomas Mann, Maradona, Karl May, Mona Lisa, Mozart, Nero, Odysseus, Eusapia Palladino, Petrarca, Rainer Maria Rilke, Heinrich Schliemann, Bud Spencer, Stendhal, Kurt Suckert, bekannter als Curzio Malaparte, Totò, der eigentlich einen sehr ausschweifenden Namen trug und ein Graf war, Mark Twain, Verdi, Vergil, Richard Wagner und Oscar Wilde zum Beispiel ist nahe, wer die Stadt besucht, denn sie alle sind neben vielen, unglaublich vielen anderen Berühmtheiten entweder hier tätig gewesen oder haben die Stadt besucht und bewundert, einige haben in ihr gelebt, manche sind hier gestorben oder geboren worden. Neapels Altstadt – es ist schlichtweg die faszinierendste Europas, eine einzigartige Mischung von Markt und Museum, Rummelplatz und Wallfahrtsstätte – birgt eine Zusammendrängung von Schätzen der Architektur und der bildenden Kunst, wie sie in kaum einer europäischen Großstadt zu finden ist, und das neapolitanische Nationalmuseum darf sich rühmen, eines der drei bedeutendsten archäologischen Museen des Kontinents zu sein.

Dennoch bleibt die am Beginn gestellte Frage, womit die Stadt unter dem brennenden Berg über Jahrhunderte Fremde aus dem Norden anlockte. Nach Süden gerichtete Fluchtbewegungen, ausgelöst von verschiedenen Ursachen

der gesellschaftlichen Entwicklung, gibt es in der europäischen Geschichte seit langer Zeit. Dabei war die Landschaft – wie auch in der Kunst – meist nur ein Vorwand. Der Süden bot fast umsonst, was es im Norden nur als Lohn der Arbeit gab: Lebensfreude und Genuss. Und wenn man es genauer besieht, dann erscheinen die Beweggründe eines südwärts ziehenden französischen Kreuzfahrers, spanischen Ritters der Reconquista, deutschen Handwerksgesellen, österreichischen Dichters oder homosexuellen englischen Dramatikers nicht mehr sonderlich unterschiedlich. Was sie trieb, ist gut an den Biografien jener ablesbar, denen die Flucht nicht gelang, aber die Sehnsucht blieb: Joseph von Eichendorff, Jean Paul zum Beispiel. Sofern ihr Verlangen sich auf Neapel richtete, mussten sie nicht erkennen, wie sehr sie dieser Stadt glichen, um von ihr angezogen zu werden. Dabei mag sie die Hoffnung auf eine Hauptstadt der Liebe unter flatternden Wäschegirlanden, auf Belehrung, Heiterkeit und Genesung oder sonst etwas bestärkt haben – eine magische Ausstrahlung des Vesuvs wird es wohl kaum gewesen sein.

Die «Corpo di Napoli», Neapels Leib, genannte und wohl zwei Jahrtausende alte Skulptur stellt freilich den Flussgott Nil dar: Kaufleute vom Nil unterhielten hier frühzeitig ein Quartier, und selbst viel später wurde Neapels größter Marktplatz wegen der zahlreichen Händler aus Nordafrika noch lange Zeit «der Maurenmarkt» genannt.

«Hilf uns oder verbrenne!»

San Gennaro und Madonna di Pompei

Der Reiseschriftsteller und Gelehrte – er war Mitglied der britischen Royal Society – Georg Keyßler berichtete in der Mitte des 18. Jahrhunderts skeptisch vom Januarius- oder Gennarokult in Neapel: «Hinter dem Hauptaltare finden sich zwo silberne Türen vor einem Schranke, worinnen das Haupt des heiligen Januarius nebst zwo gläsernen oder kristallenen Phiolen, die das Blut dieses Heiligen in sich halten, verwahret werden. [...] Ordentlicherweise werden sie dreimal des Jahres zur Verehrung des Volkes ausgesetzet; außerordentlich aber bei Teurung, Pest, schweren Erdbeben und andern Zufällen, da man des heiligen Januarius Hülfe nötig zu haben vermeinet. Es ist bekannt, dass man vorgibt, als fange das in den Phiolen enthaltene trockne Blut an zu fließen, wenn es dem Haupte des heiligen Januarius genähert wird, und machet man insbesondere jährlich am ersten Sonntage des Monats Mai die Probe damit, in dem festen Vertrauen, es werde das Land und die Regierung glücklich sein in demjenigen Jahre, da dieses Wunder erfolget, gleichwie man im Gegenteile alles Schlimme und Traurige befürchtet, wenn das Blut nicht fließen will, und lässt man alsdann an Prozessionen und öffentlichen Züchtigungen des Fleisches nichts ermangeln, um die angedräuete Gefahr abzuwenden.»

Gartenszene mit Springbrunnen und Sphinx in der sogenannten Villa der Poppaea Sabina in Oplontis (Torre Annunziata). Das Fresko schmückt einen der prachtvoll ausgemalten Innengärten des Gebäudes. Auch hier wurde nicht am teuren Rot gespart; Blau entstand nach dem Kochen einer Mischung aus Sand, Salpeter und Kupfer, das auf Zypern gefördert wurde.

Die erwähnten Reliquien befinden sich heute im rechten Seitenschiff des Domes, aber ansonsten trifft noch zu, was Keyßler da schrieb. Gewöhnlich am ersten Sonnabend oder Sonntag im Mai und am 19. September, dem Todestag des Heiligen, der selbstverständlich auch in Little Italy, New York, mit einer festlichen Prozession begangen wird, verflüssigt sich die rotbraune Substanz in einer der Phiolen, wenn sie vom Erzbischof Neapels über die Köpfe der wartenden Menge erhoben wird. Vorausgesetzt allerdings, dass der Stadt und ihren Bewohnern gute Zeiten bevorstehen. Für die einen ist das Blut des Heiligen, den man im Lateinischen Januarius und in Italien Gennaro nennt, nur eine Mixtur, die flüssig wird, sobald man sie bewegt oder wenn sich ihr die Körperwärme des Geistlichen mitteilt. Sie weisen darauf hin, dass noch im 18. Jahrhundert allein in Neapel das Blut von fünf weiteren Heiligen auf solche Weise zur Schau gestellt wurde. Für derlei Zweifler gehört das Blutwunder in einen Zusammenhang mit jener neapolitanischen Christusfigur, die den Kopf abwendet, wenn Vögel durch die Kirche fliegen, und der ein Bart sowie das Haupthaar wachsen, sodass sie einmal im Jahr geschoren werden muss. Seltsam wurde den Skeptikern freilich zumute, als das Mirakel 1980 ausblieb und acht Wochen später ein

Blutwunder

«In diesem [...] Augenblick ertönte von dem Hintergrunde des Tempels her der Ruf des Heils: Il miracolo! Il miracolo! Mit Blitzesschnelligkeit verbreitete sich dieses Wort des Trostes bis zu unserm Standpunkt hin. Jauchzend vor Entzücken erhob sich die Menge von den Knien; freudetrunken fiel man einander um den Hals, wünschte sich Glück, segnete sich gegenseitig und pries die Andacht der Priester, deren kräftiges Gebet das Wunder bewirkt habe. Jubel und Lust, ausgelassene Freude, ein allgemeiner Taumel des Entzückens ergriff, so schien es, urplötzlich die ganze Stadt – Schwärmer und Pistolen prasselten und knallten, Musik und Gesang mischten sich mit dem Läuten aller Glocken, den Trommelwirbeln der zur Ehre des Heiligen paradierenden Garnison, dem Jauchzen und Schreien der Lazzaroni, dem Pfeifen und Schnarren der Schalmeien, die überall her ertönten.
Die Prozessionen begannen – von neuem sank die Menge andächtig vor dem geheiligten Blute auf die Knie nieder, kreuzte sich und betete; doch – der Zug war vorüber, und eine Stunde darauf dachte kein Neapolitaner mehr seiner Angst, seiner Gelübde, seiner versprochenen Besserung.»

Wilhelm von Lüdemann, Neapel, wie es ist; 1827

furchtbares Erdbeben Neapel und die Region Kampanien erschütterte. Tatsächlich ist die Stadt stets von Pest, Cholera, Eroberern und Unheil aller Art heimgesucht worden, wenn sich das Blutwunder nicht ereignete. Den anderen, und das sind wohl die meisten Neapolitaner, gilt das Ereignis als göttlicher Fingerzeig, und sie nehmen es ziemlich gleichgültig hin, dass es vom Vatikan nicht als Wunder anerkannt wird. Gennaro ist einer der häufigsten männlichen Vornamen, man begegnet dem Heiligen in vielen Stadtteilen, bisweilen mit gebieterisch gegen den Vesuv erhobener Hand: so vor dem Leuchtturm auf dem Molo San Vincenzo und im östlichen Gewerbegebiet, etwa dort, wo einmal die Magdalenenbrücke stand, auf einer Säule hoch über der Stadt, der Guglia di San Gennaro an der Via Tribunali, die an den schrecklichen Vesuvausbruch von 1631 erinnert, oder an der Porta Capuana. An einem Haus in der Via San Gregorio Armeno verkündet sogar eine Gedenktafel, der Heilige sei dort geboren worden. Was für ein Schlag war es deshalb, als das Zweite Vatikanische Konzil San Gennaro 1964 aus dem Heiligenkalender verbannte und ihm nur noch örtliche Bedeutung zugestand! Dennoch hat das viele Neapolitaner damals eher in ihrer Verehrung bestärkt – es war schließlich seit Langem zu erwarten, dass auch der Stadtpatron irgendwann in einen Konflikt mit der Obrigkeit geraten würde. Und es lohnte sich, an dieser Anschauung festzuhalten: Inzwischen nahm der Vatikan die Entscheidung zurück, und San Gennaro wurde nun sogar zum Schutzheiligen der gesamten Region Kampanien.

San Gennaro soll in Neapel aufgewachsen und später Bischof von Benevent gewesen sein, bevor er 305 ein Opfer der Christenverfolgung unter Kaiser Dio-

San Gennaro im Ornat mit Bischofsstab und Blutphiole vor dem Feuer speienden Vesuv. Moderne, für den Devotionalienhandel bestimmte Darstellung. Rechts davon das arg beschädigte, doch noch immer von Gläubigen mit Blumen geschmückte Denkmal für San Gennaro, das 1708 neben der Kirche Santa Caterina a Formiello am Capuaner Tor errichtet wurde.

kletian wurde. Nach vergeblichen Versuchen, ihn auf einem Scheiterhaufen zu verbrennen, in einem glühenden Ofen zu rösten oder von wilden Tieren zerfleischen zu lassen, hat man ihn schließlich im Amphitheater von Pozzuoli, vielleicht auch am Rande der Solfatara, enthauptet. Einer seiner Anhängerinnen gelang es dabei, etwas von seinem Blut aufzufangen: den Inhalt der jetzt im Dom aufbewahrten Phiolen. Gennaros sterbliche Überreste wurden dann, erzählt man, in den nach ihm benannten Katakomben in Neapel beigesetzt, und 472, als die Einwohner während der Pollena-Eruption des Vesuvs in den Katakomben Zuflucht suchten, erhoben sie ihn zum obersten Schutzpatron der Stadt. Benannt hat man diesen Ausbruch übrigens in unserer Zeit nach dem sechs Kilometer nordwestlich vom Vesuvkrater liegenden Dorf Pollena Trocchia, wo eine 15 Meter dicke Schicht aus vulkanischem Auswurfmaterial von einer Katastrophe kündet, deren Asche selbst auf dem Balkan und im 1200 Kilometer entfernten Konstantinopel niederging. Die Eruptionswolke soll damals eine Höhe von 20 Kilometern erreicht haben. Marcellinus, der Kanzler Kaiser Justinians, schrieb darüber noch ein halbes Jahrhundert später in seinem Geschichtswerk: «Im Jahre des Herrn 472, als Marcianus und Faustus Konsuln waren, ergoss sich das innere Feuer des Vesuvs, des brennenden Berges in Kampanien; er stieß aus, was sich in seinem Innern angesammelt hatte, brachte die Dunkelheit der Nacht über den Tag und bedeckte den gesamten Erdteil mit feiner Asche.» Seither, anderthalb Jahrtausende lang, sind San Gennaros Gebeine oder Abbilder immer wieder bemüht worden, wenn der Vesuv ausbrach.

Berufung: Vulkanflüsterer und Stadtpatron

«Es trieb der Wind auch Asche in die Stadt Neapolis, und da fing man an, seine Zuflucht zu Prozessionen und der Anrufung des heiligen Januarius zu nehmen, auf welchen die Einwohner in solchen Fällen als auf ihren besondern Schutzgott (dem sie doch in neuern Zeiten den Erzengel Michael als einen Adjunctum zu mehrerer Sicherheit gegeben) ein großes Vertrauen setzen. Es geschieht dieses nicht ohne Ursach, wenn es wahr ist, dass oftmals die bloße Aussetzung des Kopfes vom besagten Heiligen nach geschehener Anrufung um Hülfe augenscheinlich die Kraft gehabt, den Rauch und Wind von der Stadt abzuwenden und die Wut des brüllenden Berges zu stillen.»

Johann Georg Keyßler, Neueste Reisen durch Deutschland, Böhmen, Ungarn, die Schweiz, Italien und Lothringen, 1751

«Dieser Heilige ist der Patron Neapels, und allein dieser Umstand lässt schon ahnen, dass er über beträchtliche Kräfte und Mittel verfügt; schließlich ist nicht vorstellbar, dass man die Fürsorge über eine Stadt wie Neapel, die in jedem Augenblick vom Vesuv mit Zerstörung bedroht wird, einem Stümper überträgt. Tatsächlich ist bei mancherlei Gelegenheit befürchtet worden, selbst dieser mit Kräften gesegnete, mächtige Heilige könnte vom Dämon des Berges überwältigt werden, doch die Neapolitaner stehen zu ihm und erwählen sich keinen anderen, weil sich gezeigt hat, dass Sankt Januarius sie bislang schützen konnte, ja an Erfahrung [...] auf diesem besonderen Gebiet des Widerstreits noch gewann.»

John Moore, A View of Society and Manners in Italy, 1781

«Der heilige Januarius ist nicht allein Padrone, sondern Capitano di Napoli und bezieht als solcher eine Besoldung von der Stadt. Schon zweimal hat er Amt und Würden verloren, einmal bei Gelegenheit einer gefährlichen Eruption, die er nicht hatte hemmen können, und dann, als die Stadt in die Hände der Franzosen fiel. [...] Immer aber hat seine Ungnade nur kurze Zeit gewährt. [...]

Wütet der Berg, so strömt die Menge nach der Kathedrale, holt die Büste und trägt sie gegen den Berg. Wirklich ist der Vesuv auch schon mehrmals so gütig gewesen, sich gleich darauf zu beruhigen, zum Beispiel bei dem großen Ausbruch am 16. Dezember 1631; daher auch an diesem Tage sein Gedächtnis gefeiert wird und sein Blut fließt.»

Karl August Mayer, Neapel und die Neapolitaner, 1842

Neapels Bevölkerung und ganz besonders jene der Gemeinden am Vesuv – im so oft heimgesuchten Torre del Greco zum Beispiel sagt man bitter: Neapel begeht die Sünden, und Torre muss dafür bezahlen – erwartet zudem Beistand von der Madonna del Rosario in Pompeji – italienisch und französisch Pompei, englisch Pompeii. Dort begründete der inzwischen seliggesprochene Rechtsanwalt und Prediger Bartolo Longo in den siebziger Jahren des 19. Jahrhunderts einen Madonnenkult, der sich auf ein Gnadenbild der Rosenkranzmadonna richtete, das ein Dominikaner bei einem Trödler in Neapel erstanden hatte. Der nächsten Besitzerin, einer Nonne, erschien die Muttergottes des Bildes und versprach, ihre Anbeter zu heilen und ihnen zu helfen, sodass Longo ihr mit einer von 1876 bis 1901 in Pompeji erbauten und später zur Basilika erhobenen Kirche einen würdigen Ort der Verehrung gab. Das Gotteshaus sowie das benachbarte Kloster wurden zu Wahrzeichen für das neue Pompeji und zu Denkmälern der Opferbereitschaft religiöser Menschen, denn sie entstanden allein mit der Hilfe von Spendengeldern. Heute ist die Basilika von Pompeji eine der meistbesuchten Wallfahrtskirchen Italiens – vertrauenswürdige Quellen sprechen von zwei Millionen und mehr Gläubigen, die den Ort an den Festtagen der Madonna im Mai und Oktober sowie im Verlauf des Jahres aufsuchen. Es wären also nicht weniger als die zweieinhalb Millionen Touristen, die man derzeit jährlich im alten Pompeji zählt.

Erst vor wenigen Jahren am Gestein angebrachte Tafel mit einem Bild der Gottesmutter. Südlicher Kraterrand des Vesuvs.

Die Dominikanerinnen im Kloster widmen sich noch immer hingebungsvoll der Betreuung und Erziehung von Waisen und anderen jungen Menschen, unter denen heute nicht weniger Gescheiterte und Verzweifelte als im Jahrhundert der Gründung sind. In Berichten über das neue Pompeji wird nun zuweilen mit einem Anflug von Häme hervorgehoben, wie geschäftstüchtig die Nonnen den Handel mit Devotionalien oder die Spendeneinnahmen verwalten, und mancher Besucher geht nachsichtig lächelnd durch die Gänge voller naiver Malereien, die an Unglücke aller Art erinnern, vorbei an Haaropfern, an Abbildern geretteter und geheilter Gliedmaßen und flammender Herzen, allesamt aus Silber. «Per grazia ricevuta», als Dank für die erwiesene Gnade, heißt es auf den Darstellungen von Autos oder Fuhrwerken überrollter Fußgänger – im Hintergrund ein heftig rauchender Vesuv, auch wenn er das im angegebenen Jahr schon längst nicht mehr tat –, aus dem Zug fallender Kinder, blutüberströmter Gestalten auf Operationstischen. Wenn ihn solche Dankbarkeit erheitern sollte, dann wird der Betrachter wohl nicht nur das Staunen verlernt haben, er versteht auch nicht viel vom Süden.

Geschmückte Gebeine, Papierblumen, Heiligenbilder und andere Votivgaben in Neapels Kirche Santa Maria del Purgatorio verraten, dass der Kult der Verlorenen Seelen noch lebendig ist. Den auf einem Kissen ruhenden Schädel mit dem Brautschleier schreiben Legenden Lucia zu: einer im 18. Jahrhundert an gebrochenem Herzen oder bei einem Schiffsuntergang – jedenfalls nur Tage vor ihrer Hochzeit – gestorbenen Sechzehnjährigen.

Derlei sich nicht selten ekstatisch gebärdende Religiosität hat Betrachter aus dem Norden häufig verwirrt, gebannt oder gar abgestoßen – sie mag aber besonnener sein, als es auf den ersten Blick erscheint. So wird beispielsweise der seit einem halben Jahrhundert vom Klerus untersagte, aber nicht nur in Neapel immer noch ausgeübte Totenkult der Verlorenen Seelen – anime perze, verloren im Sinne von verlassen, bedauernswert – zumeist allein als Ausdruck tiefer Frömmigkeit und als eine Form über den Tod hinausgehender sozialer Zuwendung gedeutet. Vereinfacht gesagt, geht es dabei um Seelen im Fegefeuer – nicht in der Hölle, denn wer dort eintritt, darf nicht mehr hoffen –, deren Läuterung ein Lebender durch seine Gebete unterstützt und abkürzt. Um das Vorhaben gegenständlich zu gestalten, übernimmt man eine Art Patenschaft über den Schädel eines Verstorbenen, von dem zu vermuten ist, dass er solcher Fürsorge bedarf, schmückt ihn, bringt ihm Blumen, Heiligenbildchen, geweihte Kerzen. Die anrührende Adoption fremder Gebeine hat freilich einen zweckmäßigen Hintergrund, wenn etwa dem erwählten Schädel die Bitte um Mitteilung künftiger Lottogewinnzahlen vorgetragen oder wenn Beistand für die ledige und schwangere Tochter erbeten wird. Ähnlich und oft noch viel fordernder ist der Umgang mit San Gennaro: Erwähnt wurde schon, wie gewalttätig seine Statue am Ponte della Maddalena während der Vesuveruption 1872 behandelt wurde. Ohnehin – berichtete Karl August Mayer – hat man dem Heiligen zumeist erst dann Beachtung geschenkt, wenn der Vulkan ausbrach, nur dann wurden ihm geweihte Kerzen dargebracht, während er zuvor allenfalls einen billigen Blumenschmuck am Namenstag erwarten durfte. Bekannt sind überdies Verstümmelungen von Standbildern San Gennaros – Mayer erwähnte einen abgeschlagenen Arm –, und glaubwürdig überliefert ist auch der Ausruf, mit der eine hölzerne Skulptur vor heranrückender Vesuvlava abgesetzt wurde: «Hilf uns oder verbrenne!»

Dergleichen würde der Gottesmutter natürlich niemals zugefügt. Wer zum Vesuvkrater hinaufgeht, der wird auch dort ihr an den Felsen geheftetes Abbild vorfinden und kann von Curzio Malaparte erfahren, was den Vulkan, die Menschen und die Madonna miteinander verbindet: «Nachdem sie den ganzen Tag über an der Wallfahrtsstätte des neuen Pompeji gebetet hatten, war ein langer Zug von Frauen, Kindern, Greisen aufgebrochen, und hinter einem Schwarm von Priestern im Messeornat, hinter den jungen Männern, welche die Banner und Standarten der Bruderschaften und große, schwarze Kruzifixe trugen, waren sie jammernd und betend die Fahrstraße hinaufgezogen, die von Boscotrecase zum Krater emporführt. Manche schwenkten Ölbaumzweige, Pinienäste, üppige Büschel von Weintrauben, andere trugen Krüge voll Wein, Körbe gefüllt mit Ziegenkäse, mit Früchten und Brot, diese Kupferbecken voll Pizze und Quarklaiben, jene Lämmer, Hühner, Kaninchen und Bütten voll Fisch. [...] Die Menge war die steilen Flanken des Kegels hinaufgeklettert, stand dicht gedrängt rund um den Schlund des erloschenen Vulkans und schleuderte heu-

lend und schreiend in den schwarzen Rachen des Ungeheuers ihre Weihgaben, Brot, Früchte und Käse, goss über die Lavatrümmer den Wein und das Blut der geschlachteten Lämmer, Hühner und Kaninchen, die sie dann, noch zuckend, in den Abgrund hinunterwarfen.

Jimmy und ich waren auf dem Vesuvgipfel gerade in dem Augenblick angekommen, als die Menge ihren uralten Beschwörungsritus beendet hatte, sich auf die Knie warf, die Haare raufend, Gesicht und Brust zerkratzend, und Litaneien mit Klagegeschrei mischte, Gebete an die wundertätige Jungfrau von Pompeji mit flehenden Beschwörungen des grausamen, unerbittlichen Vesuvs.»

Ein paar Jahrzehnte haben seither ausgereicht, um die Massenprozessionen mit der Generation verschwinden zu lassen, die jenem Brauch noch anhing. Nur örtlich hat sich ein wenig davon erhalten, zum Beispiel in dem Aufstieg, der am Wochenende nach Ostern von Somma Vesuviana zur Wallfahrtskirche Santa Maria a Castello hoch auf den Monte Somma führt. Auf den südwärtigen Hängen des Vesuvs jedoch wurde die sogenannte Goldene Meile, ursprünglich eine Ansammlung prächtiger Villen, in der zweiten Jahrhunderthälfte zum Schauplatz wüster Bausünden, und statt der Gläubigen kroch nun grauer Beton höher und höher den Berg hinauf.

Der vergessene Vulkan

La Solfatara, die Schweflige

«Solfatara: Der Pförtner verlangt einen halben Franc von jeder Person für den Eintritt. Beim Krater wird der Fremde von einem Bauern belästigt, der hinabsteigt, Schwefelbrocken herausholt, ein Reisigbündel hineinwirft und dafür in ungebührlicher Weise ein Geschenk verlangt», warnt ein Reiseführer des 19. Jahrhunderts Touristen vor Nepp an einer jener Stätten, die Reisende in der Zeit der Grand Tour unbedingt gesehen haben mussten. Auch in unseren Tagen kommen zahlreiche Touristen nach Pozzuoli im Westen Neapels, um den Ort, von dem her die Laestrygonen Odysseus mit Felsbrocken bewarfen und an der Landung hindern wollten, an dem der heilige Gennaro enthauptet wurde und Sophia Loren aufwuchs, sein riesiges Amphitheater und einen fälschlich Serapis-Tempel genannten römischen Marktplatz sowie vor allem – mehr als 130 000 Besucher werden dort jährlich gezählt – einen Vulkankrater namens Solfatara zu besehen. Letzteres kostet nunmehr fünf Euro, und statt des lästigen Bauern begleitet ein freundlicher älterer Herr die Fremden und zeigt ihnen – wie andere Ciceroni es jahrhundertelang taten – sein Solfatara-Kunststück: Er hält einen brennenden Fidibus an eine Erdspalte, und schon steht darüber eine Dampfwolke. Es sind die unsichtbaren Rußpartikel, die vom Fidibus ausgehen und dem mit einer Temperatur von etwa 160 °C austretenden Gas als Kondensationskerne dienen.

Der bestrafte Amor: Nemesis, Göttin der Rache und der ausgleichenden Gerechtigkeit, geleitet den gefesselten Amor zu Venus. Offenbar hat sein Pfeilschuss nur Schmerzen bereitet. Ausschnitt aus einem Fresko in der Casa dell'Amore punito in Pompeji (jetzt im Archäologischen Nationalmuseum Neapel).

Gewiss, die Touristen kommen nicht nur, um diese Vorführung zu sehen. In einem Teil des hufeisenförmigen Kraters, dessen größter Durchmesser 750 Meter beträgt, steigen am Forum Vulcani sowie an der Bocca Grande ohnehin ständig große, heftig nach Schwefel stinkende Dampfwolken auf. Die weiße, von verhärtetem Schlamm und Tuffbrocken gebildete Bodenfläche ringsum trägt den Namen Piano Sterile und muss deshalb nicht weiter beschrieben werden. Ihre Kruste ist dünn, wird aus der Tiefe aufgeheizt und verwandelt sich nach Regenfällen in eine Ansammlung brodelnder Schlammlöcher, denen man nicht zu nahe kommen sollte. Fauchend steigt Dampf aus Erdspalten auf, die vom Schwefel gelb verfärbt sind, und es liegen auch noch genügend Schwefelbrocken herum, die als Reiseandenken eingesammelt werden können. Dennoch sieht La Solfatara harmlos aus, obwohl es einen Grund für die Überwachungsanlagen geben muss, die Signale an einen Satelliten senden. In der Tat ist die Solfatara ein wirklicher Vulkan – auch wenn ihm spektakuläre Merkmale wie Eruptionswolken und Lavaausbrüche fehlen – und könnte zur Quelle einer neuen Magmaeruption in den Campi Flegrei werden, die ja nichts

Schon seit einer Ewigkeit lassen Fremdenführer in der Solfatara den Atem der Unterwelt sichtbar werden und benutzen dabei eine Fackel oder einen Fidibus (oben). Steinpackungen zeigen den hohen Schwefelanteil in den Gasen – man riecht ihn ohnehin. Viele Jahrhunderte lang wurde dieser Dampf für derart heilkräftig gehalten, dass man ihn sogar in Flaschen auffing und an die Krankenbetten trug.

La Solfatara und der Vesuv

«Ein Liebhaber natürlicher Merkwürdigkeiten kann diese Gegend nicht anders als mit Vergnügen betrachten, weil sie die Wirkungen und Eigenschaften des Vesuvs ohne Gefahr und ohne große Bemühung des Reisenden im Kleinen oder en mignature vorstellet. Obgleich auch die Solfatara über zwo deutsche Meilen vom Vesuv entfernet ist, so ist doch kein Zweifel, dass diese beiden Werkstätten des Vulkans einige Gemeinschaft oder Kommunikation miteinander haben, weil man bemerket, dass der Rauch, Dampf, die Hitze und Gewalt des unterirdischen Feuers an dem ersten Orte viel schwächer ist, wenn der Vesuv tobet und durch seine Öffnung den eingeschlossenen Schwefeldünsten einen freien Lauf verstattet; da im Gegenteile die Hitze und heftigen Auswürfe des Feuers viel stärker in der Solfatara sind, wenn der Vesuv in Ruhe bleibt. [...] Der Schwefeldampf von der Solfatara erstrecket sich öfters bis nach Neapel, da er denn dem Marmor und Silberzeuge schlechten Vorteil bringt. Die Alten glaubten nach Anleitung ihrer poetischen Fabeln, dass die Riesen in den Abgrund unter der Solfatara geworfen wären, und von ihrem Schnauben und Toben der aus der Erde hervorbrechende Dampf entstehe; ja, der Geschichtsschreiber [Cassius] Dio meldet sogar, dass diese Riesen als eine Vorbedeutung der unglücklichen Entzündung des Vesuvs sich häufig sowohl bei Tage als Nacht haben sehen lassen. Das allhier eingeführte Christentum hat dergleichen Einbildungen nicht gehoben, sondern man erzählet hundert erdichtete Umstände von Gespenstern, die sich in dieser Gegend sehen und öfters mit vielem Wehklagen hören lassen. Der Schluss, welchen die Einwohner der umliegenden Gegend daraus ziehen, ist, dass entweder die Hölle oder wenigstens das Fegfeuer allhier seine Luftlöcher habe.»

Johann Georg Keyßler, Neueste Reisen durch Deutschland, Böhmen, Ungarn, die Schweiz, Italien und Lothringen, 1751

weiter sind als eine zum Teil vom Meer überschwemmte Landschaft voller Mondkrater in einer gewaltigen Caldera. Und wenn auch die zuvor einmal gebrauchte Formulierung des Autors, Vesuv und Campi Flegrei seien «durch einen unterirdischen Lavasee miteinander verbunden», einem Vulkanologen sicherlich die Haare zu Berge stehen lässt, so gibt sie doch ein nicht völlig schiefes Bild von den Vorgängen in der Tiefe.

Nebenher: Georg Keyßlers Mitteilung, die schwefligen Dampfwolken der Solfatara würden Neapel noch so konzentriert erreichen, dass sie dort den Marmor angreifen und das Silberzeug verfärben, lassen Gustave Flauberts Vermutung, der Vesuv sei für seine Dauererektion verantwortlich, in neuem Licht erscheinen. Allerdings war demnach eher die Solfatara Ursache von Flauberts Beschwerden. Im März 2009 meldete nämlich die Tageszeitung «La Repubblica» unter der Schlagzeile «Pozzuoli: Glücklicher Sex dank Solfatara», Louis Ignarro, 1998 Nobelpreisträger für Medizin, habe gemeinsam mit drei Professoren der Universität Neapel festgestellt, dass Schwefelwasserstoff – gebildet von Enzymen im Gewebe des männlichen Geschlechtsteiles – der Auslöser für eine

Das Panorama der Solfatara in William Hamiltons «Campi Phlegraei» (Neapel 1776) war – obgleich noch Schwefel abgebaut und Alaun gesiedet wurde – ein beschauliches Bild, dem man nach dem Versiegen der Thermalquellen eine mächtige Steineiche beigesellen musste, um Spannung hineinzutragen. Zuvor hatten die Besucher von Badehäusern und in den Fels gehauenen Saunen etwa anderthalb Jahrtausende lang den Anblick belebt.

Erweiterung der Blutgefäße, der Schwellkörper und somit für die Erektion sei. Entsprechende Versuche mit Ratten würden daran keinen Zweifel mehr lassen. Nun, der Gestank, der Besucher der Solfatara empfängt, rührt vom Schwefelwasserstoff her, der dort aus dem Boden dringt. Ehe jetzt ein Ansturm auf den Campingplatz an der Solfatara beginnt, sei erwähnt, dass eine Aufnahme über die Atemwege nichts bewirken soll. Zu denken gibt allerdings, dass die Geburtenrate in Pozzuoli weit über dem italienischen Durchschnitt liegt.

Einwohner von Pozzuoli, die inzwischen ihre Wohnhäuser – wegen des billigen Baugrundes – bereits am Kraterrand der Solfatara errichten, werden zuweilen darüber belehrt, dass solche Nachbarschaft mehr als Tafelsilber verderben kann. So hebt und senkt sich dort zum Beispiel während sogenannter bradyseismischer Vorgänge die Erde um mehrere Meter. Noch nicht vergessen ist das Geschehen der Jahre 1982 bis 1984, als sich die Hafenmole um zwei Meter hob und Versorgungsleitungen, Straßen, Schienen sowie 8000 Gebäude zum Teil schwer beschädigt wurden. Inzwischen liegt das Zentrum der Stadt fast dreieinhalb Meter höher als während der Vermessungen von 1969. Die Ursachen solcher langwierigen Bewegungen der Erdkruste in vulkanischen Gebieten sind noch nicht völlig geklärt, aber es geht mit ihnen immer die Drohung einer Eruption einher. Recht überzeugend kann man das Wirken bradyseismischer Kräfte am ehemaligen römischen Markt – wegen des dort auf-

Blick auf die Ruinen des römischen Marktes in Pozzuoli. Die verwittert wirkenden, dunkel gefärbten Bereiche der nunmehr deutlich über dem Wasserspiegel stehenden Säulen sind das Werk von Bohrmuscheln.

gefundenen Bildnisses einer Gottheit aus dem hellenistischen Ägypten auch Serapis-Tempel genannt – in Pozzuoli erkennen. Dort versanken im Verlauf einer langen Zeit Säulen im Meer, deren unterer Abschnitt von Schutt bedeckt wurde. Später bohrten sogenannte Bohrmuscheln die ihnen zugänglichen Säulenteile an. Nach der Hebung des Geländes liegen die Spuren ihrer Tätigkeit nun weit über dem Wasserspiegel.

Goethe eilte übrigens gleich nach seiner Ankunft in Neapel zur Solfatara – «unterm reinsten Himmel der unsicherste Boden», hat er den Ort treffend beschrieben – und zu den besagten Säulen, saß dort grübelnd und zog einen falschen Schluss. Später war Charles Lyell, einem Begründer der modernen Geologie, das Zeugnis der Säulen von Pozzuoli so wichtig, dass er ihr Abbild als Frontispiz in den ersten Band seiner «Principles of Geology» setzen ließ.

Für die Bedrohung, die von Vorgängen unter der Erdkruste ausgeht, gibt es vier Kilometer von der Solfatara entfernt ein weiteres sichtbares Zeugnis: Monte Nuovo, ein 1538 entstandener Berg. Zuvor bebte in und um Pozzuoli anderthalb Jahrhunderte lang immer wieder die Erde, am stärksten 1488: Der Boden hob sich damals mehrere Meter, die Säulen des römischen Marktes standen hoch und trocken über dem zurückgewichenen Meer. Im September 1538 bebte es dann fast täglich, am Mittag des 28. hoben Kräfte aus der Tiefe die Stadt um etwa fünf Meter, während das Meer sich 350 Meter von der früheren Küstenlinie entfernte. Kaum zu glauben, dass die Bevölkerung nicht floh – berichtet wurde später nur, die Menschen seien zum Strand gelaufen, um «ganze Wagenladungen von Fischen» einzusammeln, die dort zappelnd herumlagen. Erst am Abend des 29., als in der westwärts von Pozzuoli gelegenen Ortschaft Tripergole Lava hervorbrach und rot glühende Brocken himmelwärts flogen, flohen sie in Massen. Der Arzt Pietro Giacomo da Toledo – auch Toleto –, Augenzeuge in Pozzuoli, schilderte das Geschehen: «Das Land riss auf [...] und formte einen schrecklichen Schlund, aus dem Rauch, Feuer, Steine und eine Art in Schlamm verwandelter Asche gewalttätig hervorbrachen. Immer dann, wenn sich Explosionen ereigneten, gab es ein Geräusch, das einem Donnerschlag glich. Das Feuer, das aus besagtem Schlund aufstieg, nahm seinen Weg zu den Mauern unserer unglückseligen Stadt. Der Rauch war zum Teil schwarz, zum Teil weiß. Der eine erschien schwärzer als die Dunkelheit der Nacht, der andere weiß wie das feinste Leinen. Dieser Rauch erhob sich in die Lüfte und stieg wohl bis zum Himmelsgewölbe hinauf.» Toledos Mitteilung, die Asche sei schlammig gewesen, ließ Wissenschaftler späterhin auf eine hydrovulkanische Eruption schließen. Tatsächlich vermeldeten auch Beobachter in Neapel, dort habe grauer Schlamm Straßen und Gebäude bedeckt, und ein weiterer Augenzeuge namens Francesco del Nero setzte in einem Brief hinzu: «[...] Der Schlund warf gewaltige Massen von Erde und Steinen von der Größe eines Ochsen in die Höhe, die nach meiner Schätzung anderthalb Meilen [2,8 km] betrug. Dann stürzten sie in der Nähe des Schlundes, einen Armbrustschuss, wohl auch zwei oder drei entfernt, wieder herab. [...] Das gleiche Feuer warf aber zur selben Zeit auch eine leichtere Erdart und kleinere Steine bedeutend weiter in die Höhe; das alles fiel in größerer Entfernung vom Feuer nieder und war weich und schlammig [...].»

Am 1. Oktober 1538 schien der «Schlund» zu versiegen, und wahrscheinlich fand bereits an jenem Tag eine Prozession statt, die sich von Neapel her auf den Weg machte. Dabei trugen die Teilnehmer den in eine silberne Büste eingearbeiteten Schädel San Gennaros zur Kapelle an der Solfatara, zum Ort, an dem der Heilige enthauptet worden war. Doch San Gennaro half nicht: Zwei Tage darauf brachen nochmals Dampf, gelbliche Asche und Feuer aus dem Berg hervor, der sich inzwischen über Tripergole erhob. Die davon überlieferte Beschreibung ließ Vulkanologen später vermuten, damals sei ein pyroklastischer Strom auf das Meer zugerast. Der Ausbruch schien damit zu enden, sodass am 6. Oktober mehrere Neugierige den Berg bestiegen. Sie fanden die Hänge von einer mehr als einen halben Meter dicken Ascheschicht bedeckt. Das Land ringsum war versengt und verbrannt, auf dem Meer schwamm eine zusammenhängende Schicht aus Bimsstein. Da fegte plötzlich noch einmal eine Wolke aus Gas, Asche und Gesteinsfragmenten herab und tötete mindestens zwei Dutzend Menschen – diesmal war es gewiss ein pyroklastischer Strom.

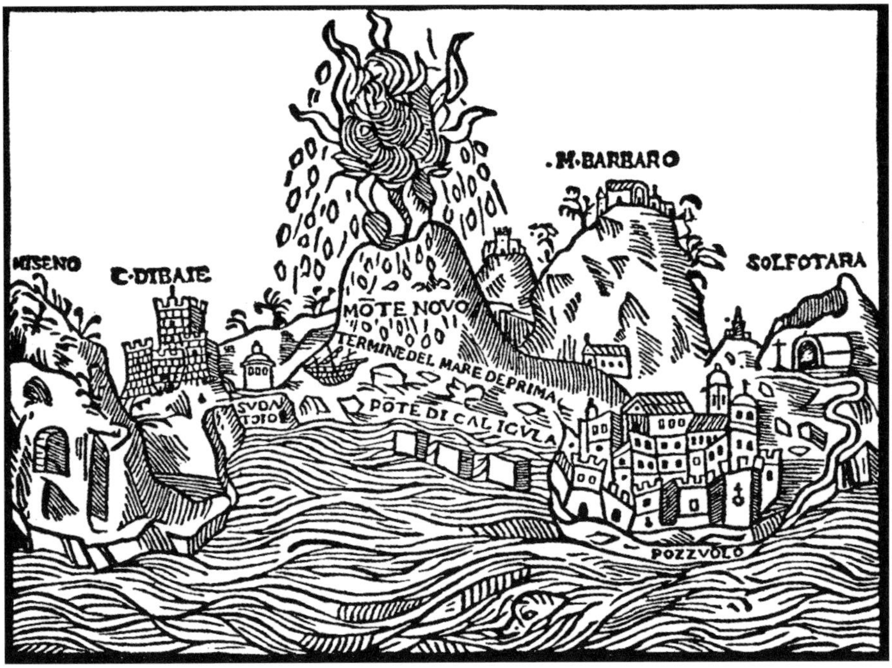

Zeitgenössischer Holzschnitt, der einen Bericht über die Eruption des Monte Nuovo 1538 begleitete. Die Darstellung blickt vom Meer her unter anderem auf Kap Miseno (links), die Festung von Baia, den Monte Nuovo, den Monte Barbaro – einen während früherer Vulkanausbrüche aufgeschütteten, 336 m hohen Berg aus Tuff – sowie auf Pozzuoli und die Solfatara.

Später vermaß man den Monte Nuovo, den neuen Berg: die Höhe beträgt 134 Meter, der Krater darin misst 420 Meter im Durchmesser und ist 120 Meter tief. Ausgestoßen hat er während der folgenden Jahrhunderte nur noch schwefligen Dampf, der jenem in der Solfatara glich. Heute sind die Kraterwände zum Teil bewaldet, der Berg gehört zu einem Naturpark, und vom untergegangenen Tripergole ist nur das Märchen geblieben, starker Regen wasche hin und wieder einen silbernen Leuchter aus dem Kirchenschatz oder uralte Goldmünzen aus der Erde.

«Da ließ der Herr Schwefel und Feuer regnen [. . .] vom Himmel herab auf Sodom und Gomorra. Und kehrte die Städte um und die ganze Gegend und alle Einwohner der Städte und was auf dem Lande gewachsen war.»

1. Mose 19, 24–25

«Aus dem Dachfenster eines schmalen, hohen Hauses war langsam ein Korb hinabgelassen, unten mit Wein, Brot und Früchten gefüllt, und ebenso langsam wieder heraufgezogen worden, und Roderick hatte gedacht: So sollte das Reisen sein, ein Korb, der in die Vergangenheit hinabgelassen und wieder durchs Fenster hereingezogen wird, gefüllt mit der geistigen Nahrung der Reise. Und so war es – hoffentlich, hoffentlich!»

Malcolm Lowry, Pompeji heute

Der Zerstörer

«Es zeigte sich eine Wolke ...»

Fast drei Jahrzehnte nach der Katastrophe bat der Historiker Tacitus einen Zeitzeugen, ihm davon zu berichten. Sein Gewährsmann hieß Gaius Plinius Caecilius Secundus, bekannter als Plinius der Jüngere, aber im Lateinischen – Plinius minor – kann das herabsetzend klingen. Dabei war der jüngere Plinius ein tüchtiger Jurist, Politiker, militärischer Befehlshaber und Schriftsteller und klein höchstens im Vergleich mit seinem vom Vesuv getöteten Onkel und Ziehvater, Plinius dem Älteren. Dessen Name ist auch heute noch so hinreichend bekannt, dass man ihn kaum vorstellen muss, zumindest hat jeder in seinem Wortschatz einige Begriffe und Wendungen – sei es die «Eselsbrücke» oder «In vino veritas» –, die vom älteren Plinius stammen sollen und für die Verbreitung seiner Werke sprechen. Zum Teil ist das seinem unerschöpflichen Fleiß zu verdanken: Bis auf wenige Nachtstunden las und schrieb er ständig; schloss die Gelegenheit das aus, zum Beispiel im Bad, diktierte er seinem Sekretär. Allein in der «Historia Naturalis», einer Enzyklopädie, die nicht nur die Naturgeschichte, sondern auch Themen wie zum Beispiel die Geografie, die Metallverarbeitung und das Minenwesen oder die Kunstgeschichte erfasste, veröffentlichte er in 37 Büchern mit rund zweieinhalbtausend Kapiteln Erkenntnisse von mehr als einhundert Autoren.

Tragische Maske. Fresko in der Region VI, Insula Occidentalis 10, Pompeji (jetzt im Archäologischen Nationalmuseum Neapel). Schauspieler trugen während der Aufführungen Masken mit karikaturartigen Zügen: grinsend zum Beispiel in einer komischen Rolle, mit in ratlosem Schmerz offenstehendem Mund in einer tragischen.

Zur Zeit des Geschehens lebte der ältere Plinius in Misenum, dem Kriegsschiffshafen westlich von Neapel, denn der Gelehrte war auch Admiral der römischen Flotte. Seine militärische Karriere hatte allerdings auf dem Festland begonnen, in Landschaften, die man später Deutschland und Spanien nennen würde. Er teilte sein Haus mit dem siebzehnjährigen jüngeren Plinius und dessen Mutter, seiner Schwester, und nahm gerade, selbstverständlich lesend, ein Sonnenbad, während sein Neffe sich irgendwelchen Studien widmete – denn auch er war fleißig und begabt, hatte schon mit vierzehn eine Tragödie in griechischer Sprache geschrieben. Da wurden sie zur siebenten Stunde, nach römischer Tageszeit also am Mittag, des 24. August 79 von einem unheimlichen, nie zuvor gesehenen Naturereignis aufgeschreckt. Im ersten schriftlichen Augenzeugenbericht in der Geschichte der Vulkanologie schrieb Plinius der Jüngere dem Tacitus darüber: «Es zeigte sich eine Wolke, von der die Betrachter aus der Ferne nicht sagen konnten, über welchem Berg sie sich erhob. Erst später stellte sich heraus, dass es der Vesuv war. Ihre Gestalt glich mehr einer Pinie als irgendeinem anderen Gegenstand, denn es sah aus, als ob sie sich wie ein langer Stamm himmelwärts erhob und sich dann, wahrscheinlich unter der

Römische Galeeren in einem Bootshaus. Die schnabelähnlichen Gebilde an den Vorsteven sind Rammsporne, die aufgemalten Augen wehrten wohl Übel ab: Vielleicht, so ist vermutet worden, sollten Schiffe durch derlei Bemalung Seegetier gleichen, wurden gleichsam maskiert, um nicht den Unwillen göttlicher und anderer Meeresbewohner zu erregen. Fresko aus Pompeji.

Wirkung des Windes, in zahlreiche Äste zerteilte. Noch höher, wohl wegen des schwächer werdenden Windes und unter der Last ihres Gewichtes, dehnte sich die Wolke weithin aus und verschwand allmählich. Dabei erschien sie bald weiß, bald dunkel und fleckig, als ob sie Erde oder Asche in die Höhe getragen hätte.»

Hervorragend, wie gut der Berichterstatter sich noch nach langer Zeit daran erinnerte, aber sicherlich hatte er seine Beobachtungen schon damals aufgezeichnet. Beobachter aus anderen Landstrichen wählen andere Wortbilder und vergleichen derartige Eruptionswolken zum Beispiel mit einer Säule, einer Fackel oder einem Pilz, doch Plinius dem Jüngeren erschien das vertraute Bild einer Schirmpinie mit ihrem schlanken, geraden Stamm und den sich darüber schirmartig ausbreitenden Ästen ähnlicher, und es ist in der Tat treffend. Sein Onkel habe nun, erzählte er weiter, zunächst eine Liburnica – einen kleinen, wendigen Schnellsegler, der zudem über Ruderbänke verfügte – bemannen lassen, sich dann aber für eine Rettungsfahrt mit mehreren Vierruderern entschieden, nachdem ihn eine Dame namens Rectina, die in einer Villa am Vesuv wohnte, in einem Brief um Hilfe bat. Es erscheint heute fragwürdig, wie ein Brief so schnell auf dem selbst auf einer durch die Luft führenden Linie noch mehr als 30 Kilometer langen Weg – der Wind stand einer Segelpartie entgegen – vom Vesuv nach Misenum gelangen sollte, aber dabei werden die Römer wahrscheinlich unterschätzt. Es muss kein Brief, es kann schlechthin eine Nachricht gewesen sein, von der vermutet wurde, sie sei durch Flaggensignale übermittelt worden. Dafür käme jedoch wohl eher ein Heliograf in Betracht, der es gestattet, größere Entfernungen als Flaggensignale zu überwinden und von dem man annehmen darf, dass er damals gebräuchlich war. Die soge-

Der Untergang in Vorstellungen des 19. Jahrhunderts: «Aus den letzten Tagen von Pompeji», Holzstich nach einem Gemälde von Roland Risse (1835–1900) in einer deutschen Zeitschrift von 1869 (oben) sowie «Der letzte Tag von Herculaneum», Holzstich nach dem Gemälde von Louis-Hector Leroux (1829–1900) in einer deutschen Zeitschrift von 1891.

nannten Vierruderer hingegen waren wahrscheinlich die schon im vierten Jahrhundert vor Christus in Karthago entwickelten Schiffe mit zwei übereinanderliegenden Rudererreihen und zwei Ruderern an jedem Riemen. Freilich gibt es auch Abbildungen römischer Großkampfschiffe, die vier Reihen von Ruderpforten übereinander zeigen. Es muss ein Alptraum gewesen sein, solch einen maritimen Tausendfüßler durch ein Unwetter zu führen.

Wie dem auch sei, die Schiffe liefen aus und gerieten in einen günstigen Nordwestwind, begegneten jedoch bald schreckenerregenden Erscheinungen:

Die letzten Stunden von Pompeji I:

«So schrecklich wahr malt Plinius das Entsetzen derer, die doch schon fern vom eigentlichen Schauspiel des Jammers sich befanden. Wie aber mag den unglücklichen Pompejanern zumute gewesen sein, als das Brüllen des Berges und das Beben der Erde sie [...] weckte! Auch sie versuchten dem Zorne der Götter zu entrinnen, das Kostbarste ergreifend, was in Dunkelheit und Verwirrung ihnen zuerst in die Hände fiel. Auf der Straße vor dem Hause, dessen Schwelle mit dem freundlichen SALVE bezeichnet ist, fand man sieben Gerippe; das erste trug eine Laterne, die übrigen alle hatten noch etwas, das sie retten wollten, zwischen ihren Knochenfingern. Plötzlich ereilte sie das vom Himmel herabstürzende Grab. Vor dem zuletzt beschriebenen Landhause stand noch ein männliches Gerippe mit einem Schlüssel in der Hand, und da sein Finger noch einen jener Ringe trug, welche nur römischen Rittern zu tragen vergönnt waren, so vermutet man, dass er der Hausherr gewesen, der eben zur Flucht die hintere Gartentür geöffnet hatte, wo ihn das Grab verschlang.»

August von Kotzebue, Bemerkungen auf einer Reise aus Liefland nach Rom und Neapel, Bd. I, 1805

«Auf die Schiffe fiel Asche, die immer heißer und dichter wurde, je näher man kam. Auch Bimsstein fiel und vom Feuer ausgeglühte und brüchig gemachte schwarze Steine. Bald darauf zeigte sich eine unerwartete Untiefe, und der Steinhagel verhinderte eine Landung in der Bucht. [Es ist angenommen worden, damit sei eine Bucht hinter dem Küstenvorsprung westlich von Oplontis – heute Torre Annunziata – gemeint. Küstenverlauf und unmittelbares Hinterland haben sich seit 79 jedoch sehr verändert. Zum Beispiel lag Herculaneum damals direkt am Meer und Pompeji an der Sarnomündung.] Er [Plinius der Ältere] war kurze Zeit unschlüssig, doch dann rief er dem Steuermann zu, der zur Umkehr riet: Das Glück ist mit dem Tapferen! Steuere zum Haus des Pomponianus!»

Pomponianus lebte in Stabiae, dem heutigen Castellammare di Stabia, im Vogelflug 14 Kilometer vom Vesuv entfernt. «Unterdessen erstrahlten auf dem Vesuv an verschiedenen Stellen breite und hohe Feuerbrände, deren Leuchten und Blitzen durch die nächtliche Finsternis noch gesteigert wurde. Um furchtsame Leute zu beschwichtigen, sagte mein Onkel immer wieder, Bauern hätten diese Feuerstellen aus Angst sich selbst überlassen, und verlassene Gehöfte würden in Flammen stehen.» Sicherlich gab es nicht nur an Land, sondern auch auf den Schiffen verängstigte Leute, die der Admiral beschwichtigen musste, es werden sich erregte Szenen zugetragen haben, aber der jüngere Plinius war ja bei diesen Ereignissen nicht zugegen. So konnte er vom Fortgang des Geschehens nur das erzählen, was überlebende Teilnehmer an der Fahrt oder geflohene Bürger von Stabiae ihm später berichteten: Sein Onkel habe nach der Landung bei Pomponianus gebadet, gegessen und habe sich unerschrocken niedergelegt. Dabei hätten Erdbebeben den Boden fast pausenlos schwanken lassen, und auf dem Hausdach sammelten sich Asche und Lapilli so hoch, dass es einzustürzen drohte. Da hätte Plinius endlich wie die anderen seinen Kopf mit einem Kissen geschützt und sei im Bimssteinhagel zum Strand gelaufen, um zu sehen, ob das heftig brandende Meer schon wieder befahrbar sei. Das geschah am Morgen nach dem Aufbruch von Misenum, aber niemand nahm ihn als dämmernden Tag wahr, weil er wegen der dichten Asche in der Luft schwarz und undurchdringlich erschien. Erst später, am dritten Tag nach dem Beginn der Eruption, fand man die unverletzte Leiche des älteren Plinius am Strand. Auch der Admiral, der zunächst aus wissenschaftlicher Neugier, dann aus Verantwortungsbewusstsein auf den Golf hinausgefahren war und seine Untergebenen durch eine furchtlose Haltung ermutigte, war somit ein Opfer des brennenden Berges geworden. Angenommen wurde damals, er sei wie viele andere von der Asche erstickt worden. Überdies war das Herz des als sehr beleibt und kurzatmig beschriebenen Gelehrten den Anstrengungen wohl nicht gewachsen.

Auf der anderen Seite des Golfs von Neapel hatte sein Neffe lange auf seine Rückkehr gewartet, bis in der Umgebung die ersten Dächer einstürzten. Er sah, wie das Meer weit zurückwich – sein Bericht ist somit auch eine der ältesten Schilderungen eines Tsunamis –, sodass Fische und anderes Meeresgetier auf dem Trockenen zappelten. Von einem Freund der Familie gedrängt, floh er schließlich mit seiner Mutter nach Norden, fort vom bebenden Meer und fort von der Dunkelheit. Das wird am Morgen des 25. August geschehen sein, zu einer Zeit, über die er in einem zweiten Brief an Tacitus schrieb: «Es dauerte nicht mehr lange, und eine Wolke senkte sich auf die Erde und bedeckte das Meer. Sie hüllte Capri ein, sodass es nicht mehr zu sehen war und entzog bald darauf auch das Vorgebirge von Misenum unserem Blick.» Der Vulkanologe Haraldur Sigurdsson vermutet, jene Wolke sei der sechste der vom Vesuv niedergehenden pyroklastischen Ströme gewesen, eben jener, in dem Plinius der Ältere starb. Dessen Schwester und ihr Sohn irrten derweil in einer Schar von Verzweifelnden umher: «So ward es Nacht, aber nicht wie eine wolkenverhangene Nacht ohne Mondlicht, sondern eine, die der Dunkelheit in einem geschlossenen Zimmer ohne Licht glich. Du hättest hören sollen, wie die Frauen schrieen, die Kinder jammerten und die Männer brüllten. Die einen riefen nach den Eltern, die anderen nach den Kindern und suchten einander an der Stimme zu erkennen. Die einen beklagten das eigene Geschick, die anderen das ihrer Angehörigen, und manche wünschten aus Todesangst den Tod herbei. Viele riefen die Götter an, während andere meinten, es gäbe keine Götter mehr, und der Untergang der Welt sei gekommen. Auch fehlten solche nicht, die mit erlogenen Schreckensgeschichten die wirkliche Gefahr übertrieben und erzählten, ein Teil von Misenum sei eingestürzt, der andere stehe in Flammen. [...] Endlich begann es zu dämmern. Aber das war nicht das Licht eines werdenden Tages, sondern der Widerschein eines Brandes.»

Folgende Doppelseite: Die von Plinius dem Jüngeren beschriebene Dunkelheit und der Aschefall stellten Maler vor eine schwerlich lösbare Aufgabe. Sie bevorzugten deshalb Feuer, Lava, bebende Erde, Zerstörung durch Steinschlag und Überflutung: «Die letzten Stunden von Pompeji», Holzstich nach einem Gemälde von Henri-Frederic Schopin (1804–1880) in einer deutschen Zeitschrift von 1905.

Vom Bericht des jüngeren Plinius sind verschiedene Fassungen überliefert, aber eines kann man schon auf den ersten Blick allen Texten entnehmen: Offenkundig war das Wissen über frühere Vesuveruptionen verloren, so recht kannte zunächst niemand die Ursache der Katastrophe. Kein Gelehrter hatte ergründet, wie das schwarze Gestein entstanden war, mit dem die Pompejaner ihre Straßen pflasterten, und woher es stammte, keine Chronik vermeldete die Gefahr, die ihnen drohte. Wie denn auch, der brennende Berg hatte jahrhundertelang geruht. Der Architekt und Militärtechniker Vitruvius, etwa bis zum Jahre 10 vor der Zeitenwende tätig, schrieb zwar vom Feuer, das vor langer Zeit unter dem Vesuv gebrannt und dann das Land erfasst habe, und der Geograf Strabo, der bis etwa 23 unserer Zeit lebte, näherte sich in seiner Beschreibung der damals bekannten Welt ahnend dem Wesen des Vulkans, aber Strabos Werk wurde kaum wahrgenommen. Der viel gelesene Naturforscher, Philosoph und Staatsmann Seneca hingegen, der noch das dem Vesuvausbruch 79 vorausgegangene Erdbeben von 62 erlebt hatte, das große Zerstörungen – zum Beispiel auch in Neapel – angerichtet hatte, erwähnte in seiner Aufzählung von Vulkanen neben anderen Ätna, Vulcano und Stromboli, aber nicht den Vesuv. Stattdessen schrieb er nach jenem Beben über die Landschaft unter dem Vulkan: «Uns ist zu Ohren gekommen, dass Pompeji, diese geschäftige Stadt in Kampanien, wo die Ufer von Surrentum, Stabiae und Herculaneum einander an einer lieblichen, sanft geschwungenen Meeresbucht begegnen, von einem Erdbeben zerstört wurde, das auch die Umgebung heimsuchte. Dies geschah im Winter, zu einer Zeit, von der unsere Ahnen glaubten, sie sei frei von derlei Heimsuchungen. [...] Die gesamte Region ist niemals zuvor von einem Unglück solchen Ausmaßes betroffen worden, blieb stets von Unheil verschont und hat es deshalb auch nie befürchtet. Ein Teil der Stadt Herculaneum ist eingestürzt; die Häuser, die noch stehen, gleichen Ruinen.» Seneca berichtete ferner vom rätselhaften Tod Hunderter Schafe auf den Vesuvhängen, ohne eine Erklärung dafür auf dem Berg zu suchen. Es wird wahrscheinlich Kohlendioxid gewesen sein, das aus Spalten hervordrang und die Tiere erstickte, sobald sie in mit dem Gas gefüllte Vertiefungen gerieten.

Selbst der unvergleichlich belesene Plinius der Ältere wusste über den Vesuv nur zu sagen, er sei ein «ansehnlicher Berg». Strabo hatte über den Gipfel immerhin schon geschrieben: «Dieser ist zwar großenteils eben, aber ganz unfruchtbar und vom Ansehen her einem Aschehaufen ähnlich. Er zeigt höhlenartige Vertiefungen zwischen rußfarbigem, gleichsam wie vom Feuer zerfressenem Gestein, sodass man vermuten darf, dieser Ort habe einst gebrannt und kesselförmige Öffnungen für das Feuer gehabt, sei aber erloschen, als der Brennstoff verzehrt war.» Auf diesen Text geht sicherlich die heute verbreitete Ansicht zurück, der Vesuv habe vor der Eruption 79 eine abgeflachte Form gezeigt. Fraglos kann sein Gipfel flach genug gewesen sein, dass Spartakus und seine Gefolgsleute – wie von römischen Historikern berichtet wurde – während des berühmten Sklavenaufstandes von 73 dort lagern konnten, doch darüber hinaus

«Ausgrabungen in Pompeji», Reproduktion eines Gemäldes von Edouard Sain (1830–1910) in einer deutschen Zeitschrift von 1897. Die Darstellung ist gänzlich idealisiert, hingegen zeigt eine Abbildung aus demselben Jahr (unten), dass wegen der Enge in Ruinen und Schürfgängen die Arbeit von Kindern bevorzugt wurde. Überdies stellten Sträflinge lange Zeit den größeren Teil der Ausgrabenden.

Die letzten Stunden von Pompeji II:

«In den Pausen des Aschenregens hörte man unterirdisches Rollen und die seufzenden Wellen der bewegten See. Bisweilen schien die Wolke ihre feste Masse zu brechen und beim Schein des Blitzes seltsame, riesige Gestalten von Menschen oder Ungeheuern anzunehmen, die durch das Dunkel hinschritten, gegeneinander anstießen und schnell wieder in den wirbelnden Abgrund der Finsternis verschwanden, sodass dem Auge und der Einbildungskraft der geängstigten Flüchtlinge die wesenlosen Dünste wie die Leiber gigantischer Dämonen erschienen.

An manchen Orten lag die Asche bereits knietief, und die siedenden Wasserströme, die der dampfende Hauch des Vulkans herjagte, drangen in die Häuser und erfüllten sie mit einem starken, beklemmenden Dampf. An manchen Orten schlugen ungeheure, auf die Dächer geschleuderte Felsstücke Massen wirren Getrümmers in die Straßen nieder, das Stunde um Stunde den Weg mehr und mehr versperrte. Mit dem Vorrücken des Tages wurde die Bewegung der Erde fühlbarer; wo man den Fuß hinsetzte, schien der Boden wegzugleiten und umherzukreisen, und ebenso wenig konnte ein Wagen oder eine Sänfte selbst auf dem ebensten Grund aufrecht gehalten werden.

[...] Wild, verzerrt, Gespenstern gleich, trafen die Menschen einander, ohne sich die Zeit zu nehmen zu sprechen, um Rat zu fragen oder Rat zu geben; denn immer häufiger, wenn auch nicht ohne Unterbrechung, stürzte das Wasser herab, löschte die Lichter aus, welche die totenähnlichen Gesichter der Vorübergehenden einander zeigten, und jagte alle dem nächsten besten Obdach zu. Kam in der Finsternis die Gattin von dem Gatten, das Kind von den Eltern ab, so war die Hoffnung auf Wiedervereinigung umsonst. Alles stürmte blind und wirr dahin.»

Edward Bulwer-Lytton, Die letzten Tage von Pompeji, 1834

wird der Berg die kennzeichnende Kegelform aller Schichtvulkane gezeigt haben. Ein pompejanisches Fresko aus der Casa del Centenario bildet denn auch einen Berg ab, der einem Schichtvulkan gleicht. Seltsam mutet freilich die einer Wendeltreppe gleichende Struktur an, die um ihn herum zu führen scheint, aber auch so etwas ist von Schichtvulkanen her bekannt. Die unteren Hänge sind mit Weinstöcken bepflanzt, während darüber Büsche und Bäume gedeihen. Daneben hat der Maler den Weingott Bacchus in die Gesellschaft eines Leoparden – vielleicht schon damals das Sinnbild der Fleischeslust – gestellt. Weil nun der Vesuv der einzige Berg der Umgebung ist, auf dem stets Wein angebaut wurde, ist angenommen worden, dass es sich um ein Abbild des Vulkans handelt. Auch zwei Kopien von pompejanischen Fresken im dritten und vierten Band der «Antichità di Ercolano» – ebenfalls zeitgenössische Landschaftsdarstellungen – sowie eine von den Brüdern Niccolini veröffentlichte Wandmalerei aus dem Isistempel zeigen ganz ähnliche, ebenfalls auffällig gewendelte Berge. Abbildungen des Doppelgipfels von Somma und Vesuv oder von Strabos «großenteils ebenem» Gipfel wird man dagegen vergeblich suchen.

Pompejanisches Hausaltarfresko, das wahrscheinlich den Vesuv vor der Eruption 79 darstellt. Weinbau und Vegetation reichten weit hinauf. Links vom Berg der in Trauben gehüllte Weingott Bacchus mit seinem Kultstab und einem Leoparden, dem er Wein in das Maul gießt. Die Schlange darunter war ein beschwörendes Symbol für das Wohlergehen des Hauses und seiner Bewohner.

Was hat sich nun eigentlich in den Vesuvstädten ereignet, die im Jahr 79 untergingen und heute von Millionen – 2007 waren es allein in Pompeji genau 2 571 725 – Touristen besucht werden? Lange Zeit war man der Meinung, die Auswirkungen von Vulkaneruptionen seien auf Tephrafälle und Verheerungen durch Lavaströme beschränkt. Als aber die Montagne Pelée auf der Karibikinsel Martinique im Mai 1902 ausbrach und die Hafenstadt Saint-Pierre und ihre achtundzwanzigtausend Einwohner auslöschte, sah man in den Straßen hernach keine Lava und nur geringe Aschemengen. Das Paris der Karibik, die französisch geprägte Stadt der mit Turbanen geschmückten Kreolinnen, der Gecken mit Sonnenschirmen und wehenden Lavallière-Krawatten, der Rum-

Auch die Vesuveruption von 1906 verdunkelte Neapel und zwang die Einwohner, sich auf allerlei Weise vor dem Ascheregen zu schützen. Zeitgenössische deutsche Illustration. Rechts: So wurde 1902 in amerikanischen Zeitschriften dargestellt, wie die Katastrophe auf Martinique verlaufen sein könnte. Freilich verheerte weder Lava Saint-Pierre (oben) noch war der Aschefall (unten) Ursache für den Untergang der Stadt.

fabrikanten mit Frack und Zylinder und der Zuckerrohrarbeiter in verschwitzten Kitteln, die da eben noch Bewunderung und Seebrise auf der Hafenpromenade genossen hatten, war in einer Sekunde zerstört und verglüht. Die drei Überlebenden konnten nicht einmal sagen, wie es geschehen war. In den Straßen lagen verkohlte Leichen, die Überreste der Gebäude brannten noch tagelang, und die davon ausgehende Hitze war so groß, dass man sich der Stadt nicht sogleich nähern konnte. Insbesondere waren es hernach – denn der Vulkan blieb bis 1903 tätig – Beobachtungen des Geologen Alfred Lacroix, die den Hergang der Katastrophe erklärten. Lacroix sah mehrfach zunächst um 1000 °C heiße, mehr oder weniger Auswurfmaterial mit sich führende Feuerstürme den Berg hinabrasen, die dabei Geschwindigkeiten bis zu 700 Kilometer pro Stunde erreichten. Er führte dafür die Bezeichnung nuée ardente, Glutwolke, in die wissenschaftliche Literatur ein.

Die Begriffe Glutwolke oder Glutlawine sowie ihre Entsprechung pyroklastischer Strom erscheinen selbst in kürzlich aufgelegter Literatur über die vom Vesuv verschütteten Städte zuweilen gar nicht, zuweilen nur am Rande. Die Pompejaner seien von Asche und Lapilli erstickt und erschlagen worden, Schlammfluten hätten dagegen Herculaneum und seine Bewohner begraben, heißt es da vorwiegend noch. Entsprechende Forschungen haben das Geschehen jedoch schon in den achtziger Jahren aufgeklärt. Zu nennen wären da insbesondere die Namen der Vulkanologen Haraldur Sigurdsson und Steven Carey, deren Vorgehen durchaus nicht neu und beschämend einfach war. Wie es auch Archäologen tun, führten sie an verschiedenen Orten im Umkreis des

Vesuvs Schnitte durch die Erdoberfläche, ermittelten die 79 entstandenen Ablagerungen und deuteten ihre Schichtung. Das erforderte neben Sachkenntnis auch Fantasie sowie zahlreiche Computersimulationen. Denn die Vorgänge in der zum Schluss wohl 32 Kilometer hohen Eruptionswolke des Jahres 79, deren Nachschub von hunderttausend Tonnen zerfetzten Magmas pro Sekunde mit Schallgeschwindigkeit aus dem Vesuvkrater hervorschoss, waren derart komplex, dass ihr Zusammenspiel kaum vorstellbar ist. Erkannt ist freilich die Kraft, die dahinter stand: Unter enormem Druck in der Tiefe zusammengepresstes Gas, ölig mit kochendem Magma vermengt, das sich beim Aufstieg im Schlot ausdehnt, die mitgeführte Gesteinsschmelze zu Bimsstein aufschäumt und zu sandfeinen Fetzen, groben Körnern oder auch Brocken zerreißt. Ihr heulender Aufstieg in die Stratosphäre endet, sobald die Schwerkraft die Oberhand gewinnt. Dann bricht entweder die gesamte Eruptionswolke zusammen und zeigt zuweilen das Abbild eines auf den Kopf gestellten Pilzes, oder es lösen sich Teile daraus. Gewöhnlich quillt nun das Gemisch aus heißem Gas und Gesteinsfragmenten unter dem Druck der sinkenden Wolke über den Kraterrand, folgt rasend dem Geländeverlauf und verbrennt und zerstört, was in seinem Weg liegt.

So ungefähr jedenfalls – noch ist vieles unerklärlich, was in einer solchen Glutwolke geschieht. An der Palaestra – vornehmlich eine Sportstätte – von Herculaneum zum Beispiel hat ein pyroklastischer Strom Bronzestatuen erfasst, wie Papier zerknüllt, zerrissen, zusammengepresst und mehrere Straßenzüge weit geschleudert, hat Säulen wie Fackeln verbrannt, wüste Zerstörungen angerichtet und die Trümmer miteinander verschweißt. In einem nur Schritte davon entfernten Haus gruben Archäologen einen sorgfältig gedeckten Tisch aus, auf dem weder Becher noch Teller oder Bestecke bewegt worden waren. Eier, Oliven, Pistazien und Honiggebäck blieben im Hitzeschock fast unversehrt. Und während die Glut an den Strand geflüchtete Menschen im Bruchteil einer Sekunde tötete, verschonte sie unweit davon mit Wachs beschichtete, beschriebene Holztäfelchen, sodass man die darauf eingeritzten Texte noch zwei Jahrtausende nach der Katastrophe lesen kann.

Haraldur Sigurdssons der Erde entnommene Szenenfolge des Geschehens in Pompeji beginnt – wie der Bericht des jüngeren Plinius – am Mittag des 24. August 79. Da regnete es geraume Zeit feine, fast schneeweiße Bimssteinflocken aus einer mehr als 20 Kilometer hohen Eruptionswolke, doch diesem Geschehen muss bereits mindestens eine Explosion vorausgegangen sein. Ob das den etwa fünfzehn- bis zwanzigtausend Einwohnern Pompejis gemeinsam mit dem nun beginnenden Regen aus manchmal beängstigend großen Bimssteinen und der rasch zunehmenden Dunkelheit eine ausreichende Warnung war, ist ungewiss – gefunden hat man bisher nur die Überreste von etwas mehr als elfhundert von ihnen. Das will aber wenig besagen, denn niemand weiß, wie viele unter den Asche- und Lapillischichten in der Umgebung liegen, und nie-

Schnitt durch die 6 Meter hohe Ascheschicht, unter der die Villa der Poppaea Sabina in Oplontis begraben lag. Solche Schnitte gestatten – abhängig von der Entfernung vom Vulkan und von anderen Einflüssen – Erkenntnisse über den Verlauf einer Eruption. Darunter versucht der kleine Wendehals von der Wandbemalung in einem Flur der Villa seit zwei Jahrtausenden vergeblich, an der Birne zu picken.

mand wird es je erfahren. Auch gingen dem Aufstieg der Eruptionswolke bereits Stunden oder Tage zuvor Erdbeben und andere beängstigende Ereignisse voraus, die vielleicht viele, die nicht behindert, krank oder mit der Bewachung von Besitz betraut waren, zur Flucht bewogen.

Am späten Nachmittag, ungefähr zwischen 17 und 18 Uhr, begann dann dichterer, grober, teils dunkelgrau gefärbter Bimsstein zu fallen. Da lag die helle Schicht schon etwas über einen Meter hoch, und Haraldur Sigurdsson schätzt, dass die ersten Dachkonstruktionen zusammenbrachen, als die Asche

Szenario der Vesuveruption von 79

24. August
Vormittag: Nach vorhergehenden Erdbeben und von solchen begleitet, ereignen sich auf dem Vesuv mehrere Explosionen. Über dem Vulkan erhebt sich eine vielleicht zwei oder drei Kilometer hohe Eruptionswolke; auf Terzigno (6 km südöstlich vom Vesuvkrater) geht ein geringer Aschefall (3–6 cm) nieder, der Pompeji nicht erreicht.

13 Uhr: Das Beben hält an, nach weiteren Explosionen hat die Eruptionswolke eine Höhe von etwa 25 km gewonnen.

13.30 Uhr: Weißer Asche- und Lapillifall in Pompeji.

15 Uhr: Die ersten Dachkonstruktionen in Pompeji brechen zusammen.

17 Uhr: In Pompeji beginnt grauer Bimssteinregen zu fallen, der gegen 20 Uhr auch Oplontis erreicht.

25. August
Mitternacht: Die Eruptionswolke hat eine Höhe von etwa 32 km erreicht. In Pompeji, wo Asche und Lapilli nun mindestens zwei Meter hoch liegen, kamen während der vergangenen neun Stunden Hunderte Menschen durch den Einsturz von Dächern um; bis auf vereinzelte kleine Gruppen sind sicherlich alle Einwohner geflohen, aber damit noch längst nicht in Sicherheit.

1 Uhr: Die Eruptionswolke beginnt zu kollabieren, der pyroklastische Strom 1, noch 400–500 °C heiß, erreicht mit einer Geschwindigkeit zwischen 250 und 400 km/h Herculaneum. Wer dort zurückgeblieben ist, wird augenblicklich getötet.

2 Uhr: Der materialreichere pyroklastische Strom 2 reißt mit unglaublicher Gewalt die Trümmer zerstörter Gebäude und Statuen in Herculaneum mit sich.

6.30 Uhr: Der pyroklastische Strom 3 endet an Pompejis nördlicher Stadtmauer und zerstört Oplontis; in Herculaneum erhöht er die Verschüttung von 4 auf 12 Meter.

7.30 Uhr: Die pyroklastischen Ströme 4 und 5 gehen innerhalb einer Viertelstunde über Pompeji und Herculaneum hinweg und töten alle Pompejaner, die den Ort nicht verlassen haben.

8 Uhr: Der pyroklastische Strom 6 trifft abermals beide Städte; in Herculaneum erhöht er die bereits 16 m hohe Verschüttung um mehr als 5 m und erreicht selbst das 14 km vom Vesuv entfernte Stabiae – darin stirbt Plinius der Ältere. Die Ascheschicht über Stabiae ist zum Schluss mindestens 2 m hoch.

darauf eine Höhe von einem halben Meter erreichte. Am Morgen des 25. August, wohl zwischen sieben und acht Uhr, gab es in Pompeji jedenfalls keine Dächer und keine Obergeschosse mehr. Ein pyroklastischer Strom – über der nunmehr zweieinhalb Meter hohen Bimssteinschicht als dunkler Einschluss mit den Bruchstücken von Holzkohle, Dachziegeln und Mauersteinen kenntlich –, der vierte nach jenen, die bereits über Herculaneum, Oplontis und Boscoreale hinweggetobt waren, raste zwischen sieben und acht Uhr über die Stadt, verbrannte die geknickten Wein- und Rosenstöcke und ließ Fresken an Zimmerwänden erblinden, die noch nicht völlig unter Asche und Schutt begraben waren. Zwischen 120 und 380 °C, gewöhnlich 240 bis 340 °C, so haben es Wissenschaftler ermittelt, waren die Glutlawinen noch heiß, wenn sie das zehn

Kilometer südöstlich vom Vesuvkrater entfernte Pompeji erreichten. Zwei pyroklastische Ströme folgten an jenem Morgen noch der vorhergehenden Glutwolke, dann lag die Stadt unter einer dreieinhalb Meter messenden, stellenweise höheren Ascheschicht erstickt. Irgendjemand kratzte zuvor oder später eine schreckliche Inschrift ein, die der Archäologe August Mau 1885 in einem Haus an der Via dell'Abbondanza auffand: «Sodoma Gomora».

Die Namen der vom Gott des Alten Testamentes vernichteten Städte Sodom und Gomorra sind nicht hastig von einer zitternden Hand, sondern mit ebenmäßigen Buchstaben eingeritzt worden. Das schrieb jemand frohlockend darüber, dass sein Gott das sündige Treiben der Mitmenschen strafte. Er könnte Jude oder Christ gewesen sein – Juden gab es in Pompeji einige, und nachdem römische Soldaten den Aufstand ihrer Glaubensbrüder in Judäa niedergeschlagen und im Jahr 70 den Tempel zu Jerusalem geschleift hatten, wäre ihre Befriedigung über das Schicksal der Stadt verständlich gewesen. Es mögen dort auch bereits Christen gelebt haben: Etwa neunzehn Jahre vor dem Vesuvausbruch war der Apostel Paulus in einem auf dem Landwege nur 35 Kilometer entfernten Hafen an Land gegangen, den wir heute Pozzuoli nennen, und ist dabei von Gleichgesinnten empfangen worden. Einige Zeit ließ man zudem eine von dem Archäologen Alfred Kiessling 1862 in Pompeji entdeckte Inschrift sowie eine kreuzförmige Vertiefung in einer Zimmerwand in Herculaneum als Beweis für die Anwesenheit von Christen gelten, aber der bald aufkommende Zweifel daran ist nie entkräftet worden. Schon zuvor war Karl Pavlovich Briullov bisweilen dafür kritisiert worden, dass auf seinem gefeierten Gemälde vom Ende Pompejis jemand eine Halskette mit dem Kreuz trägt, und auch Edward Bulwer-Lytton hat man vorgeworfen, dass in seinem noch weitaus berühmteren Roman «Die letzten Tage von Pompeji» Christen erscheinen, sodass der Untergang wie ein Strafgericht ihres Gottes anmuten mochte. Doch sie könnten dort gelebt haben: Die Vielfalt religiöser Anschauungen, zuweilen auch ihre Lässigkeit, ist eine der erstaunlichsten Tatsachen, die über das Leben in den vom Vesuv zerstörten Städten bekannt sind. Die Laren genannten Hausgötter, Jupiter, Juno und Minerva – allesamt griechischer Herkunft – und vergöttlichte Kaiser wurden verehrt, die Götterkulte des als Dionysos im Osten aufgewachsenen Bacchus und der Ägypterin Isis vereinten ungeachtet zeitweiliger Verbote eine zahlreiche und meist begüterte Anhängerschaft. Natürlich hatte auch die als Aphrodite in Griechenland geborene Venus ihren Tempel, und im «Heiligtum der vier Gottheiten» in Herculaneum genoss neben Jupiter, Minerva und Merkur auch Vulkan Verehrung, der unter dem Namen Hephaistos die Schilde griechischer Gottheiten geschmiedet hatte. Das geschah freilich nicht wegen seiner vulkanischen, sondern wegen seiner handwerklichen Fertigkeiten.

Dass sie den Gott des Schmiedefeuers und der Handwerkskunst in jenes Heiligtum aufnahmen, hat den Bewohnern von Herculaneum keinen Segen ge-

Folgende Doppelseite: Karl Pavlovich Briullovs (1799–1852) sechseinhalb Meter langes Gemälde vom Untergang Pompejis. Dem Maler lag natürlich nichts an einer historischen Rekonstruktion – daher der Priester mit orthodoxem Weihrauchgefäß und Kreuz an der Halskette. Betrachter wollten dennoch wenigstens in dem seine Mutter zur Flucht bewegenden Jüngling den jüngeren Plinius erkennen und übersahen dabei die mehrfach erscheinende Gräfin Samoilova, Briullovs Geliebte. Russisches Staatsmuseum, Sankt Petersburg.

Unter dem Vesuv nach dem Jahr 79

«Kürzlich noch war der Vesuv beschattet
von grünenden Reben,
edler Traubensaft ward hier in die Kufen
gepresst.
Mehr als die Hügel von Nysa hat Bacchus
geliebt diese Höhen,
jüngst haben hier noch am Berg Faune
im Reigen getanzt.
Hier war die Stätte der Venus, die
mehr als Sparta sie liebte,
hier war die Stadt, welche durch
Herkules' Namen berühmt.
All dies ging auf in Flammen und liegt
unter Asche begraben:
selbst die Götter gereut's, dass sie dies
Unheil vollbracht.»

Martial, Epigramme IV, 44; entstanden wohl 88, Übertragung von Harry C. Schnur

bracht. Zwei Kilometer weniger als Pompeji, aber südwestwärts vom Vesuvgipfel entfernt, blieben sie allerdings bis zur Mitternacht vom 24. zum 25. August fast unbehelligt. Die vermutlich vier- oder fünftausend Einwohner mögen angesichts der mit dem Nordwestwind an ihnen vorbeiziehenden Aschewolken gehofft haben, das Unheil gehe vorüber. Aber während sie von den auf Pompeji längst niedergegangenen Asche- und Lapillifällen verschont wurde, starb ihre Stadt dann schon im ersten pyroklastischen Strom in der ersten Stunde des der Eruption folgenden Tages. Da verdorrten die Rachen der fünfköpfigen Bronzeschlange über dem Zierbecken in der Palaestra, eine Welle aus Gas, Asche und Lapilli zersprengte die sündhaft teuren Fensterscheiben im Vorstadtbad, Apollos Marmorgesicht am Zugang der Bäder schlug brandige Blasen und tropfte herab, und die Statue des Marcus Nonius Balbus, römischer Senator, Prokonsul von Kreta und Kyrene in Nordafrika, Stadtpatron von Herculaneum, wurde zerrissen und über den Strand verstreut.

Und die Menschen? Bis zum Beginn der achtziger Jahre des vergangenen Jahrhunderts hatte man in Herculaneum lediglich rund fünfzig Skelette gefunden und geglaubt, der überwiegende Teil der Einwohner sei rechtzeitig geflohen. Als dann der ehemalige Strand ausgegraben wurde – er liegt heute fast einen halben Kilometer vom Meer entfernt und vier Meter unter dessen Spiegel – stießen Archäologen dort und in den angrenzenden Bootshäusern auf die Überreste von etwas mehr als dreihundert Menschen, die auf die Ankunft von Booten gewartet haben mögen. Ein zwischen 400 und 500 °C heißer pyroklastischer Strom verbrannte sie, ihr Fleisch verdampfte, ihre siedenden Hirne sprengten die Schädel. Vielleicht liegen dort noch Hunderte, vielleicht Tausende, denn bisher sind nicht einmal 100 Meter Strand ausgegraben, der Hafen ist noch nicht entdeckt, darüber liegen bis zu 25 Meter Tuff. Und wiederum war rätselhaft, wie ungleich die mörderische Hitze gewirkt hatte: Im Gegensatz zu Pompeji blieb hier von vielen Häusern das obere Geschoss fast unzerstört, hölzerne Gegenstände und anderes organisches Material überdauerte verblüffend

Die drei Ebenen Ercolanos werden von der ausgegrabenen, 20 m unter den Bauwerken unserer Zeit liegenden antiken Stadt, darüber von der teilweise durch Grabungen unterhöhlten modernen Ortschaft – dem früheren Resina – sowie von der dahinter aufragenden Vulkanlandschaft gebildet. Auf der Fotografie darunter ein Opfer der Eruption von 79 im Tuffstein von Herculaneum.

gut erhalten, man fand verkohlte Fischernetze, Tauwerk, selbst Wachstafeln mit Verträgen und Prozessprotokollen, Möbel, ein Boot und eine Wäschemangel, Brot, Getreide, Erbsen, Feigen, Nüsse.

Als sich das Dunkel aufzuhellen begann, nur etwa zwanzig Stunden nachdem Plinius die düstere Säule über dem Vesuv sah, hatte der Vulkan über einem Gebiet von ungefähr 300 Quadratkilometern etwa zehn, vielleicht sogar fünfzehn Kubikkilometer Tephra ausgestoßen. Die dabei freigesetzte Energie entsprach der von ein- bis zweitausend Hiroshima-Bomben.

Das Flüstern der Toten

Die Wandmalereien, die man während der Ausgrabungen in den vom Vesuv verschütteten Städten entdeckte, sind zum größten Teil aus den Wänden herausgesägt und zunächst nach Portici und dann in das – später so benannte – Archäologische Nationalmuseum Neapel gebracht worden. Besucher der Ausgrabungsstätten mögen das bedauern, aber sicherlich wären die meisten jener Gemälde heute zerstört oder verschwunden, wenn man sie nicht entfernt hätte. Zum Beispiel berichtete Karl Philipp Moritz von einem Besuch in Pompeji im Mai 1787: «Unser Führer folgte uns mit einem großen Eimer Wasser, und so oft wir in ein bemaltes Zimmer traten, begoss er die bestäubten Wände, wo denn auf einmal die eingebrannte Malerei so frisch und schön, als ob sie gestern aufgetragen wäre, hervortrat.»

Bildnis des Bäckers Terentius Neo und seiner Frau. Die ausdrucksvolle und gewiss nicht billige Arbeit ist überdies eines der sehr wenigen Porträts unter den Fresken aus Pompeji, Herculaneum, Oplontis und Stabiae. Casa di Terentius Neo, Pompeji (jetzt im Archäologischen Nationalmuseum Neapel).

Jene Wandmalereien sind Fresken, also auf eine noch feuchte Kalkmörtelschicht gemalte Darstellungen. Das Verfahren hat den Vorteil, dass die gemeinsam mit dem Kalk mineralisierten Farben nicht mehr abblättern können; zuweilen muss man freilich hinnehmen, dass Konturen beim Bemalen des wässrigen Untergrundes kaum wahrnehmbar verlaufen. Dieser Untergrund ist damals sorgfältiger und technisch besser vorbereitet worden, als es während des Mittelalters oder zur Zeit der Renaissance geschah. Zum Handwerkszeug des Malers und seiner Gehilfen gehörten neben Pinsel, einer Art Palette und Malstock deshalb auch Mörtelbecken, Putzkelle und Reibholz. Viele Schöpfer solcher Gemälde waren eher Handwerker als Künstler, gingen mit ihren Musterbüchern zu Bauherren und Hausbesitzern und waren von deren Gusto und Geldbeutel abhängig, weil der Auftraggeber die oftmals teuren Farben kaufte. So entstanden bisweilen wenig kunstvolle, ungelenke Darstellungen, aber auch solche, die dem heute Davorstehenden den Atem verschlagen. Ein Beispiel dafür ist der einen ganzen Raum umlaufende, nunmehr geheimnisvolle Gemäldezyklus in der Villa dei Misteri, von dem manche Historiker vermuten, er stelle die Einweihungsriten in den Bacchuskult dar. Dafür erscheint er freilich – trotz des offensichtlich betrunken im Schoß einer Göttin liegenden Weingottes – etwas zahm. Bacchus, dem von den Griechen übernommenen Gott des Weines, wurde wohl eher mit Orgien und ekstatischer Raserei gehuldigt, sodass diese Ausschweifungen schon damals zeitweilig verboten waren und ihr – als Karneval bis zu uns gelangter – Abglanz den Klerus noch im gesamten Mittelalter erzürnte. Bacchus ist auf einigen pompejanischen Wandgemälden sowie unter den Bronzen gegenwärtig: sei es auch nur durch die Thyrsoi, die mit

Ausschnitt aus dem Freskenzug in der Mysterienvilla von Pompeji. Die bekränzte Gestalt im Vordergrund könnte Silenos, der Mittler zum Weingott Dionysos/Bacchus sein, dessen Schreckmaske ein junger Satyr aus dem Bacchusgefolge emporhält. Rechts das heute als Poster weithin bekannte Fresko mit der Rückenansicht einer Flora aus der Villa di Arianna in Stabiae.

Weinlaub, Efeu, Fenchel oder Pinienzapfen geschmückten Kultstäbe. In der Villa dei Misteri wurde sein Kult jedoch offenbar nicht mehr gefeiert. Im Jahr des Untergangs 79 scheint das Landhaus jemandem gehört zu haben, dem weder der Weingott noch die bildende Kunst etwas bedeuteten, denn die Ausgräber fanden in dem besagten Raum Gartengeräte und die Überreste dort haufenweise gelagerter Zwiebelbündel.

Zu den hervorragenden Stücken unter den Fresken gehört ferner das frühestens 55 und spätestens 79 entstandene Porträt des Bäckers Terentius Neo und seiner Frau. Die beiden hatten sich für die Sitzung gewählt gekleidet – er in eine weiße Toga, sie in ein rotes Gewand, und rot bedeutete immer teuer – und waren überdies bemüht, sich als gebildete Bürger darzustellen. So hält denn Frau Neo einen Schreibgriffel sowie einen Band der mit Wachs überzogenen Holztafeln, auf denen damals alltäglich geschrieben wurde, denn Papyrus verwendete man nur für kostbare Handschriften. Das könnte ihre Stellung im Geschäft andeuten, vermutlich wäre es ihr aber lieber gewesen, wenn der Betrachter annahm, sie habe etwas Anspruchsvolleres als die Anzahl der verkauften Brote aufgezeichnet. Terentius Neo hingegen bringt eine gesiegelte Papyrusrolle ins Bild – sicherlich eine wichtige Urkunde und vielleicht die seiner Freilassung, denn seine Gesichtszüge sind nicht römisch. Sklaven, die sich durch besondere Ergebenheit und Fertigkeiten auszeichneten, wurden manchmal freigelas-

Vom schweren Beginn der wissenschaftlichen Archäologie am Vesuv

«Die Inschrift mit dem Namen der Stadt Herculanum, die man fand, zeigete den Ort an, wo man grub, und dieses machte Mut, die Arbeit unter der Erde weiter fortzusetzen. Die Aufsicht über diese unterirdische Arbeit wurde einem spanischen Feldmesser oder Ingenieur [...] aufgetragen, [...] welcher mit den Altertümern so wenig zu tun gehabt hatte als der Mond mit den Krebsen [...]. Ein Exempel kann anstatt aller dienen. Da man eine große öffentliche Inschrift, ich weiß nicht, an dem Theater oder an einem andern Gebäude, entdeckete, welche aus Buchstaben von Erz bestand, die an zwei Palmen lang sind, wurden dieselben, ohne die Inschrift vorher abzuzeichnen, von der Mauer abgerissen und alle untereinander in einen Korb geworfen und in dieser Verwirrung Seiner Majestät gezeiget. Der erste Gedanke, welcher einem jeden Menschen kommen musste, war die Frage, was diese Buchstaben bedeuteten, und dieses wusste niemand zu sagen.»

Johann Joachim Winckelmann,
Sendschreiben von den Herculanischen Entdeckungen, 1762

sen und gehörten dann oft den von vornehmen Römern meist verachteten Emporkömmlingen im Handel und im Handwerk an. Vielleicht stammte Terentius Neo aus diesem Kreis. Einige der rund vierzig pompejanischen Bäcker scheinen übrigens über erheblichen Reichtum und Einfluss verfügt zu haben: In der üppig mit Gemälden geschmückten Casa dei Casti Amanti betrieb der Eigentümer und wohlhabende Politiker Gaius Julius Polybius ebenfalls eine Bäckerei, war vielleicht sogar Bäcker. Die Nachwelt stimmt jedenfalls froh, dass Terentius Neo ein wenig eitel war und sein Haus mit dem erwähnten Porträt zierte. So etwas ist nämlich selten geschehen, da sich bedeutende wie vermögende Persönlichkeiten eher in Marmor oder Bronze abbilden ließen. Darstellungen aus solchem Material sind jedoch inzwischen fast immer erblindet, weil die mit hellem Bein und dunklem Gestein angedeuteten Augäpfel herausfielen und den heutigen Betrachter so um die Möglichkeit brachten, in Augen zu blicken, die das Ende der Welt sahen.

Bekanntlich kann auch eine Rückenansicht anziehend sein, und deshalb ist ein solches Fresko, eine Flora aus der Villa di Arianna in Stabiae, auf den Katalogeinband des Archäologischen Nationalmuseums gelangt und hat es zum Mittelpunkt einer Parfümwerbung sowie zum weithin gehandelten Poster gebracht; ihr Abbild ziert sogar eine französische Briefmarke. Tatsächlich stellt die Dame, die mit unnachahmlich lässiger Geste eine Blüte abknickt und der das Kleid über die rechte Schulter herabgleitet, einen reizenden Entwurf dar, dem die Ausführung nicht ganz gerecht wird. Wie bei anderen in den untergegangenen Städten gefundenen Wandmalereien – selbst bei jenen in der Villa dei Misteri – drängt sich die Vermutung auf, da sei begabteren Schöpfern nachgeeifert worden, deren Werke in Musterbüchern bewahrt wurden. Vorbilder

Einholung des Trojanischen Pferdes, ein 1761 in der Casa di Cipius Pamphilus in Pompeji entdecktes Fresko. Die Gestalt unter der Säule ist als Priamos, jene an der Statue der Athena Promachos als Kassandra gedeutet worden.

könnten gewiss auch die Arbeiten von Tafelmalern gewesen sein, von denen nicht eine einzige die Zeiten überstand. Aber nur die Tafelmaler, schrieb der ältere Plinius, seien würdig, gerühmt zu werden. Und schließlich sieht man hin und wieder Pinselstriche, die auf einen wirklich schöpferischen und gänzlich selbstständigen Urheber hinweisen: so die Tänzerinnen und Kentauren aus der Villa di Cicerone, von denen schon Johann Joachim Winckelmann schwärmte, sie seien «flüchtig wie ein Gedanke und schön wie von der Hand der Grazien ausgeführt». Zu den überaus merkwürdigen Arbeiten gehört auch ein Fresko aus der Casa di Cipius Pamphilus, das die Einholung des Trojanischen Pferdes darstellt und sich ganz eigenwillig über ästhetische Beschränkungen hinwegsetzt. Nebenher verrät diese Darstellung etwas über die möglichen Wirkungen von Kunst und Literatur: Der Krieg, aus dem sie eine Szene zeigt, fand vielleicht im 12. Jahrhundert vor Christus statt, die Epen, die ihn schildern, mögen dem achten vorchristlichen Jahrhundert angehören, die besagte Wandmalerei entstand wohl zwischen 45 und 79 unserer Zeit. Nun stehen wir im 21. Jahrhundert davor, und die meisten Betrachter kennen noch immer die Geschichte, die da erzählt wird.

Fraglos kann es nicht kennzeichnend sein, wenn hier drei, vier Wandmalereien erwähnt werden, weil unter ihnen zwei mit dem Thema des Kapitels verbundene Motive sind: Begegnung und ein Abschied, der Wiederkehr verheißt. Zum Beispiel sind Porträts überaus selten, auch Stillleben und Land-

In Pompeji I

«Ein brennender Berg ist allerdings ein großes Schauspiel, aber die Natur gibt es an mehreren Orten. Eine Stadt hingegen, eine große reiche Stadt, die achtzehn Jahrhunderte lang tief im Grabe lag, dann zum ersten Mal wieder von der Sonne beschienen wurde und jetzt so fremd dasteht unter den übrigen Städten wie einer ihrer vormaligen Bewohner unter seinen heutigen Enkeln stehen würde: Eine solche Stadt ist einzig in der Welt. Die Gefühle, die an ihrem Tore mich ergriffen haben, diese Wehmut, dieser Schauer, diese traumähnliche Beklommenheit – diese Neigung zu weinen, wie man sie wohl empfindet, wenn man etwas Edles, Großes erzählen hört. Ja, sagen kann ich ungefähr, wie mir zumute war, aber lebendig darstellen nicht. [...] Es gibt Augenblicke im menschlichen Leben, die einzig dastehen und sich nicht an die Kette der übrigen Erinnerungen anreihen lassen; es sind Punkte, die noch hell leuchten, wenn auch schon Nebel und Nacht die übrige Vergangenheit umhüllen [...]. Ein solcher lichter Punkt bleibt mir Pompeji.»

August von Kotzebue, Bemerkungen auf einer Reise aus Liefland nach Rom und Neapel, Bd. I, 1805

schaften finden sich nicht häufig, und es überwiegen mythologische Darstellungen. Man erfährt durch die Gemälde dennoch einiges über das Leben vor zwei Jahrtausenden, und das ist hilfreich, denn die Toten können bestenfalls flüsternd davon erzählen. In Pompeji und Herculaneum tun sie das vorwiegend mittels der Fresken oder durch die in großer Zahl vorgefundenen Graffiti. Letztere waren durchaus keine Lebensäußerung der Unterschicht, von der man ohnehin vermuten darf, dass sie nicht schreiben konnte, wenngleich offenbar eine erstaunliche Anzahl von Sklaven schreibkundig war. Wo derlei Kenntnisse erworben wurden, ist nicht gänzlich klar. Die Kinder reicher Bürger hatten zweifellos Hauslehrer, andere sind anscheinend gegen ein Entgelt auf geeigneten Plätzen im Freien unterrichtet worden: So wurde an der Palaestra von Pompeji ein Graffito gefunden, mit dem ein Lehrer die Gunst der Götter für jene Eltern erflehte, die ihn bezahlt hatten. Dass es dabei recht streng zuging, zeigt ein aus der Villa der Julia Felix geborgenes Fresko, auf dem eine Schülergruppe brav auf ihre Schreibtafeln starrt, während daneben jemand das blanke Hinterteil eines vielleicht weniger Lernbegierigen mit der Rute bearbeitet.

Gekritzelt wurde überall, nicht selten dienten sogar marmorne Verkleidungen von Grabmälern derart pietätlosen Zwecken. Daher wirbt jenes des Marcus Obellius Firmus nun für Gladiatorenkämpfe und vermeldet Begegnungen aller Art: «Hallo Issa, Habitus grüßt!» Die Antwort darauf besteht in einem eingeritzten, prachtvoll gerüsteten Phallus und den Worten «Hallo Habitus, ein Gruß von deinen Kumpeln ringsumher!» Grafitti überliefern die Namen Tausender Einwohner, manche im Zusammenhang mit wichtigen Nachrichten: «Ladicula ist eine Diebin!» oder «Atimetus hat mich geschwängert!» Häu-

Wandmalerei im Bordell von Pompeji. Im Gegensatz zu den Gegebenheiten dort tummelt das abgebildete Paar sich nicht auf einem Bett aus Zement, sondern auf einem von Kissen bedeckten, teuren Möbelstück mit gedrechselten Beinen. Das Brusttuch der Frau ist keine Hinzufügung aus schamhafteren Zeiten – es wurde, das zeigen auch andere Darstellungen, bei eiligen Gelegenheiten häufig nicht abgelegt.

fig ging es um den Wein und um die Liebe. Da krakelte ein erbitterter Gast neben die Tür einer der hundertfünfzig Tavernen Pompejis «Hoffentlich bringen deine Betrügereien dich einmal zu Fall! Wasserplürre für den Gast, und selbst säufst du den Wein ungemischt», während andere zufrieden waren und schlicht «Juchheißa, wir sind voll wie die Weinschläuche» einritzten. An der Innenwand einer anderen Schankstube setzte der Wirt unter die Weinpreise die seiner Kellnerinnen: «Acria vier Asse, Epafra zehn Asse, Firma drei Asse». Acrias Gunst kostete also nur so viel wie vier Brotlaibe oder ein Liter guter Wein. Ausschank und Prostitution waren damals zweifellos eng miteinander verbunden, aber das war es nicht, was Successus aufbrachte: «Successus, der Weber, liebt die Kellnerin Iris, doch sie kümmert das einen Dreck!» Neben Prahlereien wie «Hier habe ich eine Wagenladung Mädchen gebumst!» riefen feinsinnigere Männer ihre Liebsten an: «Sei gegrüßt, meine Prima, wo immer du auch bist. Das schreibt Secundus. Bitte bleib mir treu!», und im Haus des Fabius Rufus kritzelte ein bescheidener Verehrer «Ich wäre so gern ein Ring an deinem Finger, nur für eine Stunde!» in die Wand. Auch in einer der Gladiatorenunterkünfte wurden die Ausgräber fündig: «Celadus, der Schwarm aller jungen Frauen» hat demnach dort gelebt sowie «Cresces, der Mann mit dem Wurfnetz. Er fängt die Nachtmädchen, die Morgenmädchen und alle anderen auch!»

Aber die beiden zuletzt zitierten Graffiti mögen eher Wünsche als Tatsachen beschreiben, denn man fand sie an den Innenwänden des Quartiers, in das Verehrerinnen wohl selten gelangten. Um das soziale Ansehen von Gladiatoren war

In Pompeji II

«Sonntag waren wir in Pompeji. Es ist viel Unheil in der Welt geschehen, aber wenig, das den Nachkommen so viel Freude gemacht hätte. Ich weiß nicht leicht etwas Interessanteres. Die Häuser sind klein und eng, aber alle inwendig aufs zierlichste gemalt. Das Stadttor merkwürdig, mit den Gräbern gleich daran. Das Grab einer Priesterin als Bank im Halbzirkel, mit steinerner Lehne, daran die Inschrift mit großen Buchstaben eingegraben. Über die Lehne hinaus sieht man das Meer und die untergehende Sonne. Ein herrlicher Platz, des schönen Gedankens wert.

Wir fanden gute, muntere neapolitanische Gesellschaft daselbst. Die Menschen sind durchaus natürlich und leicht gesinnt. Wir aßen zu Torre dell'Annunziata, zunächst des Meeres tafelnd.»

Johann Wolfgang von Goethe, Italienische Reise, Brief vom 13. März 1787

es ebenso schlecht bestellt wie um das der Schauspieler, und die berühmte Geschichte von der Auffindung einer offenbar vornehmen, reichlich mit Juwelen geschmückten Frau, die der Vesuvausbruch in der Gladiatorenkaserne überrascht und in den Armen ihres Geliebten getötet haben soll, wird immer wieder zu unvollständig erzählt, um zu überzeugen: Wenn es denn ein Rendezvous war, dann teilte die Dame es mit siebzehn Männern und mehreren Hunden. Deren Skelette wurden nämlich neben ihrem gefunden – ganz offensichtlich hatten sie alle nur Schutz vor dem Regen aus Asche und Lapilli gesucht. Im Hinblick auf gewisse Beziehungen weitaus aufschlussreicher sind dagegen die Wände des Bordells, des heute am dichtesten von Touristen umdrängten Gebäudes in Pompeji. Höchstens zwei Minuten hat jeder von ihnen, um an den unsäglich dürftigen Kammern mit steinernen Bettstellen – niemandem wird da der Begriff Freudenhaus in den Sinn kommen – vorbeigeschoben zu werden, einen Blick auf die Menükarte, das heißt auf die Wandmalereien, zu werfen und dem Unsinn zu lauschen, den viele Fremdenführer erzählen: Das Haus heiße Lupanar, weil die Prostituierten ihre Kundschaft durch Wolfsgeheul angelockt hätten, und den erotischen Darstellungen an den Wänden sei eine praktische Rolle zugefallen, denn so habe man auf die gewünschte Stellung deuten können und sei derart auch von Ausländerinnen verstanden worden. Würden hier nun allerdings noch Proben der Graffiti aus dem Bordell angehäuft, so entstünde ein verzerrtes Bild der pompejanischen Männerwelt: Unter den Einritzungen an Pompejis Wänden sind nämlich zum Beispiel auch mehr als fünfzig Zitate oder Entlehnungen aus gehobener Literatur, darunter solche von Vergil, Propertius, Ovid, Lucretius, Seneca sowie aus der Ilias.

Zuweilen wird in Berichten über Pompeji an das Märchen vom Dornröschen erinnert, als ob die Stadt und ihre Bewohner sich uns heute unangetastet und schlafend darbieten würden. Aber im Gegensatz zum versunkenen Herculaneum, über das sich die Straßen und Gebäude von Resina legten, ist

Szene aus der mit Vesuvlava gepflasterten «Straße des Überflusses» in Pompeji, auf der täglich Tausende Besucher umhergehen. Die antike Wandmalerei wird von einer Plexiglasscheibe geschützt (oben). Unten der «Zerstörer Vesuv» hinter den Weingärten von Pompeji – sein Krater ist hier, gemessen im Vogelflug, zehn Kilometer entfernt.

Pompeji nie völlig aus dem Gedächtnis und aus dem Blickfeld der Menschen geraten. Nach der Eruption von 79 werden noch Teile von Bauwerken aus der Asche hervorgeragt haben, und die Spuren zahlreicher Mauerdurchbrüche zeigen heute, dass Hausbesitzer oder räuberische Zeitgenossen sogleich und späterhin nach zurückgelassenen und wertvollen Dingen forschten. In pompejanischen Häusern sind Münzen gefunden worden, die im Zeitraum zwischen dem Ende des ersten und dem Beginn des vierten Jahrhunderts geprägt wurden, und es muss vermutet werden, dass einige der geborgenen Skelette nicht von Opfern der Vesuveruption, sondern von Tunnelbauern stammen, die anderen als archäologischen Interessen nachgingen. Zumindest vom Forum und aus dem Großen Theater hat man Skulpturen entfernt, und ein Teil der Stadt mag sogar längere Zeit als Marmorsteinbruch gedient haben. Ganz zu schweigen von den anhaltenden Raubgrabungen, deren Ziel der über die Jahrhunderte als Civita oder Città – die Stadt – bekannte Ort blieb. Schließlich kam lange Zeit kaum jemand dorthin, um wie Goethe sinnend am Grab der Priesterin Mamia zu sitzen.

Ungestörter als die Wohnhäuser sind lange Zeit die Toten in den Straßen geblieben. Auch im Hinblick auf sie gibt es einen Unterschied zwischen jenen, deren Weichteile in Herculaneum auf der Stelle verdampften und den Unglücklichen, denen der vierte pyroklastische Strom in Pompeji noch zwei oder drei Atemzüge gewährte. Die Stadt des Herkules ist allein von pyroklastischen Strömen begraben worden, deren feste Bestandteile sich unter der eigenen Last verdichteten. In Pompeji hingegen wurden die Toten in manchen Fällen von feinster Tephra zugedeckt, die ihre Umrisse nachformte. Solche Umrisse blieben auch erhalten, wenn später eindringende Bakterien die Leichname zersetzten, weil die verhältnismäßig dünne Deckschicht durch den darunterliegenden Bimsstein entwässert wurde. Giuseppe Fiorelli, wortgewaltiger Nationalheld, kühner Revolutionär und einer der bedeutendsten Archäologen in der Geschichte Pompejis – neben vielem anderen führte er eine strenge Aufsichts- und Grabungsorganisation, Feldbahnen sowie die noch heute gültige Benennung der Bauten nach Region, Block und Zugang ein –, ließ in der zweiten Hälfte des 19. Jahrhunderts solcherart um Leichen entstandene Hohlräume mit Gips ausgießen, sodass deren Haltung und selbst längst verrottete Kleidung, manchmal sogar ihre Gesichtszüge, abgebildet wurden. Weil dabei Skelette, Schmuck und andere Dinge in der Gipsmasse verschwanden, wird heute ein komplizierteres Verfahren angewendet. Dabei füllt man den Hohlraum mit Wachs, das Details wesentlich besser als Gips darstellt und dann als Kern einer Gipsform dient. Das Wachs wird später herausgeschmolzen und durch einen durchsichtigen Kunstharz ersetzt. Was dabei entsteht, mag für die Wissenschaft nützlicher sein, sieht aber ziemlich unästhetisch aus und kann im Vergleich mit den an Marmor- oder Sandsteinskulpturen erinnernden, von Restauratoren oft fantasievoll bearbeiteten Gipsabgüssen kaum bestehen. Leider werden diese Abgüsse – sie bergen ja menschliche Überreste und dürfen zumindest die Würde eines Grabes beanspruchen – in Pompeji ungepflegt, verschmutzt und ohne Hinweise auf die Fundumstände ausgestellt. Daher wünscht mancher Besucher sich erläuternde Tafeln zumindest an ihren gläsernen Särgen oder an dem «Garten der Flüchtlinge» genannten Glashaus, das die Gipsabgüsse von dreizehn Personen birgt: schon deshalb ein bewegender Ort, weil unter diesen Opfern sechs Kinder sind. Es ist schließlich kaum vorauszusetzen, dass alle Betrachter bei Amedeo Maiuri vom vermutlichen Geschick der

Kinder oder des Mannes, der sich da mit letzter Kraft noch einmal aufrichtet und auf seine gefallenen Begleiter blickt, gelesen oder einen der teuren gedruckten Führer durch Pompeji gekauft haben.

Die Toten von Herculaneum hingegen – jedenfalls einige von ihnen – reisen derzeit mit Wanderausstellungen um die Welt. Es ist geplant, künftig Abgüsse ihrer Skelette in den restaurierten Bootshäusern zur Schau zu stellen, denn das kleinere Ausgrabungsgelände in Ercolano, das von einer im Vergleich mit Pompeji überaus geringen Anzahl Touristen besucht wird, soll anziehender gestaltet werden. Dabei ist es das längst: Wer einen von Massenführungen ungestörten Eindruck von der Architektur und der Lebensweise in einer römischen Stadt des Jahres 79 gewinnen möchte, dem sei zur Fahrt nach Ercolano geraten, wo er überdies in einem virtuellen Museum – die Holografie macht es möglich – mitten unter römischen Bürgern und Bauten umherschlendern kann. Man findet auch dort Tavernen, Bäder, Villen, Tempel und zudem noch das eigens für das am Strand des Jahres 79 geborgene, sorgfältig restaurierte Boot errichtete Haus. Dass dem Besucher Herculaneums derweil eine der fraglos sehenswerten Villen in Pompeji – die Mysterienvilla, das Haus des Fauns, der Keuschen Liebenden oder jenes der Vettier zum Beispiel – entgeht, ist gar nicht so sicher. Die beliebteste Entscheidung unter den Verwaltern süditalienischer Altertümer scheint nämlich die Schließung zu sein, denn das erspart Ärger und Mühen

Wurden Gäste von hohem Rang erwartet, dann arrangierten die Ausgräber häufig Funde von Münzen oder Schmucksachen und richteten – so wie hier mit Amphoren und einem Skelett – überraschende Anblicke her. Der Stich zeigt zudem Kaiser Joseph II., der 1769 während eines Besuches bei seiner Schwester Maria Carolina, Königin von Neapel, Pompeji besichtigte.

Ein Kind, das wie ein Dutzend andere Fliehende beim Orto dei Fuggiaschi in Pompeji stürzte und qualvoll erstickte (oben). Geradezu zur Ikone des Publikumsinteresses wurde dieser 1874 entdeckte Hund, der vor zwei Jahrtausenden die Casa di Orfeo bewachte. Man hatte es wohl versäumt, das Tier freizulassen, das vermutlich mehrfach auf die zunächst gefallenen Ascheschichten kletterte und starb, als es das Ende seiner Kette erreichte.

In Pompeji III

«Es ist einem hier sonderbar zumute, und das Gemüt ist von einer eigenen, unnennbaren Empfindung ergriffen; man sieht sich in eine Schattenwelt versetzt, in ein offenes Grab. Welche schauerliche Stille! Wie unheimlich! Eine fürchterliche Einsamkeit! Wie von unsichtbaren Geistern umgeben, erbebt man vor dem Widerhall seiner eigenen Tritte in diesen leeren Räumen; man hört nur sich und immer nur sich. Kein menschlicher Laut begegnet unserm Ohr, kein Gruß heißt uns willkommen, denn die einst gastfreundlich hier gehauset, haben längst diese Wohnungen verlassen, vor tausend Jahren schon und noch länger, oder sind, vom Verderben übereilt, als Gerippe darin gefunden worden oder schlummern noch in den verschütteten Gräbern unter grünenden Weinbergen.»

Balthasar Speth, Die Kunst in Italien, Bd. III, 1823

mit dem Personal und mit den Besuchern. Selbst wenn jemand so listig sein sollte, im Mai zu kommen, im offiziellen «Monat der Monumente und Museen», wird er mindestens drei Abteilungen des Nationalmuseums in Neapel und ein halbes Dutzend der bedeutendsten Stätten Pompejis geschlossen vorfinden – eine oder zwei davon seit Jahren eingerüstet und ohne den Anschein der geringsten Restaurierungstätigkeit. In Herculaneum jedoch weiß er schon zuvor, dass der Weg zum Theater und zur Villa dei Papiri für ihn versperrt ist.

Aber hier sollten die Toten aus den Bootshäusern in der Stadt des Herkules flüstern: Zwei Jahrtausende lang haben ihre mit Asche gefüllten Augenhöhlen dort hoffend auf einen entschwundenen Strand gestarrt, bis man sie liegend oder nebeneinandersitzend und ohne die geringsten Anzeichen von Abwehr oder Panik fand. Die Gelenke zeigten anatomisch normale Verbindungen, und die unübersehbaren Verkrampfungen, Knochen- und Schädelbrüche waren Folgen der hohen Temperatur in der Glutwolke. Diese Menschen haben nicht gelitten, der Tod kam noch bevor ihre Weichteile verdampften und ihre Schädel barsten. Auch kann ihre Flucht an den Strand nicht mit den dramatischen Bildern verbunden gewesen sein, die mit Worten und Farben vom Untergang Pompejis oder Herculaneums gemalt worden sind: Obwohl unter den Opfern mehrere Behinderte waren, muss ihr über eine steile Treppe führender Abstieg zum Strand besonnen verlaufen sein, denn in der Umgebung der Treppe lagen keine Skelette. Zu hervorragenden Forschungsobjekten für die herbeigeeilten Archäologen, Anthropologen und Gerichtsmediziner wurden die dreihundert Toten von Herculaneum nun insbesondere deshalb, weil man Leichen in römischer Zeit verbrannte und es nur wenige unberührte Skelettfunde aus dieser Epoche gibt. Und da zeigte sich unter anderem, dass die prunkvollen Bäder und Villen in römischen Städten in uns Vorstellungen von damaliger Hygiene und Körperpflege wecken, die vielleicht nicht zutreffend sind. Dabei ist bekannt, dass es zum Beispiel im 20 000 Zuschauer fassenden Amphitheater Pompejis

nicht eine einzige Latrine gab und es dort recht unbekümmert zugegangen sein muss – nicht anders, als es in den Straßen und auf den Plätzen Neapels selbst noch im 19. Jahrhundert geschah. Dennoch liest man ein wenig entsetzt, ein Viertel der Toten in den Bootshäusern sei ständig und überaus stark von Kopfläusen befallen gewesen. Die Herstellung und reinigende Wirkung von Seife war damals ja längst bekannt, wurde aber nur bei der Wundheilung angewendet – stattdessen hielten es die Römer mit Bimssteinen und einem Gemisch aus Öl und feinem Sand, das man sich mit dafür bestimmten Klingen vom Körper kratzte. Hinzu kamen Hinweise auf eine starke Abnutzung von Knochen und Gelenken – mehr als die Hälfte der Erwachsenen litt an Arthrose. Viele von ihnen leisteten offenbar schwere körperliche Arbeit, bei der ihnen Tuberkulose und Brucellose, die verbreitetsten Infektionskrankheiten, zusätzliche Beschwerden bereitet haben müssen. Es fällt schwer, sich vorzustellen, unter diesen Toten habe sich ein Bewohner der prachtvollen Villa dei Papiri mit ihren kostbaren Marmor- und Bronzeskulpturen – sie füllen eine ganze Halle des Nationalmuseums in Neapel – und der Bibliothek von zweimal tausend Papyrusrollen befunden. Vermutlich harrten da zumeist Arme und Sklaven in den Bootshäusern aus und hofften auf die Ankunft weiterer Boote, nachdem die Reichen und Schönen längst davongesegelt waren.

Dennoch, trotz aller Funde und ihrer Auswertung durch Wissenschaftler verschiedenster Disziplinen bleibt vieles aus den letzten Stunden dieser Menschen rätselhaft. Warum ließ man einen Säugling in seiner Wiege zurück, bis sein Schreien im Feuersturm verstummte? Weshalb verriegelte jemand die Tür einer Kammer im Kollegium der Augustalen, obwohl sich noch jemand darin befand? Warum trug die junge Frau, die nicht seine Mutter war, den verkrüppelten Jungen im Haus des Gemmenschneiders, für den sie so liebevoll sorgte, nicht zum Strand? Er war erst zwölf – nun starben sie beide in dem Haus voller kostbarer Schmuckstücke. Fragen, die allein die Fantasie beantworten kann.

Ganz wie jene Neapolitaner, die dem Kult der Verlorenen Seelen anhängen, hat die Anthropologin Sara Bisel einigen der fast hundertfünfzig von ihr in Herculaneum untersuchten Skelette Namen gegeben und eine Lebensgeschichte für sie ersonnen: Für das Sklavenmädchen Petronia, das mit einem fremden Kind in den Armen starb, für die vom Leben enttäuschte Portia, die versuchte, ihre Depressionen mit Wein zu beschwichtigen, für die wohlhabende, ein wenig unansehnliche und deshalb allein gebliebene «Dame mit den Ringen», für den im Krieg verletzten Legionär an ihrer Seite, der die Löhnung eines Vierteljahres in Goldstücken bei sich trug, als er mit den beiden Frauen am Strand Ausschau nach Rettern hielt. «Sie lag auf der Seite, und es schien, als ob sie im Schlaf gestorben sei», schrieb Sara Bisel über eine dieser Toten. «Als ich die Erde von ihrer linken Hand entfernte, glitzerte etwas im Sonnenlicht. Es war ein goldener Ring. Schließlich, als wir die ganze Hand freilegten, fanden wir einen zweiten Ring, und in einem Erdklumpen auf ihrer Hüfte kamen zwei Armringe aus

Ein Fenster in Herculaneum, durch das mehr als anderthalb Jahrtausende lang kein Licht fiel. Gemauert hat man dort zunächst mit Kalksteinblöcken, dann mit drei-, vier- und vieleckigen Steinen aus Tuff, die später – in schrägem Verlauf oder als Netzmuster – regelmäßig angeordnet wurden, zuweilen eine Verkleidung aus Tuffplatten erhielten, verputzt wurden oder unverputzt blieben.

purem Gold zum Vorschein, deren Verschlüsse meisterhaft gearbeitete Schlangenköpfe darstellten, sowie ein Paar Ohrringe, die einst Perlen umschlossen haben mögen, und einige Münzen – die leinene Geldbörse, in der diese Wertsachen einmal weggetragen wurden, war schon vor langer Zeit verrottet. Wir nannten die Tote die ‹Dame mit den Ringen›.» So beginnt eine jener Geschichten; es warten nun noch dreimal hundert Skelette aus Herculaneum darauf, dass eine fantasievolle Wissenschaftlerin, ein Edward Bulwer-Lytton oder ein Robert Harris die ihre erzählt.

Die Ausflüge, die Jahr für Jahr zweieinhalb Millionen Touristen nach Pompeji führen, verlaufen selten lehrreich. Weil der Weg in die Stadt nicht mehr wie früher durch die Gräberstraße führt, sondern an der Porta Marina beginnt, wo wir aus dem Zug oder dem Bus steigen und von den lärmenden Scharen anderer Besucher sowie von hartnäckigen Händlern empfangen werden, kommt kaum der Gedanke auf, dass man sich einem Schauplatz menschlicher Tragödien und Vergänglichkeit nähert. Statt des Staunens herrscht Geschwindheit vor, und wir fühlen uns den Erbauern und Bewohnern dieser Stadt sehr überlegen, obwohl sie viel erzählen könnten – unter anderem etwas darüber, wie unsere Geschichte einmal enden wird. Wer durch den Sucher einer Kamera blickt, wird die heroischen Zwerge nicht mehr sehen können, mit denen Francesco Pi-

In Pompeji IV

«Geht zum Ende des Forums von Pompeji und blickt die stillen Gassen entlang zu den verfallenen Tempeln Jupiters und der Isis, hinweg über die Ruinen der Häuser, die ihre innersten Gemächer herzeigen, zum Vesuv, der sich strahlend und verschneit in friedvoller Entfernung erhebt. Vergesst die Zeit und alles übrige, lasst das besonnte, seltsame, stille und melancholische Bild auf euch wirken, das der Zerstörer und sein Opfer nun darbieten. Geht umher und seht überall die kleinen Anzeichen menschlicher Anwesenheit und alltäglicher Verrichtungen: den Einschnitt, den der Eimerstrick auf der Brüstung eines ausgetrockneten Brunnenschachtes hinterließ, die Rinnen, von Rädern im Straßenpflaster hinterlassen, die Spuren der Becher auf der steinernen Theke des Weinladens, die Amphoren in den Kellern, aufbewahrt so viele Jahrhunderte lang und ungeöffnet bis heute.»

Charles Dickens, Pictures from Italy, 1846

ranesi die Gassen Pompejis füllte, und muss ihren Rat und ihre Gesellschaft entbehren. Das Ausgrabungsgelände ist viel zu groß, der Rundgang verläuft zu hastig, um Details nachdenklich aufnehmen zu können. Was schließlich bleibt, sind flüchtige Empfindungen von einer Stadt ohne Dächer, die in einem Brand oder im Bombenhagel untergegangen zu sein scheint. Versuche, sich der Gliederung und der Verwendung ihrer Bauten immerfort mit dem strengen Schema von Atrium, Impluvium, Tablinum und Peristylium zu nähern, das der Reiseführer empfiehlt, misslingen häufig schon deshalb, weil Pompeji kein gänzlich griechisch oder römisch geprägter Ort ist. Wie Herculaneum erst im ersten vorchristlichen Jahrhundert von Römern erobert, spiegelt es eine lange und von mehreren Einflüssen bestimmte Baugeschichte wider: Das Haus des Fauns zum Beispiel, das größte und wohl am aufwendigsten ausgeschmückte innerhalb der Stadtmauern, war bereits drei Jahrhunderte alt, als der Vesuv es begrub. Selbst die Straßenführung, die unterschiedliche Höhe der Gehsteige, die Verteilung der Trittsteine erscheinen zunächst willkürlich, und es bleibt rätselhaft, wie Fahrzeuge hier Radspuren tausendfach in die Lavapflasterung enger Gassen graben konnten, ohne dass Einbahnverkehr herrschte. Dass dergleichen mit etwas Beharrlichkeit und noch mehr Geschrei möglich ist, konnte man freilich noch bis vor wenigen Jahrzehnten in Neapel beobachten.

Neapels Innenstadt belehrt zudem darüber, wie es einmal in den Hauptstraßen Pompejis aussah. Die Erdgeschosse gehörten zur Straßenseite hin gänzlich den Läden, Bäckereien, Garküchen, Gaststuben und diesem oder jenem Handwerk: vornehmlich den vielen Wollkämmern, Tuchwalkern, Gerbern, Webern, Färbern und Wäschern, aber auch Schreinern, Klempnern und Juwelieren. Sofern keine Markise verwendet wurde, war das Schatten spendende Vordach darüber aus Holz und ist deshalb ebenso verschwunden wie das gesamte Dach und das erste Stockwerk, in dem gemeinhin wohl Mieter und die

Trittsteine, die es den Pompejanern ermöglichten, eine schlammige Straße mit unbeschmutzter Toga zu überqueren, und die vielleicht auch dazu dienten, allein den Verkehr von Fahrzeugen mit einer bestimmten Spurbreite zu gestatten. Dazwischen liegen tief eingegrabene Radspuren; die Pflasterung wurde wie die Rand- und Trittsteine aus Vesuvlava angefertigt.

Haussklaven wohnten, während die Räume des Hausherrn und seiner Familie sich, gesichert von einer Pförtnerloge, hinter den Geschäften erstreckten. Das Tageslicht erreichte diesen Teil des Hauses nur durch eine Öffnung im Dach und von seinem Ende her – das erklärt die Unmengen aufgefundener Öllampen und hat manchen veranlasst, nachsichtiger auf die grelle Buntheit vieler Fresken zu blicken. Das hinter dem Eingang mit dem Atrium beginnende Schema, von dem die Rede war, ist auch heute, unter freiem Himmel, wegen der Vielzahl von Nebengelassen häufig schwierig erkennbar. In extremen Fällen, so in der Insula Arriana Polliana – ein Teil davon ist als Haus des Pansa bekannter –, versteckt sich die traditionelle Anordnung inmitten von Läden und Wohnungen mit winzigen Zimmern. Wie man darin leben konnte, ist bestenfalls dadurch erklärbar, dass es nur Schlafstätten waren. Eine weitere Enttäuschung bereiten dem heutigen Betrachter die Küchen, die es nur in den größten Häusern gab. Sie waren überaus eng; die üppigen römischen Gastmähler mit Lerchenzungen, delikaten Haselmäusen und den Muränen, die mit dem Fleisch lebender Sklaven gemästet worden waren – kaum ein Erzeugnis der Literatur und Malerei des 19. Jahrhunderts mag auf derlei Gerichte verzichten – können darin kaum zubereitet worden sein. Überdies gehörte zur Küche stets auch die Toilette – vielleicht deshalb, weil man sich derart bequem der Küchenabfälle entledigen konnte. Haselmäuse aß man übrigens tatsächlich gern, und für deren Zubereitung erscheinen die Küchen denn auch ausreichend.

Amphorenregal eines Ladens in der Casa di Nettuno e Anfitrite in Herculaneum. Die Amphoren enthielten Wein oder Öl. Gefunden wurden hier zudem Überreste von Bohnen und Oliven.

Möbel, Treppen, Fensterläden, die hölzernen Verkleidungen, mit denen während der Nacht die Geschäftsfronten zugesperrt wurden, und anderes mehr blieben in Pompeji nicht, in Herculaneum zuweilen verkohlt erhalten, wo es – schon die Beschaffenheit der Gassen zeigt das – wohl weniger schmutzig, lärmend und geschäftig als in Pompeji zuging. Dennoch kann man am Decumanus Maximus, einer der Hauptstraßen Herculaneums, heute kaum ein halbes Dutzend Schritte gehen, ohne auf die Ruine einer Taverne zu stoßen. Dieser Eindruck mag allerdings entstehen, weil erst ein geringer Teil der Stadt ausgegraben wurde und jenes Viertel sich einer Seebrise erfreuen durfte, die sowohl den Villenbesitzern als auch den Nachtschwärmern dort willkommen war. Im Vergleich mit Pompeji fällt dem Besucher das Fehlen von Trittsteinen auf, die es ermöglichten, die Straße nach Regenfällen sowie in der Nähe von Brunnen mit unbespritzter Toga und trockenen Füßen zu überqueren. Vielleicht waren die Straßen in dem Villenort und Seebad der Wohlhabenden weniger verschmutzt. Ganz bestimmt aber mussten Trittsteine hier nicht jene Funktion erfüllen, die ihnen in der Großstadt Pompeji oft zufiel: von Bädern und anderen Knotenpunkten zu Läden und Gewerbeeinrichtungen zu führen. Auch könnten die Steine dafür gesorgt haben, dass nur Fahrzeuge mit einem einheitlichen Radabstand – vielleicht dem der pompejanischen Fuhrunternehmen und der Müllabfuhr – quer durch die Stadt fahren konnten. Einen noch augenfälligeren Gegensatz zu Pompeji bilden nunmehr viele der Häuser in Herculaneum. Weil hier Konstruktionselemente wie Fachwerk, Balkone, Vordächer, Decken – obwohl herabgestürzt und verkohlt – erhalten blieben, war es oft möglich, auch die Obergeschosse zu rekonstruieren.

Wandbemalung eines pompejanischen Hausaltars mit Laren (Schutzgeister von Familien und Orten) und Schlangen. Zwei Laren schenken Wein aus; ein Trankopfer und das Füllhorn, Musik sowie das Schwein stehen für Gottesfurcht und Freuden von mancherlei Art.

Der Karbonisierung verdankt man zudem Funde, die Aufschluss über die damalige Ernährung, das angebaute Getreide, über Feld- und Gartenfrüchte sowie über das Obst geben: Rebstöcke, Kirschen, Feigen, Granatäpfel, Pfirsiche, Mandeln und Walnüsse sind da wohl bevorzugt worden. Zu den Hauptmahlzeiten kamen neben Wein, knusprigem Brot, Öl, Käse und Gemüse wie verschiedenen Kohlarten, Gurken, Knoblauch, Zwiebeln und Hülsenfrüchten oder auch Pilzen dann, wenn man es sich leisten konnte, Fleisch von Schweinen, Ziegen, Schafen oder – sehr selten – Rindern und Fische, Langusten, Garnelen, Muscheln und Geflügel aller Art sowie bisweilen Wild auf die Teller. Das verrieten zumeist Gemälde, Graffiti und die Knochen, Gräten und Schalen in den Abfallgruben, aber auch verkohlte Brotlaibe, erhaltene Vorräte von Weizen, Nüssen, Feigen, Granatäpfeln, Hülsenfrüchten. Herauszufinden, welche Pflanzen die Menschen allein zu ihrer Freude hegten, war schon schwieriger: Da mussten Wandmalereien und Abgüsse von Wurzellöchern beurteilt, Pollenanalysen und Literaturquellen ausgewertet werden, um ein Bild der grünen Inseln zwischen den Bauten zu entwerfen. Demnach wurden unter anderem Rosensträucher im Wechsel mit Kornelkirschen und Granatapfelbäumen für Einfriedungen verwendet, über Hecken aus Kirschlorbeer oder Oleander erhoben sich Zypressen und Pinien, es blühten Krokusse, Alpenveilchen, Nelken, Li-

lien, Chrysanthemen und vieles mehr. Gärten waren überaus beliebt – man besehe jenen des Octavius Quartio an der Via dell'Abbondanza, der Straße des Überflusses in Pompeji, einen weiten, aber mit Kniffen der Gartenarchitektur überladenen Ziergarten, in dem man nur noch einzeln gehend umherstreifen kann. Wer weniger Platz als Octavius Quartio hatte, der ließ sich – wie im Haus des Goldenen Armbandes – die Wände mit Gartenszenen, Springbrunnen und daran nippenden Vögeln bemalen. Dabei gab es in der Stadt weitaus mehr Grün, als der heutige Anblick vermuten lässt: Den umfassenden, über ein Vierteljahrhundert ausgedehnten Forschungen der Archäologin Wilhelmina Jashemski zufolge war mehr als ein Drittel der Fläche Pompejis unbebaut, und fast ein Fünftel bestand jeweils zur Hälfte aus Gärten und Anbauflächen. Hinzu kam der Raum, den Nutztiere benötigten, denn Geflügel und Schweine wurden auch in der Stadt gehalten. Die prallen gesalzenen Schinkenkeulen – sie gleichen völlig jenen, die wir heute in italienischen Feinkostläden hängen sehen – auf Hausaltären und anderen Darstellungen künden nunmehr davon, wie sehr das Borstenvieh damals geschätzt wurde.

Das Schwein ermöglicht einen Kapitelschluss, der sich wie der Beginn der bildenden Kunst zuwendet. Sollten künftige Archäologen sich nämlich irgendwann zu der Schicht hindurchgraben, die von uns bewohnt wurde, so werden sie dabei wahrscheinlich auch eine größere Anzahl bunt bemalter Schweinchen aus Keramik, Plastik oder Blech finden, von denen manche Münzen enthalten. Immer dann, wenn etwas schwer deutbar ist, überkommt Archäologen die Versuchung, dahinter einen unbekannten Kult zu vermuten. Deshalb wird einer jener Gelehrten – nachdem er überdies neben Kleeblättern ein winziges Schweinchen an einem Armband entdeckte, das man einem jungen Mädchen mit ins Grab gab – eine geistreiche Abhandlung darüber schreiben, dass wir in unserer Epoche keine goldenen Kälber, sondern Plastikschweine angebetet und als Opfergaben mit Münzen gefüttert hätten. Ganz ähnlich mag es sich nun mit den unter dem Vesuv häufig aufgefundenen Darstellungen männlicher Geschlechtsteile verhalten. Die Phalli zierten Gebäude – einmal mit der Beischrift «Hier wohnt das Glück», und wer ihr hoffend folgte, der geriet in eine Bäckerei –, Hauszugänge – am bekanntesten ist wohl der Priapus, der am Haus der Vettier sein gewaltiges Glied auf die Waage legt und damit einen Geldsack hochschnellen lässt –, Pflaster- und Mauersteine, Öllampen, Mosaiken, die sogenannten Tintinnabuli, klingelnde Phallusdarstellungen, die nicht nur in Eingängen und über Bartresen, sondern auch über vielen Wiegen gehangen haben mögen. Phalli prangten als Darstellungen aus Bronze oder Terrakotta und wurden von Frauen als Talismane an Halsketten getragen, es gab Phalli mit Glöckchen und solche mit Flügeln. Wenngleich es kaum ein Reiseführer versäumt, uns auf den Phallus im Pflaster hinzuweisen, der angeblich den kürzesten Weg zum nächsten Bordell wies: Er war wohl wie unsere Glücks- und Sparschweine lediglich ein Zeichen guter Vorbedeutung, das dann vom sit-

Der rauchende Vesuv, gesehen von Pompeji. Im Vordergrund die Casa del Fauno – damals gewiss gut bewacht, denn der tanzende Faun aus Bronze in der Mitte wurde erst später durch eine Kopie aus der Werkstatt Giorgio Sommer ersetzt. 1854 von den Brüdern Niccolini veröffentlichte Farblithografie.

tenstrengen Christentum – wie auch weibliche Fruchtbarkeitssymbole – verteufelt wurde. So wie viele Neapolitaner forschend zwischen ihre Beine fassen, sobald der Wagen eines Bestattungsunternehmens vorbeifährt, um sich zu vergewissern, dass die Welt noch in Ordnung ist, so hat man sich wahrscheinlich in der römischen Gesellschaft überall gern vor Augen geführt, dass das Leben Bestand hatte. Von Sexualität besessen waren die Menschen deshalb noch längst nicht, und wie man in den ausgegrabenen Städten sehen kann, fanden sie nebenher noch genügend Zeit, Häuser zu bauen, Wein zu keltern, Rosenstöcke zu pflanzen, etwas für die Künste zu tun, dem Wetteifer von Bühnengestalten oder Gladiatoren zuzusehen und Schweine zu schlachten.

Menetekel: 1631, 1794, 1822, 1906

«Nachgeborene, Nachgeborene! Euch geht es an! Ein Tag leuchtet dem anderen, und im Gestern schöpft der kommende seine Lehre. Höret! Wohl zwanzigmal seit der Erschaffung der Sonne hat – wenn die Geschichte wahr erzählt wird – der Vesuv gebrannt. Stets vernichtete er erbarmungslos jene, die zögerlich flohen. Ich warne euch, damit er euch nicht unverhofft überfällt! Das Innere dieses Berges birgt viel Pech, Alaun, Eisen, Schwefel, Gold, Silber, Salpeter und Wasserquellen. Früher oder später entbrennt er, und wenn das Meer hereinbricht, dann wird er seinen Schoß entleeren. Zuvor aber stöhnt und tobt er, lässt er die Erde beben. Er speit Rauch, Flammen und Blitze, lässt die Luft erzittern, brüllt und donnert furchtbar und hetzt die Anwohner davon. Dann flieh, so du noch fliehen kannst! Bald kreißt er, bricht auf und speit einen Feuerstrom aus, der eilends herabstürzt und jenen den Weg versperrt, die säumig fliehen. Erreicht er dich, so ist es um dich geschehen, und du stirbst.

Im Jahr der Erlösung 1631 am 16. Dezember, als Philipp IV. König und Emanuele Fonseca und Zunica, Graf von Monterrey, Vizekönig war und sich das Verhängnis dahingegangener Jahre wiederholte, wenngleich es diesmal durch allerhöchste Huld gemildert wurde.

Wer den Berg fürchtet, den verschont er. Missachtet man ihn, dann straft er die Unvorsichtigen und Saumseligen, denen Haus und Besitz teurer sind als das Leben. Du jedoch, wenn du klug bist, höre die Stimme des Marmors, der zu dir spricht. Lass fahren dein Haus und dein Hab und Gut, flieh ohne Säumen!

Antonio Suares Messia, Marquis von Vico, Straßenpräfekt»

Die «Stimme des Marmors» – die sich natürlich erst nach dem angegebenen Datum erhob – spricht noch heute von einer Gedenktafel in Portici. Beherzigt wird die Stimme freilich nicht – vielleicht deshalb, weil sie Latein spricht: Portici sowie das benachbarte San Giorgio a Cremano sind mit rund 15 000 Einwohnern pro Quadratkilometer die am dichtesten besiedelten Gemeinden Italiens. Zum Vergleich: Das von vielen als übervölkert empfundene Neapel bringt es gerade auf 8200 Einwohner pro Quadratkilometer. Im unmittelbar gefährdeten Umkreis des Vesuvs hat sich die Anzahl der Einwohner seit der Eruption von 1944 mehr als verdoppelt, allein in Torre del Greco, das so oft von Lava und pyroklastischen Strömen erstickt und verbrannt wurde, leben heute fast 100 000 Menschen, dreimal so viel wie vor jenem Ausbruch. Auf der Grundlage von Computersimulationen haben Vulkanologen ermittelt, dass ein pyroklastischer Strom während einer künftigen Eruption nach weniger als

Satyrmaske. Ausschnitt aus einem Fresko mit Architekturdarstellungen sowie Speisefischen und Geflügel; dieselbe Maske erscheint auch im Zusammenhang mit einem zum Ausweiden aufgehängten Hasen. Satyre waren Mischwesen aus dem Gefolge des Weingottes Bacchus. VI Insula Occidentalis 41, Pompeji (jetzt im Archäologischen Nationalmuseum Neapel).

Vorangehende Doppelseite: Im März 2006 entstandene Satellitenaufnahme vom Vesuv und von den ihn umgebenden Ortschaften. Gut erkennbar, verläuft der erstarrte, blaugraue Lavafluss des Jahres 1944 vom Krater nach Westen. Das hakenförmige Gebilde im Meer unten links ist die Mole von Torre del Greco.

fünf Minuten über Torre del Greco hinweggehen würde, und er könnte in derselben Zeit auch Portici, Ercolano, Boscoreale oder Terzigno erreichen. Aber solche bedrückenden Aussichten sind nur mittelbar Gegenstand dieses Kapitels. Es soll stattdessen von den stärksten Eruptionen im Verlauf der letzten vier Jahrhunderte die Rede sein und nebenher bisweilen davon, dass Grauen nicht allein lähmen, sondern zum Beispiel auch poetische Regungen oder wissenschaftliche Neugier wecken kann. Die Gedenktafel in Portici ist nur ein Beispiel für einen poesievollen Umgang mit dem Schrecklichen, denn mit welchen Worten man den von dem Jesuiten Giovanni Battista Orsi de Liberano entworfenen Text auch übertragen mag – nüchtern wird er wohl nicht geraten.

Was war geschehen? Seit einem halben Jahrtausend, seit 1139 hat der Vesuv keine Lava mehr ausgestoßen, in seinen Krater führt ein Pfad hinab, den Hirten benutzen, die ihre Herden dort im Schatten von Steineichen und Weißbuchen weiden lassen. Bis auf wenige Gelehrte und Mönche weiß niemand in Kampanien, was ein Vulkan ist, hat niemand je davon gelesen oder gehört. Fern liegt die Erinnerung an den Feuerschlund, in dem Tripergole vor einem Jahrhundert verschwunden war, an den Ascheregen, der auf Baia, Pozzuoli und Neapel niederging und an die brennende Wolke, die auf dem Monte Nuovo Menschen verzehrt hatte. Da erschüttern im Juli 1631 heftige Erdstöße die Landschaft am Vesuv, und der Boden bleibt fortan ruhelos. Der Prinz von Ottajano – 1933 wird dieser Ort in Ottaviano umbenannt werden – bemerkt während einer Jagdpartie auf den nördlichen und östlichen Bergflanken Spalten, aus denen Rauch quillt, während der Dunkelheit kann man sehen, wie sich darin eine feurige Masse wälzt. Im Dezember sinkt der Wasserspiegel in den Brunnen, manche liegen trocken, nachts hört man das Vieh schreien, und die Hunde hören nicht mehr auf zu bellen. Jäger erzählen, der zuvor völlig leere Krater fülle sich mit rauchendem Pech und mit Gesteinsbrocken. Ein Kräuterweib sieht in den Wolken über dem Valle del Gigante einen Riesen tanzen. Am 10. Dezember beginnt der Berg so laut zu grollen, dass man sowohl in Torre del Greco im Süden als auch in Massa und Pollena im Norden kaum noch schlafen kann. Am 13. geht in Neapel eine Frau, von der man weiß, dass sie vom Teufel besessen ist, an einer Gruppe lachender Männer vorbei und ruft: «Lacht nur heute noch, Ihr Herren! Am Dienstag werden wir es sein, die viel zu lachen haben!»

Hieronymus Welsch, ein Schreiber aus dem schwäbischen Nördlingen, derzeit am Beginn einer elfjährigen Reise, die ihn durch mehrere Länder am Mittelmeer, in diplomatische Dienste und in das französische Heer führen wird, bis er schließlich zum württembergischen Rentkammerrat aufsteigt, erlebt den 16. Dezember in Neapel. Er zeichnet später in seiner Reisebeschreibung auf, «was sich bey der erschröcklichen Entzündung deß Bergs Vesuvio, Montagna di Somma genant, allernächst der Stadt Neaples über gelegen, begeben». Seine Kapitelüberschrift mag zeigen, weshalb Hieronymus Welsch hier nicht

Ansicht des Vesuvs und naher Ortschaften (D = San Sebastiano, H = Portici, I = Resina, K = Torre del Greco, M = Torre Annunziata, Q = Sarno) vor und während der Eruption von 1631. In der Eruptionswolke schwebt San Gennaro im Bischofsornat und gebietet dem Vulkan Einhalt. Zeitgenössische Kupferstiche von Nicolaus Perrey.

völlig originalgetreu zitiert wird. «Zur Frühe», heißt es da, «umb ein Uhr hat sich mit einem erschröcklichen Erdbeben ein starker Donnerschlag hören lassen [...], und man nicht wusste, wo solches herkam, bis es endlich Tag worden. [...] Die Stadt hat vielmalen heftig gezittert und gebebt, und das Donnern ohn einiges Aufhören gewährt, also dass man sein eigen Wort bald nit hören können. Die liebe Sonn, die mit angehendem Tag hell geschienen, ist neben dem auch hübsch hell gewesenen Himmel gar bald bedeckt und die Luft gantz verfinstert worden von der erschröcklichen Menge Asche, die nicht allein den Berg verdunkelt, ohnsichtbar gemacht und einen wunderseltsamen Anblick gestaltet, gleich ob es ein ohnnatürlicher hoher Felsen wäre, der bis unter die Wolken hinaufreichte. Darzwischen haben nicht allein viel Blitz wie Wetterleuchten stetiglich herausgeschlagen, sondern es hat auch der Wind die Asche in die Stadt so häufig gewehet, als ob es stark und dick schneiete, also dass man die Augen mit großer Mühe auftun und einander in der Nähe sehen konnte. Und weilen dieser Berg überaus fruchtbar und sehr bewohnt gewesen, als hat das vielfältige Donnern, Erdbeben und Auswerfen der großen Steine viel und großen Schaden getan, bey fünfzehen Flecken in der Nähe herum gantz zernichtet, zersprengt und bedeckt, alles Vieh totgeschlagen, viel Tausend Menschen getötet. Etliche wenige haben sich gleich im Anfang mehrenteils nur im Hemd errettet.»

Es sollen 40 000 Flüchtlinge gewesen sein, die sich da «mehrenteils nur im Hemd errettet» haben und nun in Neapel Zuflucht suchen. Aus Furcht vor der Pest bleiben die Stadttore jedoch geschlossen, bis man am Hof von furchtbaren Szenen, von Erstickten und Zertretenen auf der Magdalenenbrücke, vor dem Nolaner und dem Capuaner Tor hört und der Vizekönig endlich den Befehl gibt, sie zu öffnen. Zudem wird mit einer gewaltigen Prozession, die quer durch die Stadt vom Dom zur Kirche der Madonna del Carmine an der Piazza Mercato führt, der Beistand San Gennaros und des Himmels erfleht. Welsch sieht die Teilnehmer, Litaneien singend, «gegen den brennenden Berg hinausgehen» und wohnt zuvor der Verflüssigung des Blutes von San Gennaro bei. Aber diesem Zeichen allein vertrauen die Menschen angesichts des schrecklich brüllenden Vulkans nicht mehr: «In der gantzen Stadt war anders nichts als Bußpredigen, Beten, Litaneisingen, Beichten, Kommunizieren, alle Gewerb und Kramläden waren gesperrt, die Gassen überall voller Prozessionen, darbey viel Tausend Menschen sich geißelten, schwere hölzerne Kreuz trugen, [den Gekreuzigten nachahmend] mit ausgespannten Armen herumliefen, eiserne Ketten an den Hals hängten und also vermeinten, ihre Sünd abzubüßen. Keinen Menschen sahe man fröhlich, es ist auch alle Musika, Kurzweil und insonderheit verboten worden, inner dreien Tagen bey Lebensstrafe zu keinem ohnehrlichen Weib zu gehen.»

Denn der Besuch bei Huren, merkt Hironymus Welsch ebenso kritisch an, wie er den Prozessionen zusieht, sei den Männern in Neapel sonst etwas Alltägliches. Dem gebildeten Protestanten erscheint die Katastrophe dennoch nicht als göttliches Strafgericht für einen sündigen Lebenswandel. Prozessionen hält er für Mummenschanz und verrät nebenher, dass er seinen Plinius gut gelesen hat. Er bemüht sich daher redlich, die Eruptionswolke und den Aschefall des mächtigsten Ausbruches seit dem Jahr 79 nüchtern und treffend zu schildern, und da er der Sache auf den Grund gehen will, steigt er noch «ein gantzes Jahr darnach mit Mühe auf den Berg hinauf», quält sich durch hohe Asche und blickt in den Krater. Darin braust es, als ob grünes Holz brennen wür-

Von Mönchen angeführte Prozession vor dem brennenden Berg. Fast alle Teilnehmer tragen – sicherlich geweihte – Kerzen, vereinzelte schleppen schwere Holzkreuze. Auffallend ist wiederum eine in «Rauchringen» aufsteigende Eruptionswolke, die von rhythmisch verlaufenden Explosionen hervorgerufen wird. Kupferstich von 1794.

de, Rauch steigt auf, und zuweilen glaubt Welsch, einen Blitz herauffahren zu sehen. Zum Vulkanologen wird er dennoch nicht, aber das Erlebnis der Eruption und seine Neugier bewegen ihn, auch die Solfatara, den Ätna, Stromboli und Vulcano zu besehen.

Selbst der durch die Todesstrafe erzwungene Verzicht neapolitanischer Männer auf «ohnehrliche Weiber» rührt den Vesuv nicht. Im Gegenteil, nachdem die Erdstöße in der Nacht kein Ende nehmen, explodiert der Krater am Vormittag des 17. Dezember, stürzt ein und wirft einen zerstörerischen Hagel vulkanischer Bomben aus. Zugleich rasen pyroklastische Wolken den Berg herab, von fernab stehenden Beobachtern als geisterhafte Gebilde beschrieben, die «weiß wie Baumwolle» wären, aber feurige Ränder haben und deshalb von Chronisten auch «Feuerschlangen» oder «Sturzbäche aus Glut» genannt werden. Granatello verbrennt darin, ein Dorf, das man nach seinen leuchtenden Granatapfelhainen benannt hat, auch Massa, Pollena und San Sebastiano sowie die Küstenstädte Torre del Greco und Torre Annunziata, bewohnt von regsamen Bauern und Fischern nebst geschickten Korallenschleifern und Gemmenschneidern. Ebenfalls an jenem entsetzlichen Vormittag stürzt – noch nie hat man dergleichen gehört – eine ungeheure Wassermasse vom Berg hinunter, reißt Bäume, Häuser, Felsbrocken und Leichen mit sich und schwemmt sie, eine Landzunge hinterlassend, ins Meer. Fische, Meerespflanzen, Muscheln und Schnecken habe das Wasser mit sich geführt, das aus dem Bergschoß hervorbrach, behaupten später einige, die das Grauen wohl mehr sehen ließ, als wirklich geschah. Gleichzeitig beginnt ein Tsunami, ein Seebeben, und wer den Kopf noch nicht verzweifelnd in den Händen birgt, der sieht drei riesige, wohl fünf oder sechs Meter hohe Wellen gegen die Ufer branden. Die Kunde davon

Torre del Greco versinkt im Juni 1794 in einer Flut aus flammender Lava. Neapolitanische Gouache (oben). Darunter der «Große Aschen-Ausbruch» des Vesuvs 1794: ein kolorierter Kupferstich in Friedrich Bertuchs Kinderlexikon (Weimar 1798).

mag den Nachgeborenen eine rätselhafte Warnung im Text der Gedenktafel von Portici erklären: «Und wenn das Meer hereinbricht, dann wird er seinen Schoß entleeren.»

Die zuvor erwähnten Überflutungen, so nehmen heutige Wissenschaftler an, waren Wolkenbrüche von ungekannter Stärke, hatten ihren Ursprung im Wasserdampf der wohl 20 Kilometer hohen Eruptionswolke. Gemeinsam mit fortgeschwemmter Asche und Erdreich bildeten sie gewaltige Schlammströme, die Teile von Nola und mehreren Dörfern im Norden des Vesuvs verwüsteten – Ansiedlungen, die durch den Felswall des Monte Somma vor dem Ärgsten, vor pyroklastischen Strömen, geschützt waren. Im Süden begruben Schlammströme – heute ist man unsicher, ob sie von Tsunamis oder von Wolkenbrüchen hervorgerufen wurden – die Küstenstraße an vier Stellen und versperrten den nach Neapel Fliehenden den Weg. Darunter, dazwischen und darüber lagen von Glutwolken herbeigetragene Hügel aus heißer Asche. Mancher traute der erkalteten Oberfläche und versuchte, die Hügel zu überqueren. Später fanden Rettungstrupps Leichname, die, zur Hälfte verbrannt, aus der Asche hervorsahen.

In Neapel geht weiterhin religiöser Eifer um. Kardinal Boncompagno, Erzbischof der Stadt, lässt Männer mit gottgefälligem Lebenswandel zu Laienpriestern weihen, weil es sonst nicht mehr möglich ist, die zahllosen Beichtwilligen zu betreuen. Am Nachmittag des 17. Dezember ordnet er an, die Phiolen mit San Gennaros Blut sowie die silberne Büste, die den Schädel des Heiligen umschließt, trotz des dichten Niederschlages aus Wasser und Asche von einer Prozession geleitet zum Capuaner Tor zu bringen. Als die Reliquien aus dem Dom getragen werden, endet der Regen, die Sonne scheint, und über den Gläubigen schwebt plötzlich San Gennaro, gekleidet in die Amtstracht eines Papstes, und segnet die Menge. Vor dem Capuaner Tor gleich noch ein Wunder: Boncompagno hält dem brennenden Berg Gennaros Büste entgegen, und da neigt sich die Eruptionswolke, als ob sie sich demütig vor dem Heiligen verbeugen würde. Dann treibt der Wind sie nach Südosten, fort von der Stadt. Doch der Vesuv tobt weiter, sodass der Klerus am 18. seine ganze Kraft aufbietet. Ungeachtet des Wunders vom Vortag, wird San Gennaro nur noch bis zur nahen Kirche Santa Maria di Constantinopoli getragen. Stattdessen sieht man nun Benediktiner, Dominikaner, Franziskaner, Jesuiten, Kamaldulenser, Soccolanti, mehr als dreitausend Angehörige religiöser Orden, barfuß und in Büßerleinen gekleidet durch die Stadt ziehen: vornan die Reliquien des Ordensgründers, dahinter die Brüder. Viele davon kasteien sich, schlagen sich mit Steinen vor die Brust, geißeln ihre Rücken. In ihrer Mitte gehen, wie Chronisten berichten, «etwa dreißig übel beleumdete Frauen» mit Dornenkronen im Haar und Stricken oder Ketten um den Hals.

Am selben Tag kämpfen spanische Soldaten in Nola, vierzehn Kilometer nördlich vom Vesuvkrater entfernt, sowie in anderen Ortschaften des Nordens

mit den unbändig vom Himmel und vom Berg herabstürzenden Wassermassen, versuchen die Flut durch eilig ausgehobene Gräben zu teilen. Der Chronist Francesco Ceraso schätzt, auf Nola sei eine mehrere Meter hohe und anderthalb Kilometer breite Wasserfront zugerast: «Sie schwemmte mit solcher Macht auf die Gegend um Nola zu, dass die Menschen keine Zeit zur Flucht fanden. Viele wurden im Schlaf in den Erdgeschossen ihrer Häuser überrascht. Das Wasser stieg sehr schnell und zwang sie, nackt auf die Dächer und in die oberen Stockwerke zu kriechen. Auch dort war niemand sicher, weil das rasende Wasser Felsbrocken gegen die Mauern der Gebäude rammte und sie zerstörte. Das alles kostete viele Menschenleben, denn die Leute konnten nicht fliehen und fielen fast ohne Gegenwehr in die Arme eines habgierigen Todes. [...] Die klagenden Stimmen der Sterbenden hallten über das Wasser. Jedermann glaubte, nun sei die Sintflut noch einmal über die Erde gekommen.»

Es hört nicht auf, der Vulkan speit weiterhin Flammen und Asche, aber am 18. Dezember brechen endlich Rettungsmannschaften von Neapel her auf, um den Menschen unter dem rasenden Berg zu helfen. Weil die Via Regia, die am Golf entlang nach Osten führende Straße, nicht befahrbar ist, laufen zwei Galeeren und viele Boote aus. Sie retten viertausend der an der Küste verstreuten Flüchtlinge. Soldaten, die sich auf dem Lande vorwagen, erblicken grauenhafte Bilder: Allein im Flecken Granatello liegen hundert verkohlte Leichen umher, darunter Mütter, die ihre Kinder umschlungen halten – man begräbt sie ungetrennt. In der Dorfkirche Santa Maria di Apuliano entdecken die Retter dreiundfünfzig Frauen, betend, durch die Mauern von der Glutwolke verschont. Plünderer haben ihnen Brot gegeben, von dem sie sich ernähren. Sie weigern sich, auf die wartende Galeere zu gehen – die Gottesmutter habe sie hier behütet, und hier wollen sie ihr im Gebet danken. Draußen nagen Hunde an Leichen, der Gestank ist unerträglich, zumal der Strand nach dem Feuersturm, der das Wasser kochen ließ, mit totem Seegetier übersät ist.

Heimkehrende, Soldaten und ihre mehr oder minder freiwilligen Helfer sehen während der kommenden Tage Schreckliches. «Die meisten jener Menschen, die unter dem Berg geblieben waren, sind getötet worden», berichtet ein von Alwyn Scarth zitierter Priester. «Einige wurden vom Rauch und von der Asche erstickt, einige vom Feuer verbrannt, einige von einstürzenden Häusern begraben und einige von den bei der Eruption ausgeworfenen Steinen erschlagen. Wer dort war, erzählt von zahllosen Toten, ausgedörrt, geschrumpft, stinkend, ohne Kopf, ohne Arme, ohne Beine. [...] Dort lag der Kopf eines Tieres, dort der eines Mannes, hier eine tote Ziege, dort der Oberschenkel eines Menschen, eine Schulter, ein Fuß, ein Bein. [...] Einem Toten fehlte die Haut, und das Fleisch seiner Füße sah aus wie Sohlenleder.»

Am Mittag des 22. Dezember scheint die explosive Phase der Eruption zu enden, aber die Erdbeben halten an, und da es fortwährend heftige Regenfälle gibt, wälzen sich immer wieder Schlammströme vom Vulkan in die Ortschaf-

Nach Neapel fliehende Vesuvanwohner im August 1779 auf dem Ponte della Maddalena. Zeitgenössischer kolorierter Stich von Francesco Piranesi (1756–1810) nach einem Aquarell von Louis Jean Desprez (1737–1804).

ten. Am 28. stürzt abermals ein Teil des Kraterrandes ein, und am ersten Januartag scheint der Vesuv neue Kräfte zu sammeln: Das Jahr 1632 beginnt mit unterirdischem Getöse, Explosionen, einer pechschwarzen Rauchsäule sowie Feuerschein über dem Krater und mit einem Ascheregen. Doch das war ein letztes Aufbäumen, nur die Erdbeben halten noch bis zum 12. März an.

Selbst im vom Wind begünstigten Neapel liegt die Asche einen Meter hoch, ostwärts davon ächzt das zuvor so glückliche Kampanien unter der Asche, die auch den Balkan erreicht und noch am südöstlichen Zipfel Europas bemerkt wird. Mindestens viertausend, manchen Quellen zufolge sechs- oder gar zehntausend Menschen sind getötet worden, ihr Vieh, ihre Häuser, ihre Aussaat, Anpflanzungen, Weinberge und Obstbäume sind vernichtet. Der Sachschaden beträgt, aber wem sagt das heute schon etwas, mehr als 25 Millionen Dukaten. Bereits nach den Weihnachtsfeiertagen sucht eine Hungersnot die geplagte Hauptstadt heim, obwohl der Vizekönig sogleich vier Galeeren mit Getreide zu den verschonten Mühlen in Castellammare und Gragnano entsenden lässt.

Nur allmählich beginnen sich die Räder in der vom Feuer geschwärzten Landschaft wieder zu drehen. So recht verstehen die Chronisten nicht, was geschehen war, wie es zu «Feuerschlangen» und «Sturzbächen aus Glut» kam, und sie schreiben deshalb alles Unheil Lavaströmen zu, die man später nicht finden wird. Nicht verwunderlich, wenn fast vier Jahrhunderte nach ihnen vermutet wird, 1631 sei Lava vielleicht an den Bergflanken ausgetreten, könne aber bei den Ereignissen nur eine geringe Rolle gespielt haben. Mit dem Feuerstrom, von dem die «Stimme des Marmors» spricht, habe man sicherlich pyroklastische Ströme gemeint. Denn unerklärlich erscheint damals die Wirkung der Glutwolken, zumal sie über Gegenstände, die ihnen keinen Widerstand bieten, manchmal spurlos hinweghuschen: In einem Haus in San Giorgio versengt eine kaum die Strohschütten, verbrennt aber im Zimmer dahinter die gesamte Einrichtung, Bewohner von Neapels Stadtteil Barra sehen schaudernd einen toten, vom Feuer entstellten Reiter zum Tor hereinreiten, dessen Pferd unverletzt ist.

Zerschunden ist auch der Berg, der das Verhängnis hervorrief. 60 Meter höher als der Monte Somma war er vor der Eruption gewesen, jetzt ist er, einigen Quellen zufolge, 108 Meter niedriger als sein Nachbar, andere meinen, er habe sogar 380 bis 430 Meter verloren. Der Umfang des Kraters, zuvor weniger als zwei Kilometer, beträgt nun ungefähr fünf. Einen halben Kubikkilometer Tephra hat er ausgestoßen, und das ist wesentlich weniger als die zehn oder fünfzehn Kubikkilometer im Schreckensjahr 79, aber immer noch genug, um eine blühende Küste für Jahre zu verderben. Dennoch gehen die Menschen unbelehrt ans Werk. Sie vergessen die Tage erregter Buße und sündigen wieder frohgemut, neue Häuser entstehen über den verkohlten Skeletten der alten. Verändert hat sich dagegen Vesuvs Wesensart: Bis 1944 wird er nun ziemlich beständig rauchen und damit drei Jahrhunderte lang Italienreisende anlocken.

Das schließt nicht aus, dass er mindestens einmal in jedem Jahrhundert großes Unheil über den Landstrich zu seinen Füßen bringt. So 1794, nach zwei Jahren der Ruhe, als am 12. Juni ein starkes Erdbeben Kampanien erschüttert und am 15. über dem Vesuv pechschwarzer Rauch aufsteigt, dem eine riesige Fontäne aus Lava folgt. Zuerst auf Resina, dann auf Torre del Greco gerichtet,

reißt ein mehr als einen Kilometer langer Flankenriss den Berg auf, und daraus springen mindesten fünfzehn Lavafontänen bis zu 480 Meter hoch empor. «Nachgeborene, Nachgeborene! Euch geht es an!»

Bei der Suche nach einem deutschsprachigen Augenzeugen begegnet uns diesmal Johann Heinrich Tischbein, nach seinem berühmtesten Porträt späterhin oft – und das ist ungerecht – Goethe-Tischbein genannt. So gut wie der bekanntere, ebenfalls in Italien wirkende Jakob Philipp Hackert, bei dem Goethe Zeichenunterricht nahm und dem er eine Biografie schrieb, war Tischbein auch. Wenn der Beiname jedoch eine engere Beziehung andeuten soll, dann erscheint er berechtigt: Der Dichterfürst hatte Tischbein einst ein Stipendium verschafft, und als dieser Goethe auf den Vesuv sowie anderenorts begleitete und sowohl in Rom als auch in Neapel die Wohnung mit ihm teilte, tat er es aus Dankbarkeit. Jetzt, 1794, ist er zum Direktor von Neapels Kunstakademie aufgestiegen und erlebt die Vesuveruption so empfindsam, wie man es von einem Maler erwarten darf:

«Um diesen seltenen Anblick besser zu genießen, beschloss ich, hinaus auf das Meer zu fahren. Ich nahm eine Barke und drei Rudermänner, die mich gegen den Feuerberg bringen sollten. Freund Kniep und mein Schüler Hummel stiegen mit ein, und je weiter wir hinaus ins Meer kamen, desto schöner wurde

Neapolitanische Gouache aus dem 19. Jahrhundert, die den Untergang Torre del Grecos 1631 darstellt. Das Vorbild für die überaus ungewöhnlichen hellen, vom Krater herabfließenden Gebilde könnten pyroklastische Ströme sein, deren Anblick aus der Ferne in einem zeitgenössischen Bericht mit dem von Baumwollbahnen verglichen wurde.

Vorangehende Doppelseite: Einem unbekannten italienischen Maler des 18. Jahrhunderts zugeschriebenes Gemälde (Ausschnitt), auf dem sich eine Flankeneruption auf Torre del Greco richtet. Derlei Ausbrüche waren in jenem Jahrhundert nicht selten, im folgenden sogar noch häufiger. Wenn die Zuordnung richtig ist, dann muss das Gebäude auf dem Vesuv die Kapelle San Salvatore sein.

die Ansicht der Stadt. Besonders da, wo man mit einem Blicke alles übersehen kann: das schöne, große Neapel, welches wie ein Amphitheater mit seinen Gebäuden an den Anhöhen hinaufsteigt, mit dem königlichen Schlosse und den anderen Palästen, den hohen Kirchen und langen Klöstern, den großen öffentlichen Gebäuden, den Kastellen am Meer und auf den Bergen, besonders mit dem Kastell Sant'Elmo, mit Capodimonte und der Kartause. Dort der schiffreiche Hafen mit den vielen hohen Masten, die alle im feurigen Golde glänzten, und die ganze seltsam beleuchtete Gegend. Ringsherum, wo man nur hinblickte, war für die Augen ein Schauspiel einziger Art! Der Wasserspiegel, auf welchem ich sonst in stiller Nacht bei silbernem Monde fuhr und mich des blauen Phosphorfeuers freute, welches um den Nachen leuchtete und von den Rudern träufelte, schien heute ein gelbes Flammenmeer. Indem kamen wir dem Berge immer näher und hörten und sahen das innere Toben und Kochen. Von der höchsten Spitze war ein Teil abgesprengt, daraus strömte die glühende Lava den Berg herunter. Wo sie durch die Weingärten floss, brannten die Bäume in lichtgelber Flamme, denn dieses Feuer ist von hellgelber Farbe gegen die rote Lava. Der Rauch ist verschieden, dunkelrot, schwefelartig und graugelb. Zwischen dem Donner und Krachen hörte man ein furchtbares Sieden. Wir waren dem Berge nun ziemlich nahe gekommen, und ich konnte mir die große Eruption vorstellen, bei welcher Plinius ums Leben kam. Ich hielt für ratsam, wieder umzukehren, denn wer konnte wissen, was für eine Erschütterung im Meere vorgehen oder welch ein Auswurf von Asche über uns kommen konnte. [...] Ich haschte noch begierig jeden Blick von dieser einzigen Beleuchtung auf. Als wir dem Lande näherkamen, fanden wir längs dem krummen Meeresufer Tausende von Menschen, die dem seltsamen Schauspiele zusahen. Wir gingen nun nach Santa Lucia, welches dem Vesuv gerade gegenüberliegt. Hier war Gedränge von Volk, das aus der Stadt zusammengeströmt war. Viele Priester standen auf Erhöhungen und predigten zu der Menge. Hier sind auch die Vorsätze, an denen die Schiffer landen, und als wir uns denselben näherten, erfuhren wir, welches Unglück der Berg verursacht habe. Es waren viele Flüchtlinge mit Weibern und Kindern und ihrem Hausgeräte aus der Gegend hier angekommen, welche sagten, dass der Ort Torre del Greco nicht mehr wäre; die Lava sei darüber hingeflossen und habe ihn ganz bedeckt. Es war entsetzlich, das Jammergeschrei anzuhören. Gegen solch ein Unglück ist aller menschlicher Widerstand eitel! Die Lava reißt alles um oder fließt darüber hin; dieses Mal war ihr Strom höher als ein Haus. Der Kirchturm ragte nur oben noch etwas hervor, und man konnte in den Turm hineinsehen, wo die Glocken unten hingen.

Als ich nach einiger Zeit hinkam, sah ich noch die schreckliche Verwüstung. Am Ende standen noch einige Häuser, einige waren halb weggerissen. Man konnte in Stuben sehen, in denen der Tisch noch gedeckt stand, mit dem Essen in der Schüssel und auf den Tellern; Messer und Gabel lagen noch, wie sie aus den Händen gelegt waren, als man durch den Ausbruch verjagt wurde.

Auf der Flucht vor Lava und vulkanischen Bomben. Von Achille Beltrame gezeichnetes Titelblatt der Zeitschrift «La Domenica del Corriere» vom April 1906, in dem die heftigste Eruption des 20. Jahrhunderts die Ortschaften Boscotrecase und Ottaviano (damals Ottajano) teilweise zerstörte.

Wunderbar nahm sich Neapel am folgenden Tage aus. Als ich am Morgen aufstand und aus dem Fenster schaute, war Himmel und Erde aschgrau. Die Leute gingen mit Regenschirmen, denn es regnete Asche, die aus ganz feinem grauem Sande bestand. Dann ging ich auf den Lastrico [Dachgarten], denn man hat hier keine schrägen Dächer. Oben lag nun die Asche, als ob es geschneit hätte. Die Eidechsen waren darüber hergelaufen und hatten mit ihren Pfoten die zierlichsten Figuren eingedrückt, ähnlich einer Ingenieurzeichnung von einer Festung. Auch Fliegen und andere Insekten hatten solche Zeichnungen im Gehen nachgelassen.»

Derzeit ist noch ein ästhetisch empfindender Bewunderer des Vesuvs im Boot unterwegs: Sir William Hamilton, britischer Botschafter im Königreich beider Sizilien, Mitglied der Royal Society, Kunstkenner und geschäftstüchtiger Sammler schöner Dinge sowie bemerkenswerter Archäologe und Vulkanologe. Er hat sich am Morgen dieses 17. Juni 1794 von Portici zur zuvor von 18 000 Menschen bewohnten Stadt Torre del Greco am Südhang des Vulkans rudern lassen, um zu sehen, was die Lava dort anrichtete. Zum Teil kann er das vom Boot her erkennen: Vier Fünftel von Torre sind unter einem Lavastrom begraben, der sich 200 Meter weit in das Meer ergossen und es zum Kochen gebracht hat, sodass noch immer tote Fische umhertreiben. Es besteht sogar die Gefahr, dass es Sir William ähnlich ergeht: «Zu dieser Zeit sah mein Fährmann, wie das Pech zwischen den Bodenplanken sehr schnell schmolz und auf der Wasseroberfläche davontrieb. Wasser drang in das Boot. Wir machten uns also schnell davon und legten in achtungsvoller Entfernung von der heißen Lava an.» Als Hamilton von dort in den oberen Stadtteil geht, blickt er auf einen anderthalb Kilometer breiten und bis zu zwölf Meter hohen Lavastrom herab, aus dem der in Tischbeins Schilderung erwähnte Glockenturm hervorsieht. Nur dem zum Schluss langsamen Vorrücken der acht Kilometer von ihrem Ursprung entfernten Lavafront ist es zu danken, dass fast alle Einwohner rechtzeitig fliehen konnten. Einige sind sogar in ihren Häusern geblieben, weil sie Diebstähle durch Plünderer befürchten, und haben recht getan: Wenngleich ein Chronist befriedigt bemerkt, mehrere Plünderer wären von ausgeglühten, morschen Hauswänden erschlagen worden, gelingt es einigen wohl doch, sich zu bereichern. Selbst Sir William wird in dieses Geschehen verwickelt. Da sucht nämlich ein Dieb mit einem Ferkel auf der Schulter hinter dem Botschafter Schutz, weil der Eigentümer ihn mit einer Flinte verfolgt. Hamilton muss seine Beredsamkeit nach beiden Seiten hin aufbieten, um Schüssen zu entgehen, bis der Dieb endlich das Schwein aufgibt. Nun, Sir William ist ein furchtloser Mann, war auf dem Ätnagipfel, fast siebzigmal am Vesuvkrater und Hunderte Male auf den Vesuvhängen. Er ist oft genug vulkanischen Bomben, siedender Lava oder einem sich unvermittelt öffnenden Flankenriss entgangen. Aber er bricht seinen Rundgang jetzt doch lieber ab, als man ihm versichert, weiter unten seien Plünderer in jedem Haus.

Während der Episode mit dem Ferkel geht in Neapel ein Regen aus feiner schwarzer Asche nieder. Schon beginnen dort die Furchtsamen, der Sünde abzuschwören, schon schleppen sie San Gennaro herbei. Leopold von Buch, bald Deutschlands bedeutendster Geologe, enger Freund Alexander von Humboldts, mit dem er 1822 den brennenden Berg mehrfach besteigen wird, ist Zeuge jener Tage: «Das reizbare Volk, das sich nicht mehr auf sicherem Boden – die Luft in Flammen und voll ungehörter schrecklicher Töne – erblickte, stürzte von Furcht und Schrecken ergriffen zu den Füßen der Heiligen in Kapellen und Kirchen, griff nach Kreuzen und Bildern und durchzog heulend die Straßen in

Topografie der Vernichtung: In diesem Plan von Torre del Greco sind die 1794 unter der Lava begrabenen Bereiche geschwärzt dargestellt. Kolorierter deutscher Kupferstich von 1798.

wilder Verwirrung. Der Berg achtete ihres Angstgeschreies nicht [...]. Unaufhörlich fiel in Neapel und in der Gegend ein feiner Aschenregen hinab und bedeckte alle Pflanzen und Bäume, alle Häuser und Straßen. Die Sonne erhob sich strahlenlos und ohne Glanz, und kaum war die Helle des Tages dem schwachen Lichte der Morgenröte vergleichbar. Ein unbedeckter lichter Streif am äußersten westlichen Horizont ließ doppelt die Menschen empfinden, wie sie in Finsternis eingehüllt waren.

Diese fürchterlich-traurige Erscheinung vermochten die Neapolitaner nicht zu ertragen. Alle überfiel eine ängstlich-düstere Stimmung, und in ununterbrochenen Prozessionen suchten sie den erzürnten Himmel zu besänftigen. Es war nicht mehr das leicht empfängliche Volk, das lärmend mit den Kreuzen die Straßen durchstürzte: Die vornehmsten Familien Neapels schlossen sich dem feierlich langsamen Zuge der Prozessionen an und folgten seufzend und still in langer Reihe dem Kreuz durch die Finsternis nach.»

Notwendiger wäre himmlischer Beistand eigentlich an den Nord- und Südhängen des Vulkans, wo nach dem 22. Juni, als die Eruptionstätigkeit nachlässt, Schlammlawinen niedergehen – ein sich donnernd über Felder und Ortschaften stürzendes Gemisch aus Wasser, Asche, Erdreich, entwurzelten Bäumen und Gestein. In Nola kämpft man wie 1631 mit den Fluten, Weinberge und Orangenhaine verschwinden unter dem Schlamm, das Vieh ersäuft auf den Weiden. Wenn die Sonne wieder scheint, werden Bauern den Boden mit Spitzhacken von der verhärteten Asche befreien müssen, aber das ist erst Mitte Juli möglich, als der Vulkan – wieder einmal 120 Meter niedriger als zuvor – endlich verstummt. Noch im August brausen Dampfwolken aus dem Flankenriss über Torre del Greco, mit dem alles begonnen hatte. Zuweilen entdeckt jemand seinen Nachbarn erstickt in dessen Keller, in den Senken ringsum liegen dann und wann tote Hasen, Fasane, Rebhühner – es ist die Wirkung von tödlichem Kohlendioxid, das der Berg aushaucht.

Wenn es um die Opfer geht, die von einstürzenden Dächern erschlagen, von der Lava in ihren Häusern begraben oder von Kohlendioxid erstickt wurden, dann sind die Chronisten uneins: Einer vermeldet fünfhundert, zutreffend erscheint aber eher ein Zehntel dieser Anzahl. Den Einwohnern von Torre del Greco wird Land der Krone angeboten, damit sie dort ihre Stadt neu errichten können, nachdem der Vulkan ihnen schon 1631 und 1737 übel mitgespielt hatte. Niemand macht von dem Angebot Gebrauch. Grund, diese Entscheidung zu bereuen, gibt der Vesuv schon bald, da man in Torre nun fast in jedem Jahr um Hab und Gut und Leben fürchten muss: Der Berg brennt 1804, 1805, 1806, 1810, 1812, 1813 und 1817. Im Oktober 1822, während der stärksten Eruption des 19. Jahrhunderts, tut sich wieder ein Flankenriss in der Nähe der geplagten Ortschaft auf, deutlich mehr als einen halben Kilometer hoch erheben Lavafontänen sich über den Krater, Lavaströme kriechen auf Resina und Torre del Greco zu, im Nordosten regnet es rotbraune Asche – der Prinz von Ottajano verliert dabei seinen Forst. Dann bangen auch die Einwohner von Boscotrecase, dass ein Lavastrom ihre Häuser einschließt, doch als verderblicher erweist sich schließlich der Aschefall, der selbst das starke Dach ihrer Kirche einstürzen lässt. Diesmal liegt die Asche im Norden, in Somma und Ottajano, doppelt so hoch wie im Süden des Vesuvs.

Eine lebensvolle Erzählung vom Verlauf jener Wochen schreibt der Gemeindevorsteher von Torre del Greco nieder. Sein Name wird nicht überliefert, weil der Herausgeber seiner Briefe es für ausreichend hält, ihn den «braven Syndikus» zu nennen. Der Vorsteher berichtet am 23. Oktober 1822 nach kurzem Hoffen, das Schlimmste sei nun vorüber: «Ein neuer Ausbruch, weit stärker als die vorhergegangenen, hat vorige Nacht [...] stattgehabt. Das unterirdische Krachen und Donnern, das Flammenwerfen zu einer unermesslichen Höhe, die an mehrern Stellen nicht nur an den Seiten, sondern auch am Fuß des vulkanischen Kegels hervorgebrochenen Feuerströme, dabei das häufige Blitzen und das Herabfallen einer Menge Steine aus der Luft – das alles zusammen hat die Bewohner unsres unglücklichen Ortes mit Angst und Entsetzen erfüllt.»

Der Mann, der da dem königlichen Intendanten der Provinz Neapel schreibt, begnügt sich nicht mit dem, was ohnehin alle sehen können. So kam er zum Beispiel selbstständig auf den Gedanken, die Wasserstände in den Brun-

nen zu beobachten, weil sie bislang als sichere Vorzeichen von Eruptionen galten, bemerkte aber keine Veränderungen. Und als ihm an jenem Tag Nordwind Rauch entgegenbläst und damit die Sicht auf den Vulkan nimmt, schickt er zwei Männer hinauf, um «zu wissen, ob sich etwa dort oben etwas zutrüge, das unserm Orte Gefahr dräuete. Einer der [. . .] Männer wagte auf mein Geheiß sich so weit als möglich den Berg hinauf und sah [. . .] das äußerste Ende der beiden Lavagüsse erloschen, aber ein Hagel von großen Steinen erlaubte ihm nicht, weitere Beobachtungen anzustellen. Ein Zweiter versicherte mir, er sei [. . .] gleichfalls genötiget gewesen halt zu machen wegen der Menge des aus der Luft herabfallenden Gesteins, worunter größere Stücke gewesen und welches in jener Gegend nicht nur den Boden mehrere Fuß hoch bedecke, sondern auch die noch stehenden Früchte sowie die Baumzweige und Rebenranken vollends zugrunde richte.

Auch hier im Orte regnete es Steine, das Zagen nahm überhand, und zu meinem Leidwesen musste ich bemerken, dass die Einwohner, ohne auf mein Bitten und Ermahnen ferner zu achten, ihre Häuser in größter Unordnung verließen, um ihr Heil in einer übereilten Flucht zu suchen. Meine eigene Familie, bestehend aus acht Kindern nebst meiner Gattin, die ihrer Entbindung nahe ist, hat dem allgemeinen Beispiel folgen wollen, und da der Frau die beständige Angst, worin wir hier schweben, leicht hätte tödlich werden können, so habe

Gouache von einer Vesuveruption in der ersten Hälfte des 19. Jahrhunderts, gesehen von Mergellina. Der Maler hat der Versuchung nicht widerstanden, vulkanische Bomben durch das Bild fliegen zu lassen, die annähernd so groß wie das Vesuv-Observatorium sein müssten, um derart wahrgenommen zu werden. Auch die Mischung aus Glut und Asche in der Eruptionswolke ist eine eigenwillige Schöpfung.

Mit Kindern und Bettzeug auf der Flucht vor der Lava und der bebenden Erde – im Hintergrund stürzt der Glockenturm von San Sebastiano zusammen. Holzstich aus einer deutschen Zeitschrift von 1872. Rechts der «Ausbruch des Vesuvs im Jahre 1872»: Farbdruck nach einem Gemälde von Wilhelm Kranz (1853–1930) in einer deutschen Zeitschrift von 1906.

ich schon meine Einwilligung dazu geben müssen, sie mit den Kindern unter gutem Geleit nach Neapel zu schaffen. Ich für mich hingegen bin fest entschlossen, auf meinem Posten bis ans Ende auszuhalten.» Als es hell wird, muss er feststellen, dass von den etwa 16 000 Einwohnern nur wenig mehr als zehn geblieben sind. Das ist ihm gar nicht recht, denn es wird Plünderer anlocken, und deshalb schreibt er seinem Vorgesetzten schmeichlerisch: «Eure Exzellenz wissen als Menschenkenner, wie leicht das Elend, besonders das unverdiente, zu bösen Taten führt.» Patrouillen österreichischer Soldaten – König Ferdinand I. hat sie zwei Jahre zuvor ins Land gerufen, damit sie einen Aufstand niederschlagen – ziehen künftig durch die Gassen, bis dem Steinregen dichte Aschefälle folgen und sich kaum noch jemand in das Dunkel hinauswagt. Am 24. Oktober teilt der Gemeindevorsteher daher mit: «Ich schreibe Gegenwärtiges beim Schein einer Lampe, und ohne Fackeln kann man im Orte nicht ausgehen.» Sein Bericht vom 29. erinnert dann an jenen des jüngeren Plinius, als es heißt: «Gerade jetzt, eine Stunde vor Mittag, sieht man aus dem Schlund des Vesuvs eine unermesslich hohe Aschensäule in Gestalt einer Pinie emporsteigen, und zwar in schräger Richtung gegen uns her. Hoffen wir zu Gott, dass dieselbe nicht über das hiesige Gebiet hereinstürzen werde.»

Am 9. und 10. November, die Einwohner sind inzwischen zurückgekehrt, kommt es wiederum zu einer Massenflucht – diesmal geschieht es wegen der Schlammlawinen und Überschwemmungen. «Am meisten ängstigte die hiesigen Ortsbewohner eine starke Wassermasse, die oben am Berge [...] auf die Güter hereinbrach, alle Mauern [...] umstürzte, eine Menge Bäume am Abhang des Berges entwurzelte und endlich mit aller Gewalt in unsern Ort, ja selbst in unsre Häuser drang. Da half keine verschlossene Tür, wo sogar Mauern weichen

mussten: Keller, Brunnen, Zisternen, alles ward mit Schlamm und rollendem Gestein angefüllt; selbst gewölbte Zimmer im Erdgeschoss wurden durch den Druck der hineingeschwemmten Masse zersprengt.»

Die Katastrophe endet am 16. November. Wiederum kann sich niemand entschließen, Torre del Greco zu verlassen, und im Dezember 1861, nach sieben weiteren Vesuveruptionen, wird die Bergflanke über dem Ort erneut aufreißen. «Fruchtbar wird der Boden werden, / Wann der Sturm vorbeigeflohn; / Enkel weiden meine Herden, / Trauben keltern wird mein Sohn», hatte Friedrich Rückert 1818 in einem Gedicht über die Menschen am Vesuv geschrieben, die – das sah der aufmüpfige Dichter, und es gefiel ihm sehr – nicht weniger trotzig waren als er selbst.

Aber es ging weiter und bis in das nächste Jahrhundert hinein. Freilich waren es zumeist kleinere Lavaströme, die sich da über die Hänge ergossen und weniger verderblich waren als jene während der Eruption im Jahr 1872, über die der Naturwissenschaftler und populärwissenschaftliche Publizist Otto Ule schrieb: «Ganze Scharen von Neugierigen sah man am 25. April früh den Berg hinaufziehen, und was sie von dem Gesehenen berichteten, von dem unvergleichlichen Kontrast zwischen der wilden Zerstörung dort oben und dem frischen, aus der Ebene der Campagna emporleuchtenden Leben, war nur dazu angetan, neue Scharen zur Besteigung des Berges zu verlocken. Niemand hegte Befürchtungen. Die bereits erstarrte Lava des vorigen Tages war so dünn geflossen, dass man sie an manchen Stellen ohne Gefahr überschreiten und bis an den Fuß des Kegels selbst gelangen konnte. Nach üblicher Sitte kochten die Führer auf der heißen Lava die mitgebrachten Eier, während die Besucher auf einer der vielen durch Schlacken gebildeten Seitenöffnungen, einem sogenannten Ofen, ausruhen durften, um, vom herrlichsten Frühlingswetter begünstigt, den Glanz des Südens in der entzückenden Aussicht zu genießen. Verdächtig war nur der Chlorgeruch, der einer Spalte unter ihren Füßen entströmte [...].» Am Abend vermehrte sich die Anzahl der zum Atrio del Cavallo Aufgestiegenen noch, nun waren auch viele Einheimische darunter, so anziehend erschien der Anblick des brennenden Berges in der Vollmondnacht. Aber ein Vulkan bleibt immer unberechenbar, und am frühen Morgen des 26. April geschah es: Die Erde riss auf, aus einem tiefen Spalt ergoss sich Glut über das Lavafeld und verwandelte es in ein Feuermeer. Einige der Überraschten, auch sie zum Teil schwer verletzt, konnten sich in das Observatorium retten, wo ein Dutzend von ihnen starb, anderen schnitt die Lava den Weg ab. «In den folgenden Tagen erst vermochte man den ganzen Umfang der furchtbaren Katastrophe zu überschauen. Siebenundachtzig Tote und Sterbende wurden nach Neapel gebracht, mehr als zwanzig waren unmittelbar von der Bocca verschlungen oder unter der glühenden Lava begraben worden. Einzelnen, die von Lavaströmen umschlossen und abgeschnitten waren, konnte erst nach mehreren Tagen Rettung gebracht werden.»

Ansicht des Vesuvs von Torre del Greco während der Eruption 1900. Auf der Lava von 1794 ist um den damals zur Hälfte darin versunkenen Glockenturm (Mitte) längst ein neuer Stadtteil mit der wieder errichteten – und deshalb fast so hoch wie der Glockenturm stehenden – Kirche Santa Croce entstanden. Zeitgenössischer Holzstich aus einer deutschen Zeitschrift.

Der Lavastrom gabelte sich hernach am Observatoriumshügel, auf dem Direktor Luigi Palmieri so unerschrocken in dem stöhnenden Gebäude mit zerstörten Fenstern aushielt, wie er es während der Eruptionen von 1858, 1861 und 1868 getan hatte. Diesmal bekam er endlich die seit Langem erbetene telegrafische Verbindung zur Außenwelt. Von den beiden Lavaströmen zerstörte dann einer mehrere Häuser in Massa und San Sebastiano, der andere bedrohte Torre del Greco, verharrte aber über der Stadt. Die Eruption ging schließlich in eine Ruhephase von dreieinhalb Jahren über, danach schichtete der Vulkan mehr oder weniger bedächtig bis 1905 den höchsten Gipfel auf, den man bisher vermessen hatte: 1335 Meter.

In den Morgenstunden des 4. April 1906 steht der Pfarrer von Boscotrecase sehr früh auf, weil noch Vorbereitungen für die Frühmesse zu treffen sind. Wahrscheinlich sieht er als Erster, was Raffaele Vittorio Matteucci, Direktor des Vesuv-Observatoriums, zuvor bereits in Zeitungsmeldungen angekündigt hatte: Aus dem seit Tagen grollenden Berg wälzen sich zwei feurige Schlangen herab, und an ihrem Weg flammen Obstbäume und Weinspaliere wie Fackeln auf. Dem Geistlichen bleibt nur noch übrig, die Glocke zu läuten, um die Dorfbewohner zu warnen. Eine Woche später berichtet der Journalist Peter ten Haart dem Berliner Pressedienst: «Weiter, immer weiter fraß sich der Lavastrom. Gärten, in denen jahrzehntelange Arbeit steckte, wurden in wenigen Minuten in ein ödes Aschenfeld verwandelt. Kochendes Wasser fiel vom Himmel und verbrühte die Menschen. Die Stadt Boscotrecase war vom Erdboden verschwunden, Portici war unter Aschenmassen begraben, San Giuseppe, Somma, Torre del Greco, San Gennaro und Sarno waren ein rauchendes Trümmerfeld. Die

Erkaltete Lavafront zwischen den Häusern von Massa di Somma (1872); Fotografie von Giorgio Sommer (oben). Noch im Jahr 1914, so zeigt es die von Frank Perret veröffentlichte Aufnahme darunter, waren die Aufräumungsarbeiten an dem 1906 in Boscotrecase eingedrungenen Lavastrom noch längst nicht beendet.

Luft stank nach verbranntem Fleisch und Schwefel, und noch immer war es stockfinster. [...]

Bei Torre del Greco, das durch den Aschenregen vollkommen von der Außenwelt abgeschnitten war, lagen zwei italienische Kriegsschiffe, die die Flüchtlinge aufnehmen sollten. Heldenmütig arbeiteten die Matrosen und Offiziere. Es war kaum möglich, in die schreiende, sich wie rasend gebärdende Menge etwas Ordnung zu bringen. Am Bahnhof von Torre del Greco standen die Züge bis weit über die Räderachse in der Asche. Es war völlig aussichtslos, hier weiterzukommen. Und doch hatten sich über 1400 Menschen zum Bahnhof gedrängt, hatten die Züge gestürmt und sich in die Waggons verkrochen, während auf die Dächer Steine und Aschenbrocken herniederregneten. Militär besetzte den kleinen Bahnhof. Man forderte die Leute auf, die Eisenbahnwaggons zu verlassen und auf den Kriegsschiffen Zuflucht zu nehmen. Die Leute wollten nicht! Sie sahen nur in der Eisenbahn ihre Rettung. Schrittweise ging das Militär vor. Matrosen tragen auf den Armen Schwerkranke zu den Booten. Vorläufig müssen die Männer zurückbleiben, erst schifft man Frauen und Kinder ein. Es kommt zu erschütternden Szenen. Ein Mann, dem beim Kircheneinsturz die Frau und drei Kinder umgekommen sind, wird wahnsinnig und stürzt sich ins Meer.

Das Schlimmste ist der furchtbare Wind, der seit zwei Tagen weht und den Aschenstaub aufwirbelt! In die Ohren, in den Mund und die Nase kriechen die Aschenteile. [...]

In langen Prozessionen ziehen die Einwohner Neapels durch die Straßen, Männer, Frauen und Kinder. Die Frauen haben schwarze Schleier über den Köpfen, die Kinder weinen und klammern sich an die Röcke ihrer Mütter. Tausende waren am 11. April unterwegs, ein unaufhaltsamer Strom wälzte sich zum Dome. Die gesamte Geistlichkeit hatte sich eingefunden. Um die Ordnung aufrecht zu erhalten, hatte man Gendarmen und ein paar Militärposten aufgestellt. ‹Heiliger Januarius, tue ein Wunder!›»

Der Journalist übertreibt, wahrscheinlich ist er in Torre del Greco geblieben und gar nicht bis nach Boscotrecase gekommen, das durchaus nicht «vom Erdboden verschwunden» ist. So hat er auch die bewegende Prozession versäumt, mit der Männer und Frauen aus dem Dorf eine hölzerne Statue der heiligen Anna so nahe an die Lavazunge herantrugen, dass der Kopf der Heiligen Risse bekam. Andere werden jene Tage in Boscotrecase beschreiben, der Romancier Francis Marion Crawford zum Beispiel, ein in Italien geborener und jetzt in Sorrent lebender Amerikaner, der unter anderem herrliche Gruselgeschichten schreibt, oder sein Landsmann Frank Alvord Perret, der gemeinsam mit Professor Matteucci, Brigadiere Migliardi und sechs Carabinieri im von Erdbeben geschüttelten Observatorium ausharrt und den Vulkan von den scheibenlosen Fenstern her beobachtet und fotografiert. Perret ist seit dem Januar 1904 Vulkanologe aus Leidenschaft und als unbezahlter Mitarbeiter am Vesuv-Observa-

torium tätig. Wenn es so etwas wie unbeirrbare wissenschaftliche Neugier – und vielleicht sogar eine Poesie des Grauens – gibt, dann hat sie Frank Alvord Perret ergriffen: «Der bewegendste Eindruck, den ich im Verlauf dieser außergewöhnlichen Ereignisse gewann, die größte Überraschung und der erfreulichste Anlass zur Aufzeichnung war der einer unendlichen Würde in jeder Bekundung dieser unermesslichen Manifestation von Energie. Worte können nicht beschreiben, wie hoheitsvoll sie sich offenbarte, mit welcher gebieterischen Leichtigkeit und schöpferischen Kraft sie die ihr übertragene Aufgabe erfüllte. Jede ihrer geschwinden Regungen war der stolze Ausdruck von etwas, das innig und kraftvoll war und in vollster Übereinstimmung mit den Kräften geschah, welche sie geweckt hatten, und der beharrliche Takt ihrer Herzschläge erhebt diese Eruption in den Bereich jener Dinge, die gewaltig, unbeirrbar und erhaben sind.

Das Gefühl der Furcht, in seiner ganzen Fülle, war ebenfalls zugegen. Was sich der sinnlichen Wahrnehmung dort darbot, war unglaublich stark und drängte den Betrachter in einen Bereich, in dem die gewöhnlichen Naturerscheinungen kraftlos anmuten, und er steht größeren, elementareren Kräften gegenüber als jenen, denen er zuvor begegnet ist. Das führt zu einem Zustand des Bewusstseins, in dem man kaum noch wahrnimmt, wie natürlich diese Verwandlung des sichtbaren Universums eigentlich ist und nur zögernd den Zuspruch der Vernunft anerkennt, dass schließlich alles einmal endet und der Alltag zurückkehren wird. Stattdessen schienen die Ereignisse dieser und der folgenden Tage in von Asche erfüllter Dunkelheit den meisten zu zeigen, dass – ganz so, wie es Plinius der Jüngere vor fast zweitausend Jahren in dieser Gegend schrieb – sich die letzte und ewigwährende Nacht der Geschichte über die Welt gesenkt hat.» Tief empfundene Worte. Mit uns verliert die Natur irgendwann das einzige Lebewesen, das ihre Schönheit und Würde abbilden und beschreiben kann. Aber vermutlich wird ihr das ziemlich gleichgültig sein.

Während Frank Perret bewegt das Schauspiel der Eruption betrachtet und aufzeichnet, werden andere Ausländer eher vom «Gefühl der Furcht in seiner ganzen Fülle» beherrscht. Peter ten Haart berichtet: «Die Gleise waren verstopft von Flüchtlingszügen. In Neapel ist kein Fremder mehr zu finden. In den Zügen sitzen die Menschen aneinandergepresst. In den Gängen stehen sie, auf den Trittbrettern hängen sie. Viele haben einen Verband um den Kopf, Kinder wimmern und schreien, man hat sie der Obhut von Nonnen und Schwestern übergeben, weil während der Flucht die Eltern nicht aufzufinden waren. Neben dem eleganten reisenden Engländer sitzt ein Winzer, neben der Französin, die im feinsten Hotel Neapels gewohnt hat, drängt sich ein Schafhirte. Die Züge sind schneeweiß von Asche überkrustet.»

Die Eruption vom 4. bis zum 22. April 1906 ist die stärkste des 20. Jahrhunderts. Wer heute mit der Circumvesuviana, mit der den Vesuv umkreisenden Eisenbahn, von Neapel ostwärts fährt, der nimmt verwundert wahr, wie die

Fahrt kurz vor Boscotrecase plötzlich in den Untergrund führt: hinein in die Lava von 1906, die dort einen halben Kilometer der Bahnlinie bedeckt hat. Schlimmer noch wütet das kochende Gestein auf dem Berg und zerstört die zum Krater führende Schienenseilbahn mit ihren zwei Jahre zuvor ausgetauschten Wagen, dem erneuerten Seilzug, den Schmalspurschienen. Die Schienen versteinern unwiederbringlich, mehrere Stationsgebäude, das Maschinenhaus und ein Restaurant verschwinden spurlos – sofern sie zur Stazione Superiore gehören, verschlingt sie der neue Krater, den sich der Vulkan aus dem Gestein herausgebrannt hat. Auch ein erheblicher Teil der Ferrovia, der Zubringerbahn, wird verwüstet. Und wieder sterben während der Aschefälle Menschen: In San Sebastiano, Somma und Ottajano kommen Dutzende unter den einstürzenden Dächern ihrer Häuser um, am 8. April werden einhundertfünf Einwohner von San Sebastiano vom Dach ihrer Kirche begraben, in der sie Zuflucht gesucht haben, weil die Häuser im Ort aussehen wie jene im alten Pompeji. Auch in Neapel stürzt das Dach einer Markthalle ein und tötet viele Menschen. Zum Vergleich: Zwei Tage nach dem Beginn der Eruption, als mehrere Soldaten versuchen, wenigstens einen Teil vom Dach des Vesuv-Observatoriums von Asche zu befreien, bis sie erschöpft aufgeben müssen, wird das Gewicht des von ihnen zusammengekehrten Niederschlages ziemlich genau ermittelt: Es sind sechs Tonnen.

Die Eruption von 1906 auf einer zeitgenössischen Postkarte, deren Beischrift den Ausbruch von «Sand und heißem Wasser» (Asche und Dampf) vermeldete.

Dreizehn Kilometer hoch erhebt sich die Säule aus Dampf, Asche und Steinen über das Elend, Teile davon rasen als pyroklastische Ströme – Frank Perret nennt sie noch «hot avalanches», Glutlawinen – den Berg hinunter. Dann scheint es vorbei zu sein. Noch einmal Peter ten Haart: «Am 13. April glühten in Neapel und Umgebung Tausende von Kerzen auf! In allen Fenstern standen sie, alle Heiligenbilder waren geschmückt. Das Entsetzen schlug in einen Freudentaumel um. Aus allen Gegenden der Welt waren Spenden gekommen, aus Rom schickte man Waggons mit Blumen, damit die Kirchen geschmückt werden konnten.» Rom schickt mehr als Blumen, das Königspaar war sogleich nach Neapel und zum Vesuv geeilt, um zu sehen, wie zu helfen sei, aber die Kerzen leuchten zu früh: Wieder einmal suchen Wolkenbrüche und Schlammlawinen die Ortschaften unter den Vesuvhängen heim. Dabei werden Cercola und Pollena im Nordwesten sowie Terzigno im Südosten überschwemmt. Noch in der dritten Maiwoche ereilt das Übel der «lave d'acqua» Resina und San Sebastiano, und Weiden, Wälder, Felder und Weinhänge, die von den Aschefällen verschont blieben, ersticken in der zähen Zementschicht aus grauer oder kakaobrauner Asche.

Den Vesuv kostete die Eruption von 1906 nicht weniger als 107 Meter seiner Höhe, und er brauchte nun sieben Jahre Ruhe: Erst im Juli 1913 begann eine strombolianische Aktivität, die in der gewöhnlichen Weise zunächst den Krater füllte, darin einen Kegel formte und im Juni 1929 zu einer explosiven Eruption führte. Wieder spritzten Lavafontänen einen halben Kilometer himmelwärts, wieder kroch Lava zum östlichen Bergfuß. Vom Juli 1929 bis zum März 1944 setzte dann abermals eine anhaltende strombolianische Tätigkeit ein, deren Ergebnis schließlich ein den Kraterrand überragender, auch von Neapel her deutlich sichtbarer Kraterkegel war.

Es gibt viele Geschichten über den März 1944. Eine davon erzählt, dass Giuseppe Imbò, Direktor des Vesuv-Observatoriums, den Kommandanten des Militärflugplatzes in Terzigno schon am 13. März vor einer Eruption warnte, und das ist sicherlich eine Tatsache. In das Reich humorvoller Legenden gehört dagegen wohl, dass man Professor Imbò nachsichtig lächelnd anhörte und ihn dann mit einer Dose Corned Beef nach Hause schickte. Vorstellbar ist freilich, dass die Befehlshaber der 5. Armee das Ausmaß der künftigen Katastrophe unterschätzten, sonst hätten sie die von ihnen herausgegebene Zeitung «Stars and Stripes» am 19. März kaum mit dieser Schlagzeile erscheinen lassen: «Der Vesuv erwacht vor Freude, wieder mit seinen alten Freunden aus Amerika vereint zu sein». Aber Imbò hatte bereits am 13. den Schlackekegel auf dem Vulkan zusammensinken sehen. Am frühen Morgen des 18. brach daraus Lava hervor und floss sowohl südwärts als auch nach Norden. Der nördliche, in das Atrio del Cavallo fließende Strom war weitaus verheerender und bedrohte San Sebastiano, Massa und Cercola. Den Anblick, den der brennende Berg dabei von Neapel her bot, schilderte der Schriftsteller Emmanuel Roblès so: «Um sechs Uhr [...] war die Nacht eine falsche Nacht, denn die Riesenfackel des Vesuvs versengte den Himmel, und ihr Widerschein erstreckte sich weit über die schaudernden Gefilde des Meeres hinaus. Alle Straßen badeten in rosiger Helle, die den Gesichtern einen glutroten Teint verlieh. Und nirgends konnte man diese Nähe vergessen, diese maßlos entfesselte Elementargewalt, die die Herzen mit einer lauernden Angst erfüllte. Immer wieder wandte man sich der enormen Rauchmasse zu, in der lodernde Höhlen sich öffneten und schnell wieder zerfielen, wo wuchtige Spiralen sich drehten, rot gerändert, mit Funken gespickt. [...] Der Vesuv schleuderte seine Feuer- und Flammengarbe kerzengrade in den

Der Vesuvkrater nach der Eruption 1906: Regenfälle haben tiefe Erosionsrinnen in die Asche gegraben. Darunter, ebenfalls auf einer zeitgenössischen Postkarte abgebildet, der während der zwanziger und dreißiger Jahre wieder tätige Eruptionskegel, der den Kraterboden mit Strick- und Fladenlava überschwemmt hat.

Himmel empor; sie entfaltete sich, fiel in funkelnder Fontäne herab und beleuchtete die ganze Gegend, die in einem rötlichen Licht erschien, enthüllt bis in die intimsten Einzelheiten, eine Kiefernreihe auf einem Hügelkamm, den einsamen Turm an der Spitze eines Kaps. Auch das Meer hatte sich blutrot verfärbt, und das Castel Sant'Elmo auf der Anhöhe glich einem riesigen rosaroten Kuchen. Und unaufhörlich ertönte das langgezogene Grollen, als ob Tausende von Eisenbahnzügen in voller Geschwindigkeit durch den Raum rollten.»

In Neapel kommt es wieder zu den sattsam bekannten Prozessionen, zu den gleichermaßen üblichen Erstürmungen von Bordellen und Bäckereien, die für die bedauernswerten Betroffenen sehr leidvoll verlaufen, und zu irrwitzigen

«Der Vesuv erwacht vor Freude, wieder mit seinen alten Freunden aus Amerika vereint zu sein», meldete «Stars and Stripes» am 19. März 1944: Hier sehen alliierte Soldaten diesem Erwachen zu. Fotografie von George Rodger.

Szenen. Abermals Curzio Malaparte: «Aus allen Fenstern beugten sich lebhaft gestikulierende, nackte Menschen und riefen einander mit lauten Schreien und schrillen Klagelauten; und alle die anderen, die fliehend durch die Straßen rannten, hoben gleichfalls schreiend und weinend das Gesicht empor, ohne ihre hastende Flucht zu hemmen oder zu verlangsamen. Von allen Seiten liefen wild anzusehende Menschen herbei, manche mit Fetzen bekleidet, manche fast nackt, um den Madonnen und den Heiligen der Tabernakel Wachskerzen und Fackeln darzubringen, oder sie riefen auf dem Pflaster niederkniend die heilige Jungfrau und San Gennaro um Hilfe an, schlugen sich an die Brust und zerkratzten sich das Gesicht unter hemmungslosen Tränen.»

Oben im Observatorium, das – mit Imbòs Worten – «wie ein Schifflein auf wild bewegtem Meer» schaukelt, harren der Professor, seine Frau Anna, der Carabiniere Antonio Manzo und der Wächter Alfonso Pizza aus. Denn das ist ebenso alltäglich wie Prozessionen und Hurenverfolgung. In der Literatur wird häufig die Furchtlosigkeit des älteren Plinius – «Das Glück ist mit dem Tapferen!» – gepriesen und wenig von den Mutigen und den Hilfreichen überliefert, die es schließlich während jeder Vesuveruption gab. Immer wieder steigt Imbò mit einem Begleiter zum Krater hinauf, nur sie sehen die zwei Kilometer hohen Lavafontänen vom 21. und 22. aus der Nähe, vor deren Gluthauch sie ein westlicher Wind ebenso wie vor den umherfliegenden Lapilli bewahrt. Was die Lava in dieser Zeit in San Sebastiano und Massa di Somma anrichtet, ist hier bereits von Norman Lewis erzählt worden. 12 000 Menschen werden in jenen Tagen mit Militärfahrzeugen in Notunterkünfte gebracht. Andere, häufig Bewohner entfernter Gehöfte, sterben unter zusammenbrechenden Dächern, werden von Kohlendioxid in einem Luftschutzbunker erstickt oder kommen in den Wirren der Flucht um – etwa fünfzig Menschen, heißt es, überleben diese Tage nicht. Im Osten, auf der nicht von der Lava bedrohten Seite des Vulkans, werden derweil jene gestraft, die Giuseppe Imbò angeblich nicht geglaubt hatten: Am 22. April, die Eruptionssäule erreicht an diesem Tag eine Höhe von sechs Kilometern, gehen selbst noch in Poggiomarino vulkanische Bomben mit einem Gewicht von bis zu einem Kilo nieder, und auf dem Flugplatz der Alliierten bei Terzigno werden 88 Bombenflugzeuge von herabfallender Tephra beschädigt.

Der Vesuv verstummt am 4. April 1944. Was bleibt, sind ein verstopfter Schlot sowie ein Krater, der sich 200 Meter südlich von seinem Vorgänger auftut, nur noch ein Drittel von dessen Abmessungen und einen schiefen Rand herzeigt: Im Norden steigt er bis zur Höhe von 1281 Metern an, im Westen sind es dagegen 1169 Meter. Von der mit Schutt gefüllten Feuergrube, in der jetzt ein paar waghalsige Bäumchen wachsen, kann man überall lesen, sie sei 230 bis 250 Meter tief, ohne dass ein Bezugspunkt angegeben wird. Die amtliche Karte weist ihrem Boden eine Höhe von 951 Metern zu – demnach ist der Krater, gemessen vom Gipfel, 330 Meter tief.

Die Eruptionswolke im März 1944, gesehen vom Stadtteil Capodichino, in dem Neapels Flughafen liegt. Darunter einer der vielen von Asche und Lapilli beschädigten Bomber auf dem Flugfeld von Terzigno. Fotografien amerikanischer Militärangehöriger.

Etwa ein halbes Dutzend Kilometer unter dem Schutt und den waghalsigen Bäumchen brodelt eine Magmakammer. Im Vergleich mit anderen Ruheperioden des Vesuvs verging seit der Eruption von 1944 noch keine ungewöhnlich lange Zeit. Ein Zyklus ist inzwischen wohl im Verlauf der Eruptionen, aber niemals im Hinblick auf ihre zeitliche Folge erkennbar. Die Geräte der Wissenschaftler in der Sektion des Istituto Nazionale di Geofisica e Vulcanologia in Neapels Stadtteil Posillipo sind durch die modernsten Mittel mit drei ehemaligen – und vielleicht künftigen – Eruptionszentren verbunden: mit der Insel Ischia, den Campi Flegrei und mit dem Vesuv. Den Messstationen entgeht dort keine Regung in der Tiefe, keine Deformation der Erdoberfläche, keine Veränderung der magnetischen Signatur oder geochemischer Gegebenheiten. Das ist ein großer Fortschritt seit der Zeit, in der man Ausschau hielt nach Riesen, die in den Wolken über dem Valle del Gigante tanzten, oder den Wasserstand in den Brunnen beobachtete. Aber Vorzeichen können nur warnen, und nicht immer tun sie das rechtzeitig. Die Vulkanologen sind deshalb gar nicht darüber erbaut, dass versucht wird, ihnen mit den hochempfindlichen Instrumenten auch Verantwortung zu übertragen. Sie fordern, man solle sich vorbereiten und eine alte Warnung beherzigen: «Nachgeborene, Nachgeborene! [...] Früher oder später entbrennt er, und wenn das Meer hereinbricht, dann wird er seinen Schoß entleeren. Zuvor aber stöhnt und tobt er, lässt er die Erde beben. Er speit Rauch, Flammen und Blitze, lässt die Luft erzittern, brüllt und donnert furchtbar und hetzt die Anwohner davon. Dann flieh, so du noch fliehen kannst!», mahnt die Stimme des Marmors in Portici. Es gibt sicherlich keinen weiseren Ratschlag, und da bleibt es fragwürdig, ob Evakuierungsübungen mit einigen Hundert Beteiligten, bei denen immer vorausgesetzt wird, die Bevölkerung Neapels, eine Million Menschen, werde ebenso unbehelligt bleiben wie das Straßen- und Eisenbahnnetz um den Vulkan, hinreichend auf eine explosive Eruption vorbereiten.

Der Vesuv wird wieder ausbrechen. Es kann morgen oder in fünfhundert Jahren geschehen. Und je länger sein Schlaf währt, desto schrecklicher wird das Erwachen sein.

«Es wundert mich nicht, dass die Erkenntnisse auf dem Gebiet der Naturgeschichte, insbesondere auf jenem der Erdgeschichte, noch derart unvollkommen sind. Die Natur handelt bedächtig, und es ist schwierig, sie bei der Schöpfung zu ertappen. Die Männer, die diesen Bereich zum Objekt ihrer Studien machten, zögerten nicht, die Naturgeschichte eines ganzen Landstriches oder sogar eines ganzen Kontinentes zu schreiben. Sie haben dabei nicht bedacht, dass selbst die längste Lebensspanne eines Menschen kaum ausreicht, um auch nur die Geschichte des winzigsten aller Insekten aufzuzeichnen.»

William Hamilton, Campi Phlegraei

DAS DENKMAL

Gelehrte, Dilettanten und Liebhaber

Der Vesuv existiert, weil es Afrika gibt. Wie gewaltige Schollen, deren Ränder von den Ozeanen und Meeren verborgen werden, schwimmen die Kontinente auf dem Erdinneren, drängen und stoßen, nur wenige Zentimeter pro Jahr, aneinander. Das Gebiet, in dem der Rand einer dieser Schollen oder Platten unter eine andere gerät – im Süden Italiens ist es die afrikanische Platte, die mit der eurasischen kollidiert –, nennen Geowissenschaftler eine Subduktionszone. Die Bewegungen der ineinander verhakten Platten rufen Erdbeben hervor, und in der Subduktionszone wird die abtauchende Platte zu Magma aufgeschmolzenen, das im Schlot eines Vulkanes an die Erdoberfläche gelangen kann. Das schreibt sich so hin – die Vorgänge in der Tiefe sind kompliziert und alles andere als logisch. Naturwissenschaft stimmt ohnehin immer ein wenig melancholisch, weil stets auch vergehen muss, was wächst.

Perseus und Andromeda. Fresko in der Casa della Saffo, Pompeji (jetzt im Archäologischen Nationalmuseum Neapel). Als Opfer für von ihrer Mutter begangene Lästerung sollte Andromeda von einem Meeresungeheuer verschlungen werden, wurde jedoch von Perseus gerettet, der hier die Liebenden mit dem von ihm abgeschlagenen Haupt der Medusa schützt.

Das empfand der Jesuit, Philologe, Mathematiker, Musiktheoretiker, Geograf, Ozeanograf, Ägyptologe, Sinologe und Erfinder der Laterna magica, Religionswissenschaftler und Naturforscher, kurzum einer der letzten Universalgelehrten, Athanasius Kircher nicht so. Im Gegenteil, Erkenntnis beflügelte seinen Wissensdrang, der ihn zum Beispiel die Pestbeulen Verstorbener öffnen ließ, um nach dem Erreger zu suchen, oder ihn bewog, sich so unterschiedlichen Dingen wie dem untergegangenen Atlantis, ägyptischen Hieroglyphen, der Arche Noah und ihrer Ladung oder einem beleuchteten Pappmachémodell des Vesuvs zuzuwenden. Kircher war auch Urheber der ersten Weltkarte, aus der die Verteilung von Vulkanen über den Erdball ersichtlich ist. Er forschte auf nahezu allen Gebieten, korrespondierte mit Hunderten von Gelehrten und sachkundigen Zeitgenossen und schrieb mit bemerkenswertem Gespür für Effekte und Vermarktung mehr als vierzig Bände. Spätere Autoren scheint so viel Schöpfungskraft dazu verlockt zu haben, ihn an einem Flaschenzug in den brüllenden, kochenden Vesuvkrater abzuseilen, und auch die «Katholische Enzyklopädie» gesteht ihm dafür wenigstens ein Seil zu, aber der von Giovan Battista Alfano und Immanuel Friedlaender vorgenommenen Übersetzung aus Kirchers «Mundus Subterraneus» – der Unterwelt – zufolge ging es bescheidener zu: «Im Jahre 1638 begab ich mich nach Portici. Dort wählte ich mir einen ansässigen Bauern, den ich gut bezahlte, zum Reisegefährten. Gegen Mitternacht begannen wir den Aufstieg auf schwierigen und mühsamen Pfaden. Als wir am Gipfel anlangten, war der Krater vom brennenden Pech hell erleuchtet, und es stank unerträglich nach Schwefel. Ich war von diesem außergewöhnli-

Die Verkörperung gottesfürchtiger Wissbegierde: Athanasius Kircher im Alter von 53 Jahren (Stich von 1655).

chen Schauspiel überrascht. Der Berg heulte und tobte, und elf auf dem Boden und an den Wänden verstreute Bocchen [mit dem Schlot verbundene Austrittsöffnungen] spieen Feuerbälle aus. Der Morgen dämmerte schon, sodass ich mir einen bequemeren Punkt aussuchen konnte, um ein wenig in den Krater hinabzusteigen. Mithilfe eines Pantometers [Winkelmessinstrument] versuchte ich nun, seine Dimensionen festzustellen. [...] Die Wände fielen senkrecht ab, sodass man nicht bis zum Boden gelangen konnte. Eine richtige Feuerwerkstätte war es, die die Natur sich dort unten eingerichtet hatte. Schwefel, Pech und andere Mineralien wurden in derselben geschmolzen, und wenn alle anderen Auswege versperrt waren, entledigte sich diese Masse ihrer Last mit solcher Wucht und solchem Getöse, dass der ganze Berg zitterte. Die aus Asche und lockerem Material bestehenden Teile des Kraterrandes stürzten krachend in den Abgrund hinab. Mehr als menschlicher Mut gehörte dazu, dieses Getöse auszuhalten.»

Wer sich mit einem Lateinwörterbuch weiterquält, der erfährt, wie gebannt der Mann, dessen reger Geist sich zwischen dem biblischen Babylon und dem damaligen China bewegte und der schon so manche fesselnde Naturerscheinung gesehen hatte, von dem Anblick war: «Oh, wie unermesslich sind Gottes Kraft und Weisheit! Wie unergründlich sind Deine Wege! Wenn, vermöge Deiner Macht, nun solche schrecklichen Vorzeichen der Natur erscheinen und die Verschlagenheit und den Starrsinn der Menschen bestrafen, was soll dann erst am Jüngsten Tag geschehen, wenn die Erde, Deinem göttlichen Zorn preisgegeben, vom Feuerbrand in ihre Bestandteile aufgelöst wird?» Mit den Vorzeichen der Natur meinte Kircher die seit dem Juli 1637 anhaltende strombolianische Aktivität des Vulkans, die Gedanken an ein milderes göttliches Strafgericht – etwa an die Sintflut – gar nicht in ihm aufkommen ließ. Natürlich nicht, in der Offenbarung des Johannes kannte Kircher sich schließlich aus. Im Unterschied zum Sammler und Liebhaber der Künste William Hamilton, mit dem er dennoch einiges gemeinsam hatte, waren ihm Vulkane wohl nur Zerstörer, Rächer, keine Schöpfer, die sich immer wieder neu erschaffen.

Kirchers Versuch, Abmessungen des Kraters wiederzugeben, ist der Meinung der Übersetzer zufolge gänzlich gescheitert, weil sie seine Angaben für unsinnig halten. Aber das muss nicht Kirchers Schuld gewesen sein, denn an der Entstehung eines Buches waren damals oft weit voneinander entfernte Leute beteiligt. Auch auf der zugehörigen Abbildung, die einen Schnitt durch den Vesuv zeigt, hat der Kupferstecher die Anzahl geifernder Schlünde aus handwerklichen Gründen von elf auf vier vermindert. Ihr kugelförmiges Zentralfeuer gleicht den Elementen einer anderen Darstellung in Kirchers Werk: ein Feuer

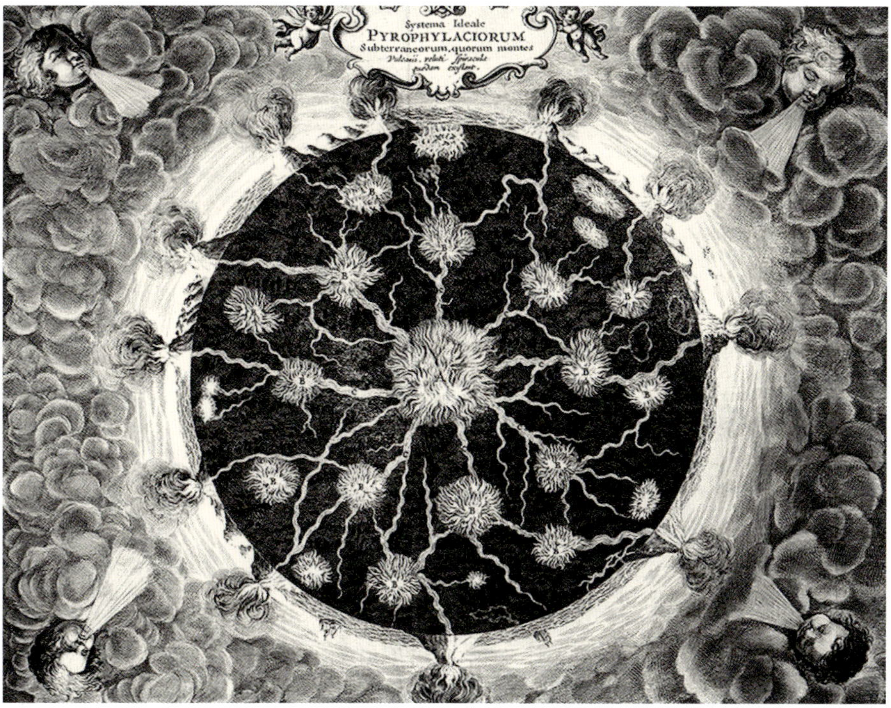

Schnitt durch den Vesuv, «wie ihn der Autor 1638 sah», in Kirchers von 1664 an in drei Bänden erschienenem Werk «Mundus Subterranus». Zudem seine Ansicht (1665) von einem Zentralfeuer in der Mitte der Erde, das zahlreiche Nebenherde und schließlich die Vulkane speist.

im Erdmittelpunkt, das zahlreiche Nebenfeuer speist, die entweder wie Magmakammern unter der Oberfläche verharren oder flammend durch Vulkanschlote entweichen und damit zum Beispiel – wie abgebildet – die Besatzungen vorbeieilender Schiffe auf der Südhalbkugel erschrecken. Ganz so fantasievoll wie seine Rekonstruktion der Arche Noah waren Athanasius Kirchers vulkanologischen Vorstellungen – er hatte vor dem Vesuv auch den Ätna und den Stromboli gesehen – also nicht. Doch bis zu gesicherten Erkenntnissen war es noch ein weiter Weg. So meinte Kircher, und deshalb umgeben heftig blasende Helfer des Windgottes Aeolus sein Abbild der Erde, dem Wind falle bei Eruptionen eine entscheidende Rolle zu. Logisch gedacht: Jedes Kind wusste, dass kein Feuer ohne Luftzufuhr brennen kann. Andere Gelehrte des 16. und 17. Jahrhunderts meinten hingegen wie der Philosoph Giordano Bruno, das Wasser müsse etwas mit vulkanischer Aktivität zu tun haben, weil die bekannten Vulkane allesamt am Meer zu finden waren. Bedenkt man die großen Mengen von freiem oder gebundenem Wasser in der abtauchenden ozeanischen Platte einer Subduktionszone, so führte auch das nicht gänzlich in die Irre.

Es ist nicht recht, hier über Vesuvbesteigungen wie die von Ehrenfried Walther von Tschirnhaus 1677 oder Gottfried Wilhelm Leibniz 1689 und ihre Bedeutung hinwegzusehen, aber es musste doch erst ein ketzerisches, skeptisches Zeitalter beginnen, in dem Suchende wie Giordano Bruno nicht mehr verbrannt wurden, damit mehr Klarheit in die Welt kam. Und es ist ebenso ungerecht, wenn nunmehr von einem Vulkanforscher die Rede ist, über den schon tausendfach geschrieben wurde. Doch es geht nun einmal um fortdauernde Einflüsse, die für jedermann offenkundig daherkommen: So wie beispielsweise Abschnitte im Werk des hier zuvor mehrfach zitierten Reiseschriftstellers Georg Keyßler – vom vermeintlichen Ursprung der Tarantella bis hin zu den ernsthaftesten Belangen – wesentlich blasser erschienen, wenn sie nicht von Athanasius Kirchers Veröffentlichungen genährt worden wären, so verlöre die Geschichte der Vulkanologie ohne einen Mann namens Hamilton erheblich an Farbigkeit.

Der Schotte William Hamilton kommt 1764 als britischer Botschafter nach Neapel und wird bald zum besessenen Dilettanten: auf den Gebieten der Vulkanologie sowie etruskischer, griechischer und römischer Altertümer und der Kunst schlechthin. Das Wort Dilettant hat damals eine andere Bedeutung als heute: Es kommt vom italienischen dilettare – sich ergötzen, vergnügen – und kennzeichnet jemanden, der mit Leidenschaft und Hingabe einer Wissenschaft oder der Kunst anhängt, ohne daraus einen Beruf zu machen. In London gibt es seit 1732 die Dilettante Society oder Society of Dilettanti, der auch Hamilton angehört: vermögende, einflussreiche Männer, die nach dem Urteil des Schriftstellers Horace Walpole vordergründig die Bedingung stellen, ein Mitglied müsse in Italien gewesen sein, aber tatsächlich nur solche Männer aufnehmen, die besonders trinkfest sind. Ein Bonmot, gewiss, auch wenn auf zeitgenössischen Darstellungen der Herren – oft scharen sie sich da um Hamilton, der in einer Veröffentlichung über seine Sammlung griechischer Vasen blättert – die Weingläser stets gut gefüllt sind. Ihr tiefstes Anliegen und Vergnügen besteht jedoch eher darin, den Klassizismus in Britannien zu bestärken, den schönen Schein der griechischen und römischen Epoche in die Malerei, in die Architektur, in alle Le-

Sir William Hamilton auf einem Stich von William Thomas Fry (1789–1843) und seine zweite Frau Emma als Tänzerin vor dem Vesuv, gemalt von Elisabeth Vigée-Lebrun (1755–1842). Das Motiv erscheint zweideutig: Lady Emmas Tanzdarbietungen sowie ihre «lebenden Bilder» waren unter Reisenden nicht weniger berühmt als der Vulkan. Lady Lever Art Gallery, Liverpool.

bensbereiche zu tragen und entsprechende Stipendien zu vergeben, die italienische Oper oder kulturhistorische und archäologische Forschungen und anderes mehr zu unterstützen. Das tun die Dilettanti übrigens noch heute. Lord Hamilton, seit 1772 darf er sich so nennen, gehört nicht zu den reichsten Mitgliedern – er muss seine Einkünfte durch Verkäufe von Antiquitäten aufbessern, und ein Gast namens Goethe sieht eines Tages in Hamiltons Haus Dinge, die man heute als Hehlergut bezeichnen würde –, wohl aber zu den sachkundigsten und ist Mitglied der Royal Society, Freund von deren Oberhaupt Sir Joseph Banks, Jugendfreund des britischen Königs, ständiger Jagdgenosse und Vertrauter des Königs beider Sizilien. Zudem ist er ein Sammler – wie Athanasius Kircher, der in Rom ein ganzes Museum gefüllt hat. Im Verlauf des Lebens, das so zahlreiche Verluste bringt – den der Kindheit, der Jugend, der Unbekümmertheit und der Leidenschaft zum Beispiel – bedeutet der Besitz einer Sammlung fraglos Selbstsicherheit, aber das kann langweilig sein – erst das Aufspüren weiterer Stücke weckt Fantasie, List und Findigkeit, und wer nicht über Hingabe und Sorgfalt verfügt, der wird es nicht weit bringen. Schließlich ist William Hamilton auch noch das, was man gestählt nennt: So ganz genau wird die Anzahl seiner Aufstiege zum Vesuvkrater nicht gezählt, doch jener vom 30. Juni 1794 trägt die Zahl 68, und da der Botschafter Neapel erst 1800 verlässt, könnten es wohl einige mehr gewesen sein. Seine Aufenthalte auf den Hängen des Vulkans, die Ausflüge zur Gewinnung der vielen Gesteinsproben, die er zur Untersuchung nach England schickt, bleiben ungezählt. Wenn er 1803 stirbt, werden seine Frau Emma und der britische Seeheld Horatio Nelson seine Hände halten, und das Verhältnis der drei beschert Hamilton als Gegenstand von Romanen bald mehr Berühmtheit als all sein Mühen, Sammeln und Forschen zusammen. Und sehr lange Zeit danach ergibt sich sogar noch eine Parallele zu Athanasius Kircher, wenngleich eine entfernte: Während Susan Sontag dem Vulkanliebhaber Hamilton einen Roman widmet, ersinnt Umberto Eco den Jesuitenpater Caspar Wanderdrossel, den er Kirchers Ansichten über die Pest, die Sintflut, Noahs Arche und über Vulkane vortragen lässt.

Hamiltons Vulkanbesteigungen gelten nicht allein dem Sammeln und der Wissenschaft, sie sind häufig auch Ausflüge mit Diplomaten, Freunden, hochgestellten Personen – darunter ein Kaiser und ein künftiger Zar, zumeist aber britische Adlige –, die am Ende ihrer Grand Tour den Vesuv besehen wollen. Geht er ohne Gäste, dann begleitet ihn Bartolomeo Pumo, ein junger Mann aus Neapel; ein anderer, der gelehrte Geistliche Antonio Piaggio, wird von Hamilton dafür bezahlt, dass er jede Regung des Berges über Jahre aufzeichnet. Der Sammler geht also bedachtsam vor, das gehört zum System Hamilton, dem Beginn der vulkanologischen Feldforschung, aber er ist ja auch Künstler: 1767 entwirft er seinen «Vesuvapparat» – noch eine Parallele zu Athanasius Kircher. Die Arbeit daran geht ihm leicht von der Hand, die er bereits bei der Anfertigung von Korkmodellen griechischer und etruskischer Gräber – dem Ursprung seiner Vasensammlungen – geschult hat. Selten war das 18. Jahrhundert dem Kino näher: Auf durchscheinendem Pergament ist ein Vesuv mit Lavaflüssen und einer Eruptionswolke farbig aufgemalt, hinter dem ein Uhrwerk den mechanischen Ablauf von Licht- und Toneffekten steuert, sodass der Berg lebendig wirkt, mit donnernden Paukenschlägen Feuer, Lava und Asche ausstößt. Leider überliefern Hamiltons Gäste, die offenkundig eher Lady Emmas pantomimische Darbietungen und Schleiertänze schätzen, kaum Einzelheiten über den Apparat. Seiner Neigung zum Bildhaften geht Hamilton überdies nach, indem er, meist ohne Vorbestellungen einzuholen, prachtvoll illustrierte Werke über Vasen und Vulkane finanziert und sich damit fast ruiniert. Da entsteht unter der Aufsicht des begabten Scharlatans Baron D'Hancarville, eigentlich Pierre François Hugues, ein mehrbändiges, zum Teil handkoloriertes und gestochenes Abbild seiner Vasensammlung, das ursprünglich von keinem Geringeren als Johann Joachim Winckelmann kommentiert werden sollte – vom bedeutendsten Kunsthistoriker seiner Zeit, dem hier einmal beim Taubenbraten auf dem Vesuv zugesehen wurde. Winckelmanns Tod verhindert das, eine später folgende Ausgabe mit hinzugekommenen Stücken gibt Hamilton selbst heraus, lässt einen befreundeten Gesandtschaftssekretär den Text schreiben und gewinnt für den Bildteil Johann Heinrich Tischbein. Sein wunderbarstes Geschenk an Leser und Betrachter sind jedoch die «Campi Phlegraei», erschienen 1776, eine Zusammenfassung seiner an die Royal Society gerichteten Nachrichten über den Vesuv und andere Vulkane im Königreich beider Sizilien, das schönste Buch der Vulkanologie und eines der schönsten Bücher des Jahrhunderts. Der als Pietro in Neapel lebende Brite Peter Fabris versieht das Werk mit 54 wunderschönen, handkolorierten Stichen, und der drei Jahre später erscheinende Supplementband erhält noch einmal fünf.

Der Kraterkegel des Vesuvs in der Zeit vom 8. Juli bis zum 18. Oktober (dem Tag vor einer explosiven Eruption) sowie am 29. Oktober 1767 (ganz unten). Abbildung in William Hamiltons «Campi Phlegraei» (Neapel 1768). Die Darstellungen sind nicht maßstabgerecht.

Vesuveruption am Abend des 8. August 1779, gesehen von Mergellina, einem westlichen Stadtteil Neapels. Kolorierter Stich aus dem Supplementband zu William Hamiltons «Campi Phlegraei» (Neapel 1779).

Hamiltons Text scheint damals nur wenige Leser zu interessieren, viele trennen die Abbildungen heraus und lassen sie rahmen – zwei Jahrhunderte später wird Susan Sontag dergleichen in einem Londoner Antiquariat entdecken und davon so bezaubert sein, dass sie beschließt, einen Roman über den «Liebhaber des Vulkans» zu schreiben. Dabei sind die Mitteilungen an die gelehrte Gesellschaft voller wichtiger Erkenntnisse, wenngleich sie oft mit gehörigem Understatement dargeboten werden. Zum Beispiel im Oktober 1767, als Hamilton zum wiederholten Male bemerkt, wie der Vulkan im Krater einen neuen Kegel aus Schlacke anhäuft. Die davon angefertigten Skizzen sendet er an die Royal Society und bekundet seine Überzeugung, «dass der gesamte Vesuv auf dieselbe Weise geformt worden ist». Wer den Brief aufmerksam liest und die Abbildungen betrachtet, der weiß nun, wie ein Schichtvulkan entsteht. Natürlich beobachten damals auch italienische Gelehrte den Feuerberg, darunter so hervorragende Männer wie Giovanni Maria Della Torre oder Gaetano De Bottis, aber denen lauscht kein so großes und aufmerksames Publikum. Das weiß der Lord wohl und schreibt bescheiden: «Ich gebe mich damit zufrieden, Tatsachen zu sammeln und überlasse es anderen, sie in ein System einzufügen.» Doch die von ihm gesammelten Tatsachen sind Grundlagen und Grundsätze: «Vulkane bilden Berge, nicht etwa Berge die Vulkane.» Das mutet heute schlicht an, braucht damals aber noch einige Jahrzehnte, bis es allgemein anerkannt wird.

Selbst der geringste Beitrag zu einem künftigen System, zu einer Wissenschaft, wird nicht am rumpelnden Vesuvmodell, sondern durch Feldforschungen gewonnen, die bisweilen überaus gefährlich sind. So etwa an jenem Tag, als Hamilton mit Bartolomeo Pumo im Atrio del Cavallo eine Lavabank untersucht: «[...] Plötzlich riss etwa eine Viertelmeile von meinem Standpunkt entfernt der Berg auf, und aus diesem neuen Schlund schoss, viele Fuß hoch und mit brausendem Geräusch, eine Fontäne aus flüssigem Feuer empor und strömte uns dann wie ein Sturzbach entgegen. Die Erde bebte, zugleich ging ein dichter Hagel aus Bimsstein auf uns nieder, und augenblicklich hüllten Wolken aus schwarzem Rauch und Asche uns in eine fast undurchdringliche Dunkelheit. Die Explosionen auf der Bergspitze waren lauter als jeder Donner, den ich jemals gehört habe, und der Schwefelgestank war beißend. Mein Bergführer bekam es mit der Angst zu tun und gab Fersengeld, und ich muss bekennen, dass ich mich schon erheblich wohler gefühlt habe. Ich folgte ihm sogleich, und wir rannten fast drei Meilen, ohne auch nur einmal zu verschnaufen.»

Rennen – das mussten die Vulkanenthusiasten alle erlernen, und es war dabei völlig gleichgültig, welchem Jahrhundert sie angehörten. Hier bleibt nur Raum für drei von ihnen, und es sollte nicht der Eindruck entstehen, es seien so wenige gewesen. Einer davon, es war Frank Perret, hat die Bezeichnung «Kabinettvulkan» überliefert, mit der man den Vesuv bedachte und die ein Fingerzeig darauf ist, dass zahlreiche Dilettanten, Liebhaber und Gelehrte aus meh-

Hungernd nach Erkenntnis, süchtig nach Arbeit: Kirchers Wahlverwandter Frank Alvord Perret.

reren Nationen dort zu bedeutenden Vulkanologen wurden oder bereits solche waren und im Verlauf von Aufenthalten am Vesuv zum Wachsen ihrer Wissenschaft beitrugen: zum Beispiel Henry James Johnston-Lavis, Alfred Lacroix, Giuseppe Mercalli, Frank Alvord Perret und Alfred Rittmann, um nur die berühmtesten Namen zu nennen.

Auch der erwähnte Frank Perret erlernt das Rennen schnell, obgleich er eigentlich zur Erholung nach Italien gekommen ist: Ein Arzt riet dem Elektroingenieur und Unternehmer, der schon mit neunzehn Jahren eine erfolgreiche Firma gründete, zum Aufenthalt am Golf von Neapel, nachdem der Fünfunddreißigjährige einen Nervenzusammenbruch erlitten hatte. Deshalb mietet Perret im Dezember 1903 eine Unterkunft in Torre del Greco, mag aber nicht untätig herumsitzen. Über dem Ort erhebt sich dunkel und wie häufig von einer Wolkenschleppe umgeben der Berg, den er bisher nur von einer farbigen Lithografie im Büro seines Vaters her kannte: der Vesuv, der Drache, dessen feuriger Atem auf jenem Bild Pompeji auslöschte. Schon im Januar 1904 steht Perret an der Höhle des Ungeheuers, am Krater, und fasst vermutlich sogleich den Entschluss, sich künftig der Erforschung vulkanischer Erscheinungen zu widmen. Anders ist kaum erklärbar, dass er nun die Firma Thomas Cook & Son um Unterstützung bittet und fortan tatsächlich kostenlos die Vesuvbahn benutzen darf sowie ein Zimmer im gerade erbauten Hotel Eremo erhält. Zudem wendet Perret sich an die Wissenschaftler im Vesuv-Observatorium: an Raffaele Vittorio Matteucci, den Direktor, einen unerschrockenen Mann, der wochenlang beobachtend am Krater zeltet und sich erst zurückzieht, nachdem ein Hagel aus vulkanischen Geschossen ihn verbrannt und niedergestreckt hat – er wird schon 1911 sterben, weil er während der Eruption 1906 zu oft und zu lange vulkanische Asche einatmete –, an Giuseppe Mercalli, der einmal Matteuccis Platz einnehmen wird, und an Alessandro Malladra, den Vizedirektor, den Perret bei zahllosen Ausflügen zum Krater begleitet. Noch zwei Jahrzehnte später erinnert der Amerikaner sich im Vorwort seiner Monografie über die Ereignisse von 1906 bewegt der Freundlichkeit und der Achtung, mit der man ihm, dem Dilettanten, begegnete. Denn schließlich ist Perret derzeit lediglich Dilettant und – vielleicht gehört das immer dazu – Sammler. Er sammelt Messdaten, und weil beim Sammeln das Betrachten die größte Freude bringt, entwickelt er das Perret-Diagramm:

Wie immer mit umgehängtem Fotoapparat, lauscht Frank Perret dem Innenleben des Vulkans.

eine kreisförmige Anordnung, auf deren Umfang acht vulkanische Phänomene erscheinen, von denen zehn punktförmige Felder zum Zentrum führen. Ein Beobachter markiert nun die Felder unter der jeweiligen Erscheinung entsprechend ihrer Stärke – also beispielsweise fünf Felder für eine mittlere Fumarolentätigkeit. Verbindet er alle ausgefüllten Felder, so erhält er eine Figur, die andeutet, in welche Richtung sich die Ereignisse bewegen. Heute, da man sehr viel mehr und sehr viel genauere Messdaten gewinnt, ist dergleichen längst nicht mehr gebräuchlich und mutet ebenso kurios an wie Perrets mit Pressluft, Ammoniak und Salzsäure betriebenes Stromboli-Modell, das prächtige Eruptionswolken ausstoßen konnte und in den Betrachtern nicht weniger kindliche Begeisterung hervorrief als Kirchers beleuchteter Pappmachévesuv oder Hamiltons Vesuvapparat. Was war es nur, mag mancher sich angesichts solcher verzückten Hingabe fragen, das erwachsene Männer zu solchen Basteleien bewog, weshalb öffnete der reinliche Jesuit Kircher ekelerregende Pestbeulen, weshalb setzte der Aristokrat Hamilton sich der Gefahr aus, wie ein Schweinedieb erschossen zu werden, und weshalb lief der geschäftstüchtige Ingenieur Perret wie eine menschliche Fackel in einer Eruptionswolke umher, in der es eigentlich für ihn nichts zu suchen gab? Sie taten es jedenfalls allesamt nicht, um damit Geld zu verdienen.

Über den 10. April 1906 schrieb Frank Perret nämlich: «Als wir am Nachmittag unseren ersten Ausflug [...] auf den Berghang unternahmen, gerieten wir unter diese [Eruptions-] Wolke aus Gas und Asche und mussten durch sie hindurchgehen. Schon als wir noch 500 Meter von ihrem Rand entfernt waren, wurde die elektrostatische Aufladung so stark, dass über allen spitz zulaufenden Stellen unserer Gestalten Sankt-Elms-Feuer flackerten. Wir bemerkten das zum ersten Mal, als von den Metallsternen an den Hüten der Carabinieri ein surrendes Geräusch ausging. Ein hochgehobener Stock, sogar ein Finger, war völlig ausreichend, um einen laut brausenden ‹elektrischen Wind› hervorzurufen, und langes, unbedecktes Haar hätte sicherlich ‹zu Berge gestanden›. Während wir uns in der Wolke befanden, wurde uns die durch die Feldstärke hervorgerufene Anziehungskraft dadurch vor Augen geführt, dass grobe Sandkörner über uns hinwegfegten, unsere Haut aufscheuerten und unsere Lippen zerkratzten, bis sie bluteten. Da gab es schon Augenblicke, in denen uns Matteuccis Bemerkung ‹So ist Plinius gestorben!› nicht gerade ermutigte.» Das geschah am siebenten Tag der heftigsten Eruption des Jahrhunderts, die bereits erwartet worden war, seit im Februar verstärkte Lavaausflüsse bemerkt wurden und der Kraterkegel kürzlich eingestürzt war. Perret spürte das kommende Unheil sogar schon Wochen zuvor und berichtet davon in seiner Schilderung der Ereignisse: «[...] Der Schreiber dieser Zeilen lag zur Nachtzeit im Bett und glaubte, ein anhaltendes summendes Geräusch zu hören, das aus der Tiefe kam. Als er die Kopfstange des eisernen Bettgestells mit den Zähnen umschloss, teilte sich ihm das Geräusch spürbarer mit, und jeder Zweifel an dessen Existenz war nun ausgeschlossen.» Professor Matteucci lachte seinen Freund, den er inzwischen zum Observatoriumsmitarbeiter ehrenhalber ernannt hatte, noch aus, als der ihm von seiner Wahrnehmung erzählte. Nur wenige Tage später schloss er sich dann jedoch der Meinung des lebenden Seismografen Frank Perret an.

Der von Asche «verschneite» Eingang des Vesuv-Observatoriums im April 1906; im Hintergrund der tätige Vulkan. Zeitgenössische Postkarte.

Die Gesamtheit von Perrets Erkenntnissen zeigte freilich erst seine 1924 verlegte Monografie der Eruption. Ihr Erscheinen war dadurch aufgehalten worden, dass Perret den Veröffentlichungen seiner italienischen Kollegen nicht zuvorkommen wollte. Auch gab es dazwischen noch vier Studienaufenthalte am Stromboli, zwei am Ätna, einen auf Teneriffa, einen am Kilauea auf Hawaii, einen am Sakurashima in Japan, den Weltkrieg, Perrets Tätigkeit für das amerikanische Rote Kreuz, seine Erkrankungen. Eine grundsätzliche Schlussfolgerung in dem anschaulichen, klar in Eruptionsphasen gegliederten und hervorragend illustrierten Werk – auch die Kamera gehörte zum System Perret – brachte die Vulkanologie einen ganz großen Schritt voran: Gas ist die treibende Kraft der Eruptionen, Magma nur das Vehikel. Die Fachwelt hatte davon schon aus Perrets früheren Veröffentlichungen erfahren, er war längst ein anerkannter Vulkanologe: Bereits 1907 beruhigte er die Behörden und Bewohner von Stromboli, die damalige Eruption des Vulkans auf der Insel werde sich nicht verstärken. Er behielt recht, und die Evakuierung von viertausend Menschen konnte aufgehalten werden. Im Jahr darauf sagte er einen Ausbruch des Ätnas voraus, und im Ergebnis seiner 1929 und 1930 vorgenommenen Forschungen an der tückischen Montagne Pelée auf Martinique, die einst achtundzwanzigtausend Menschen getötet hatte und sich wieder zu regen begann, schloss er eine Gefährdung der Hauptstadt Saint-Pierre aus und wurde dafür von den Einwohnern wie der Messias gefeiert. Frank Perret hielt sich insgesamt rund ein Jahrzehnt forschend auf der Insel auf, war bei der Bevölkerung überaus beliebt und eröffnete ein vulkanologisches Museum, das heute seinen Namen trägt. Er starb 1943 sechsundsiebzigjährig in New York. Der Roman über sein Leben als Vulkanliebhaber, das am Vesuv begonnen hatte, ist noch zu schreiben.

Wie verkauft man einen Buckligen?

Supermarkt Vulkan

Scartellato, den Buckligen, nennen Neapolitaner den Vesuv, und dem Volksglauben zufolge bringt es Glück und Wohlstand, wenn man den Buckel eines Mannes berührt. Solange er nicht als Zerstörer tätig ist, gilt das ebenso für den Vesuv, der Kampanien schließlich nicht nur Verderben, sondern auch üppige Ernten gebracht hat. Inzwischen ernährt er nicht allein die Landwirte, deren in der Sonne glitzernde Treibhausfolien nunmehr das Bild bestimmen, das der Vesuvbesteiger auf dem Festland sieht, er beschert auch einer Vielzahl von Restaurantbesitzern und ihren Angestellten, den Begleitern von Touristen, den Fahrern der Busunternehmen, den Arbeitern, die Straßen und Zugangswege instand halten, den Händlern, Kassierern und Führern auf dem Berg, den Mitarbeitern der Parkverwaltung sowie den Wissenschaftlern im Institut für Geophysik und Vulkanologie in Neapels Via Diocleziano sowie manchem sonst ein Einkommen. Die Inhaber solcher achtbaren Berufe mögen es dem Autor nachsehen, wenn er sich hier allein Professionen zuwendet, die als nicht alltäglich gelten und die den Vulkan in idealisierter Form verkaufen – den Künstlern zum Beispiel, die uns Abbilder und zuweilen sogar ihr in Farben, Stein und Handschrift gebanntes Erleben des Vesuvs hinterließen. Auch wird das Thema der Vermarktung in der Werbung hier gänzlich vernachlässigt – den Namen Vesuv tragen unter anderem Tabakspfeifen, Kamine und Kaffeesorten –, obgleich das immer eine seiner Hauptrollen war: Werbeträger und Kulisse.

Europa und der Stier. Fresko in der Casa di Giasone, Pompeji (jetzt im Archäologischen Nationalmuseum Neapel). Der griechischen Mythologie zufolge verwandelte Zeus sich in einen Stier, um die phönizische Prinzessin Europa zu entführen. Mit ihr auf dem Rücken schwamm er nach Kreta, zum Gestade jenes Erdteils, der nunmehr den Namen einer Phönizierin trägt.

Da gab es zunächst die Zunft mit dem Stichel, jene der Kupferstecher und Radierer, deren Kunstfertigkeit dem Vulkan zumeist nach mächtigen Eruptionen galt. Häufiger noch blühte das Gewerbe in einem mittelbaren Zusammenhang, indem es Fundstücke aus Herculaneum, Pompeji oder Stabiae abbildete. Die von der Königlichen Akademie in Neapel herausgegebenen, von 1757 bis 1792 erschienenen acht Bände der «Antichità di Ercolano esposte», zeitweilig auch «Le pitture antiche d'Ercolano», von denen allein der englische König George III. 500 der mehrbändigen Ausgaben für die Society of Dilettanti bestellte, sind das hervorragende Beispiel dafür. Auf sie und auf mehrere davon «abgekupferte» Werke ging eine sich pompejanisch gebende Mode zurück, die im 18. und 19. Jahrhundert Adelshäuser und öffentliche Einrichtungen zwischen Sankt Petersburg und Fontainebleau ebenso wie zwischen London und Wien erfasste. Zierrat, Raumausstattung, selbst ganze Gebäude und die Gartenarchitektur sollten ein wenig der Hinterlassenschaft gleichen, die in den Ausgrabungsstätten ans Licht gelangte. In Deutschland künden davon beispielsweise

Der Vesuv als Werbeträger: Das Gemälde in Neapels Nobelcafé GAMBRINUS wirbt mit ihm für die dort angebotenen Kaffeespezialitäten.

das Pompejanum in Aschaffenburg, ein bei festlichen Anlässen mit grünem Holz oder Feuerwerkskörpern betriebener kleiner Vesuv samt Hamiltons Villa Emma im Wörlitzer Park, mehrere von Karl Friedrich Schinkel entworfene Gebäude oder Wand- und Deckenmalereien in vielen Schlössern. Pompeji war überall: Als 1791 in Wien Mozarts «Zauberflöte» erstmals aufgeführt wurde, zeigte das Bühnenbild selbstverständlich den Isistempel von Pompeji, ein Speisesaal im Petersburger Winterpalais wurde mit pompejanischem Rot geschmückt, ein Jahr nach der Eröffnung des Berliner Neuen Museums zierte Hermann Schievelbeins wunderbarer Fries vom Untergang der Stadt den Griechischen Hof, und in London-Sydenham entstand Henry Delamottes prächtiges Pompeian House. Beteiligt an der auf vielerlei Gebieten merklichen Vorliebe für pompejanische Altertümer und den italienischen Süden waren fraglos Werke wie Richard de Saint-Nons «Voyage pittoresque ou description des Royaumes de Naples et de Sicile», eines der schönsten Bücher des 18. Jahrhunderts, das auch mehrere von hervorragenden Künstlern entworfene Ansichten vom Vesuv enthält, sowie die späterhin von Giovanni Battista, Francesco und Pietro Piranesi oder Charles François Mazois herausgegebenen illustrierten Bände. Sofern es dabei vornehmlich um den Vesuv ging, blieben William Hamiltons und Pietro Fabris' «Campi Phlegraei» jedoch unerreicht.

Mit der Belebung des Zeitungswesens am Ende des 18. Jahrhunderts und mittels der Holzstichtechnik erreichten dann Abbilder des Vulkans sehr viele Menschen und weckten sicherlich den Wunsch, einmal an dem glühenden Schlund zu stehen, den Bilder und Dichter ihnen beschrieben. Aber wirklich schön war er doch erst farbig, und wer einen Buckligen verkaufen will, der muss ihn schminken. Solange man im Zeitalter der Grand Tour lebte und auf zahlungskräftige Kundschaft hoffen konnte, zog es deshalb Maler zum Golf von Neapel. Zum Teil lebten und starben sie dort – wie Pietro Fabris, Christoph Heinrich Kniep oder Pierre-Jacques Volaire, auf dessen Staffelei Dutzende flam-

Eine Vorstellung vom Gottesdienst am Isistempel zu Pompeji in Richard de Saint-Nons «Voyage pittoresque», einem Meisterstück französischer Buchkunst. Darunter die Abbrüche einst bis an die Küste geflossener Lavaströme unter dem königlichen Sommerschloss in Portici.

mender Vesuvausbrüche und bis zu dreieinhalb Meter messende Panoramen davon entstanden. Andere kamen für viele Jahre, so Abraham Louis Ducros, Philipp und Georg Hackert, Thomas Jones, Charles François Lacroix de Marseille, Joseph Rebell oder Wilhelm Tischbein, manche nur für kurze Zeit – zum Beispiel Johan Christian Dahl, Joseph Wright of Derby, der während seines Aufenthaltes 1774 keine Eruption sah und dennoch mehr als dreißig Ansichten vom brennenden Berg malte, Hubert Sattler, William Turner oder Michael Wutky, der wie so viele seiner Zeitgenossen mit William Hamilton zum Vesuvkrater hinaufstieg. Ihnen allen war gemeinsam, dass sie den Vesuv zeichneten und malten und dass der Aufenthalt in Italien künftig ihr Schaffen bestimmte. Zu-

«Die Werft von Castellammare» oder der Stapellauf der «Partenope» 1786. Ausschnitt aus einem kolorierten (und hier teilweise restaurierten) Kupferstich von Georg Hackert (1755–1805) nach einer Zeichnung seines Bruders Jakob Philipp. Darunter «Der Ausbruch des Vesuvs am 14. Mai 1771». Ausschnitt aus einem Gemälde von Pierre-Jacques Volaire (1729–1799). Staatliche Kunsthalle, Karlsruhe.

mindest das Letztere gilt ebenso für Maler wie Lawrence Alma-Tadema, Gustave Boulanger oder Hector Leroux, die alle den Vesuv und Pompeji besuchten und deren Werke danach dem eigenen sowie dem Gusto des Publikums entsprechende, verklärte Rückblicke auf die Antike darboten. Nebenher ermöglichte ihre Art der Zuwendung zum Vesuvthema dem Betrachter einen genussreichen Anblick, den das humanistische Gymnasium ihm nicht geboten hatte: nackt badende Römerinnen, spärlich oder gar nicht bekleidete Sklavinnen, deren Darstellung im Grunde genommen – das zeigen schließlich die pompejanischen Fresken auch – durchaus nicht aus der Tradition fiel.

Trotz der starken Anziehung, die süditalienische Landschaften im 19. Jahrhundert auf zahlreiche Maler ausübten, kamen Ölgemälde von Vesuveruptionen offenbar mit der Grand Tour aus der Mode. Ein anderer Zweig der bildenden Kunst hingegen, die neapolitanische Gouachemalerei, verschwand dann bald nach der Entstehung von Giorgio Sommers und Achille Mauris Fotoserien über den Ausbruch von 1872. Gouachefarben sind Wasserdeckfarben, die auf Malpapier aufgetragen werden und deren Eigenschaften irgendwo zwischen Aquarell- und Ölfarben liegen. Mancher handhabt sie dick wie Kleister, mancher eher wie Aquarellfarben, und entsprechend unterschiedlich sind die Erzeugnisse neapolitanischer Gouachemaler. Sieht man ab von Panoramadarstellungen der Stadt und des Golfes, so erscheint ihr Motiv meist gleichförmig. Es entspricht jenem, das viele Ölgemälde herzeigen: Oft ist es Nacht, damit die Feuersäule und der Vollmond Kontrast in den Anblick bringen, bisweilen zucken Blitze über die Bildfläche, strahlend rote – da wird ein wenig gemogelt – Lava kriecht meerwärts, und davor zieht ein Segelschiff vorbei, während man auf Fischerbooten versucht, den Fang mit Fackeln oder Laternen anzulocken. Im Vordergrund, wo nicht selten Neapels Leuchtturm und die Mole noch einmal den Standpunkt des Betrachters kennzeichnen, weisen gestikulierende Menschen einander das Feuer, von denen mindestens einer eine phrygische Mütze tragen muss. Der Maler bekundet damit keine Jakobinergesinnung, sondern bildet nur einen Kopfputz ab, den neapolitanische Seeleute seit dem Mittelalter trugen. Herrscht Tageslicht, dann wird häufig versucht, die Feuersäule durch einen besonders dunklen oder weißen Hintergrund aus geballten Aschewolken fesselnder erscheinen zu lassen. Die Nachteile einer Abbildung ohne Vollmond und satte Lavaglut wurden überdies dadurch ausgeglichen, dass auf den Schiffen riesige Flaggen flatterten und damit Touristen aus dem Land ihrer Herkunft kauflustig stimmten. Dass es überwiegend britische Flaggen sind, verrät heute, woher die meiste Kundschaft kam. Es gibt unter diesen Bildern geradezu atmosphärische Darstellungen, die an William Turner erinnern, sowie Ausführungen in feinsten Pinselstrichen, aber auch plumpe Bekundungen naiver Mühen. Gouachen meisterlicher Maler wie Camillo de Vito, Gioacchino Lapira, Xavier Della Gatta oder von seinem Schüler Alessandro d'Anna erzielen heute bei Auktionen stattliche Preise und sind fast immer zuverlässige Abbilder

Offenkundig von einem Stich in Richard de Saint-Nons Reisewerk inspirierte neapolitanische Gouache aus dem Jahr 1812.

des Geschehens in jenem Jahr, das im Bildtitel angegeben wird. Steht dort zum Beispiel «Eruzione 1822», dann stimmt gemeinhin die Anzahl der Lavaströme mit den überlieferten Berichten überein. Hatte sich die Eruption vor der Lebenszeit oder während der Kindheit des Malers ereignet, dann behalf man sich zuweilen, indem die Motive älteren Darstellungen entnommen wurden – so benutzte beispielsweise Gioacchino Lapira manchmal Richard de Saint-Nons Reisewerk.

Gouachen waren Einzelstücke und wurden in großer Anzahl als Reiseandenken verkauft, denn sie mussten geraume Zeit allein mit den kolorierten, häufig in Bänden vereinten Werken einheimischer Lithografen konkurrieren. Ein Beispiel dafür geben die wohl 1840 erschienenen «Scènes populaires» aus dem Hause Gatti & Dura in Neapel, denen unter anderem vier farbenprächtige Karikaturen von Vesuvbesteigern angehören: Da hat Gaetano Dura jubelnde Gipfelstürmer neben schwitzende Jünglinge und strauchelnde Damen gestellt, ein von zwei Bergführern gezogener vornehmer Herr zieht seinerseits seine dicke, von Lakaien geschobene Frau empor, während zuvor Aufgestiegene den Berg auf dem Hosenboden verlassen. Die im Titel versprochenen volkstümlichen Szenen sind dagegen vorwiegend Bilder vom Markt und vom Hafen, von Makkaroniessern und Morraspielern, Tarantellatänzern, Dudelsackpfeifern und Puppenspielern, gewerbsmäßigen Briefschreibern und Beerdigungen. Darunter mischen sich am Rande zwar Briganten mit einem gefesselten Entführten sowie Pulcinellas trunkene Familie, aber gemeinhin sind die genann-

Aus einer Zeit strombolianischer Aktivität: Der wie gewöhnlich recht feurig geratene Vesuv auf einer Gouachemalerei vom Oktober 1830.

ten Motive ganz und gar jene, die auch von späterhin tätigen Fotografen gewählt wurden. Die hießen Giuseppe, Leopoldo und Romualdo Alinari, Giacomo und Carlo Brogi, Achille Mauri, Roberto Rive oder Giorgio Sommer und gingen nicht oder nur sehr selten auf den Vesuv. Sofern sie in Pompeji fotografierten, war ihnen der Berg mit der Rauchfahne im Hintergrund willkommen, aber wegen der geringen Tiefenschärfe erschien er auf den Aufnahmen zumeist nur als Schatten. Einen Anlass, die Kamera hinaufzuschleppen, bildeten manchmal vielleicht noch die Vesuvbahn, das Vesuv-Observatorium oder eine besonders merkwürdig geformte Lavaformation, doch der Krater mit seinem Dampf, dem unebenen Gelände und den schwierigen Lichtverhältnissen war kein erstrebenswerter Ort zum Fotografieren. Den meisten Kunden genügte es wohl, wenn das Erinnerungsalbum eine einzige Ansicht davon enthielt – es reichte ja auch aus, wenn unter den Volksszenen nur ein Bild war, das Lazzaroni darstellte. Denn wie es scheint, wandte sich allein Giorgio Sommer bisweilen den Elenden zu, weil ihr Aufzug von Touristen als malerisch empfunden worden sein mag, aber auch Giacomo Brogi nahm zumindest einmal eine Serie in sein Angebot auf, die Neapels Ärmste zeigte: vernachlässigte, verlauste Kinder, schmutzige, aufdringliche Zeitungsjungen, eine auf dem Gehsteig schlafende, halb verhungerte Spielkartenverkäuferin, barfüßige Menschen in Lumpen, hin und wieder die Gesichter der von der Gesellschaft Zurückgestoßenen, manchmal verwüstet von Alkohol und Niedertracht. Besonders gut verkauft hat sich dergleichen sicherlich nicht. Und so befremdend es auch sein mag –

sowohl Sommers als auch Brogis Fotografien Not leidender Mitmenschen weckten, zumal dann, wenn sie koloriert waren, kaum Anteilnahme. Dergleichen gehörte schließlich zum Bild einer Großstadt, die Bilder wirkten pittoresk – ein Wort, das man damals nicht mehr allein auf Landschaften, sondern auch auf die Armut anwendete. Was Fotografie in solcher Hinsicht vermag, zeigten erst sieben Jahrzehnte später Könner wie Alfred Eisenstaedt oder – noch eindringlicher – George Rodger während ihrer Aufenthalte in Neapel.

Wer nach Abbildungen des Vesuvs aus jener Zeit sucht, der wird sie seltener in den käuflichen Erinnerungsalben, aber oft auf Schriftstücken finden, die der Selbstdarstellung dienten: auf den Postkarten. Deren Druckvorlagen blieben geraume Zeit ein Arbeitsfeld der Retuscheure: Hier wurde die Rauchwolke vergrößert, dort verdunkelt, hier wurden emporfliegende Gesteinsbrocken, dort Personen am Kraterrand hineinmontiert. So recht zufrieden scheint man erst um die Wende zum 20. Jahrhundert gewesen zu sein, als die Chromolithografie leuchtende Farben ermöglichte und die Ansichtskarten nun ein wenig vom Glanz der neapolitanischen Gouachemalereien herzeigen konnten. Die Vorlagen der buntesten und wahrscheinlich beliebtesten stammen vom Grafen Antonio Coppola, einem bis zum Ersten Weltkrieg einträglich tätigen neapolitanischen Kunstmaler. Bedrängt wurden Coppolas Schöpfungen allenfalls von den bedrohlich anzusehenden Fotografien, die während der Eruption 1906 entstanden. Darunter waren wie gewöhnlich Aufnahmen der Eruptionssäule, andere bildeten erstmals die Betroffenen ab: wie weggeworfene Puppen vor der Kirche von Ottajano liegende Tote, Grabende, die eine Lavafront aufhalten wollen, Flüchtlinge mit ihren kläglichen Bündeln auf den Köpfen, Soldaten und Carabinieri bei Bergungs- und Aufräumungsarbeiten, Bittprozessionen. Überdies Ottajano ohne Dächer, Zerstörungen in Boscotrecase, Torre Annunziata und an der Vesuvbahn. Der Conte Coppola fügte seine Vorstellung von einem feurigen Meer hinzu, in dem eine ganze Kleinstadt versinkt. Doch schon bald – und insbesondere nach dem Ersten Weltkrieg, als ein mörderischer Alltag an den Fronten jegliches Geschehen am brennenden Berg weit übertroffen hatte – erschienen wieder versöhnliche Bilder. Während der dreißiger Jahre gaben dann die Brüder Carcavallo Ansichtskarten heraus, die endlich die Verhältnisse am Krater in hervorragender Druckqualität zeigten.

Auf manchen der Carcavallo-Karten sind Bergwanderer zu sehen, und damit beginnen die Fotografien zu reden: So eine mit der Aufschrift «Una gita al Vesuvio (Anno 1938)», also ein Vesuvausflug 1938, auf der eine sichtbar fröhliche Gruppe vor dem rauchenden Kraterkegel abgebildet ist. Darunter sind drei junge Männer in der Uniform der Faschisten, und wer sich in der Geschichte des Vesuvs auskennt, der muss nun vielleicht an jemanden namens Immanuel Friedlaender denken, der oft am Vesuvkrater gestanden hat. 1938 war nämlich das Jahr, in dem die italienische Regierung dem deutschen Drängen nachgab und sogenannte Rassengesetze beschloss. Immanuel Friedlaender, ursprüng-

Eine der um die Jahrhundertwende beliebten Coppola-Ansichtskarten, die mehr an einen Sonnenuntergang als an eine Vulkaneruption erinnert. Darunter ein selten abgebildeter Anblick: der verschneite Eruptionskegel im Vesuvkrater der dreißiger Jahre.

lich Physiker und dann Vulkanologe aus Leidenschaft, hatte lange zuvor eine Beobachtungsstation an der Solfatara in Pozzuoli sowie ein von ihm gegründetes und unterhaltenes Institut für Vulkanologie auf dem Vomero über Neapel betrieben – jedenfalls bis 1936, danach war eine ungestörte wissenschaftliche Arbeit für ihn gänzlich unmöglich. Seit 1914 war er zudem Herausgeber der in Berlin erscheinenden «Zeitschrift für Vulkanologie», der ersten ihrer Art gewesen, die 1938 ihr Erscheinen einstellen musste, weil sie nicht mehr von einem Juden finanziert werden durfte. Überdies hatte Friedlaender 1929 gemeinsam mit Pater Giovan Battista Alfano, dem Gründer des Museo Vesuviano in Pompeji, eine reich illustrierte Geschichte der Vesuveruptionen in italienischer und in deutscher Sprache veröffentlicht – die erste umfassende Monografie über den brennenden Berg. Es ist ihm übrigens gelungen, mit dem größten Teil der von ihm gesammelten Mineralien, seinen fast 9000 Fotografien vulkanischer Formationen, den vielen Büchern und druckgrafischen Blättern zu entkommen, denn er war seit Langem Schweizer Staatsbürger. Heute führt die «Stiftung Vulkaninstitut Immanuel Friedlaender» an der Eidgenössischen Technischen Hochschule in Zürich sein Werk weiter.

Was Friedlaenders Flucht und dem Vesuvausflug der jungen Leute folgte, ist hinreichend bekannt. Es vergingen mehrere Jahre, bis niemand mehr Feldpostkarten oder solche mit dem roten Kreuz schreiben musste, bis der Schutt weggeräumt war und man wieder zu reisen begann. Den sodann in den fünfziger und sechziger Jahren des vergangenen Jahrhunderts gedruckten Ansichtskarten vom Vesuv ist anzusehen, welchem Lebensgefühl sie entgegenkamen. Sie sind so bunt wie Limonade. Und es wurde wieder montiert und retuschiert: «Eruzione del 1944» steht da auf Karten, die einen kolorierten Kraterkegel abbilden, den man aus Aufnahmen der dreißiger Jahre herausgeschnitten hat. Der unbelebte Krater, den die Eruption 1944 hinterließ, erschien sicherlich zu einförmig, und deshalb wird der längst dahingegangene Kraterkegel weiterhin unter heutige Aufnahmen gemischt. So steht er denn einträchtig neben Carlo Brogis Luftaufnahmen vom Berg, über den man am Computer Jagdflugzeuge montierte, denen die italienischen Nationalfarben aus den Triebwerken hervorquellen. Verändert wurden auch die Formate. Es gab Postkarten mit den Abmessungen einer Schallplatte – wer noch einen Plattenspieler besitzt, der kann damit «Funiculì, Funiculà» oder «O sole mio» spielen – und übergroße Ansichtskarten mit einem Dutzend Abbildungen, die nahezu alles darstellten, was es zu sehen gab: über engen Gassen flatternde Wäsche in Neapel, das Loch im Vesuv, riesige Zitronen sowie Ruinen in Pompeji und die Blaue Grotte auf Capri. Aber es half alles nichts: Niemand kauft Postkarten, klagen die Verkäufer auf dem Vulkan heute. In der Capanuccia, der letzten Hütte am Ende des jetzigen Rundganges – oder an seinem Beginn für jene Bergwanderer, die vom Valle del Inferno her aufsteigen – gibt es schon seit Jahren keine mehr. Es wird nun telefoniert oder zumindest eine SMS gesendet, etwa so, wie es François-René Chateaubriand 1804 tat: «Ich bin auf dem Gipfel des Vesuvs. Ich sitze [...] an der Mündung des Feuerberges und bin im Begriffe, in seinen Schlund hinabzusteigen.» Gut, in den Schlund darf man inzwischen nicht mehr hinunter.

Ein ungewöhnlicher Beitrag der bildenden Künste zum Thema Vesuv säumt seit 2005 die von Ercolano auf den Berg führende Straße. Während eines internationalen Wettbewerbs entstanden damals zehn Skulpturen zum Thema «Schöpfer Vesevo». Vesevo hieß der Vesuv früher, und der Begriff des Schöpfers ist gewiss als Gegensatz zu Giacomo Leopardis «Zerstörer Vesevo» gewählt worden. Die Veranstalter stellten lediglich eine Bedingung: Die Bildhauer mussten

Begegnung an der Straße von Ercolano zum Vesuvkrater: Lello Espositos Pulcinella – der zudringliche und doch oft melancholische, schlaue und zugleich einfältige Sancho Pansa aus Neapel – sowie Vladimir Velikovichs gefallener Ahne. Beide Skulpturen sind aus Lavablöcken vom Vesuv entstanden.

Vesuvlava verwenden. War schon das Gestein von unterschiedlicher Färbung und Beschaffenheit, so geriet auch die Ausführung vielfältig. Es bleibt den Betrachtern überlassen, welche der Arbeiten ihnen einen Bezug zum Vesuv erschließen, aber wahrscheinlich werden darunter zwei sein: Gli occhi del Vesuvio (Vesuvs Augen) des Neapolitaners Lello Esposito, hintersinnig wie jedes Kunstwerk und auf den ersten Blick ein Abbild Pulcinellas, sowie L'antenato (Der Ahne) des Serben Vladimir Velikovich, der dabei wohl doch eher an den Zerstörer als an den Schöpfer Vesevo gedacht haben mag.

Nun bleiben noch die bewegten Bilder. Der erste, natürlich noch stumme Film, in dem der Vesuv eine kaum bemerkte Hauptrolle spielte, wurde bereits 1900 von Walter Robert Booth, einem englischen Porzellanmaler, Zauberkünstler und Kurzfilmregisseur, gedreht und bezog wie manches folgende Drehbuch seine Handlung aus Edward Bulwer-Lyttons Roman «Die letzten Tage von Pompeji». Als die Geschichte vom blinden Blumenmädchen Nydia, von Jone und Glaucus sowie vom verruchten Isispriester Arbaces schon nach wenigen Minuten endete, bedauerte das sicherlich nicht nur Booth, und es schlossen sich ab 1908 gleich mehrere Verfilmungen an. Allmählich lösten die Drehbuchschreiber sich dabei von der Romanvorlage und nutzten andere Rezepturen mit den ewig gleichen Zutaten von Katastrophenfilmen: Zwei Liebende finden trotz der Missgunst übler Zeitgenossen zueinander und überleben schließlich ein Unglück, in dem die Schurken untergehen. Dabei durfte die Heldin leicht bekleidet sein und musste der Held über eine hervorragend entwickelte Muskulatur verfügen. Weitere Beigaben waren – sofern es um das römische Reich ging – Christenverfolgung und Orgien, Gladiatorenkämpfe und Badeszenen. Im Wesentlichen blieb es bis zu unseren Tagen dabei, als Neuerung kam allein hinzu, dass die Hauptdarstellerin sehr blond ist.

2003 wich Peter Nicholson vom gewöhnlichen Hergang ab, als er für die BBC den Film «Pompeii. The last day» fertigstellte, den es längst auch in einer deutschsprachigen Fassung gibt. Nunmehr tritt der Vulkan nicht erst am Schluss, sondern sogleich als Hauptdarsteller auf, und archäologische Funde werden dazu benutzt, Ereignisse aus dem Verlauf der Katastrophe zu untermalen. Zum Beispiel gibt es an einem Haus in Pompeji eine Aufschrift, die für den Wahlsieg eines Mannes namens Julius Polybius wirbt – ob er dieses Haus auch bewohnt hat, ist durchaus fragwürdig. Darin sind die Skelette von zwölf Menschen gefunden worden, darunter das einer etwa siebzehnjährigen Frau im letzten Monat der Schwangerschaft, deren Zustand ihr keine Flucht durch den Ascheregen erlaubt hätte. Um diese Tatsache und um die Familie Polybius wird nun eine Geschichte gesponnen und durch die Einblendung von Fundstücken unterstützt. Allerdings hätte Nicholson gut daran getan, neben einem Historiker auch einen Vulkanologen zur Beratung zu verpflichten, denn was da an Zweifelhaftem über die Vorgänge im brennenden Berg und in der Eruptionswolke erzählt wird, kann schwerlich nur von nachlässigen Übersetzern erdacht worden sein. Einzuwenden wäre vielleicht auch, dass hin und wieder doch die tiefe, sattsam bekannte Verdorbenheit der Pompejaner durchscheint – so dann, wenn der Tuchwalker Stephanus seine Frau im Stich lässt, um mit einer Sklavin ein Stundenhotel aufzusuchen. Harmlos sind dagegen Nicholsons Zugeständnisse an die Dramaturgie oder an andere Erfordernisse: Natürlich müssen in einigen Szenen hell leuchtende Fackeln brennen, die in der fallenden Asche wohl bald verloschen wären. Bulwer-Lytton löste in seinem Roman das Problem, indem die blinde Nydia die Fliehenden führte; Robert Harris ließ Corelia und

Szenenfoto von einem Gottesdienst im Isistempel aus dem amerikanischen Stummfilm «The Last Days of Pompeii» (1913) sowie eine Flucht im Lapillihagel in dem italienischen Film «Pompei. Ieri, oggi, domani» (2007, Regie: Paolo Poeti).

Marcus durch die Tunnel der Wasserversorgung entkommen. Denn die Finsternis, von der Plinius der Jüngere so ergreifend schrieb, muss wahrhaftig schrecklich gewesen sein: «So ward es Nacht, aber nicht wie eine wolkenverhangene Nacht ohne Mondlicht, sondern eine, die der Dunkelheit in einem geschlossenen Zimmer ohne Licht glich. Du hättest hören sollen, wie die Frauen schrien, die Kinder jammerten und die Männer brüllten. Die einen riefen nach den Eltern, die anderen nach den Kindern und suchten einander an der Stimme zu erkennen. Die einen beklagten das eigene Geschick, die anderen das ihrer Angehörigen, und manche wünschten aus Todesangst den Tod herbei.» Eine der anrührendsten Fotografien Giorgio Sommers zeigt übrigens die Sammlung von Laternen im Archäologischen Museum Neapel, die Umherirrende in Pompejis Straßen verloren haben. Man darf nun gespannt sein, wie Roman Polanski derlei Schwierigkeiten umgehen wird. Polanski gab schon 2007 bekannt, sein nächstes Vorhaben sei ein Film über den Untergang Pompejis nach einem Drehbuch von Robert Harris. Entstehen werde er in Spanien, und es solle der teuerste Film werden, der jemals in Europa gedreht wurde, hieß es damals. Inzwischen ist das Projekt wegen der hohen Kosten zurückgestellt worden.

Nicholsons Film leitet über zu den Dokumentarfilmen, die bis zur Eruption von 1944 einen lebendigen Vulkan samt den erregenden Beigaben von knisternder Lava und Höllenrauch zeigen konnten. Späterhin war er nur noch der drohende Hintergrund, vor dem das Schicksal Pompejis abgebildet und kommentiert wurde. Dabei richtete man die Kameras nur überaus selten auf die Lebenden. In der Landschaft um den Vesuv gibt es aber mehrere Grabungsstätten, in denen Archäologen bei ihrer anziehenden Tätigkeit über die Schultern gesehen werden könnte. Pompeji hingegen wäre inzwischen eher ein Ort, an dem hervorragende Aufnahmen zum Thema Sinn und Unsinn des Reisens gelängen, das inzwischen mehr eine Form der Geselligkeit als ein Bildungserlebnis ist. Und wann illustriert endlich ein Dokumentarfilm unser zwischen Schwärmerei und Gleichgültigkeit schwankendes Verhältnis zur Antike, wann geht darin jemand mit Winckelmann, Kotzebue, Shelley und heutigen Besuchern durch die Ruinenstädte?

Da mag es die Literatur leichter haben, aber freilich kommt auch sie nicht ohne Anschauung aus. Edward Bulwer-Lytton, Autor des 1834 erschienenen Romans über Pompejis letzte Tage, studierte in Mailand das monumentale Gemälde Karl Briullovs, das den allerletzten Tag der Stadt darstellt, sah sich aufmerksam am Vesuv um und führte lange Gespräche mit dem sachkundigen Sir William Gell sowie mit Antonio Bonucci, dem Leiter der Ausgrabungen, bevor er sich an den Schreibtisch setzte. Das Ergebnis war einer der erfolgreichsten historischen Romane der Literaturgeschichte, und er wird, zumal man den Autor nicht mehr am Gewinn beteiligen muss, noch heute verlegt. Der selbst schreibgewandte Germanist und Kulturhistoriker Wolfgang Leppmann fand darin «haarsträubende Geschichtsklitterungen», «klebrige Sentimentalität» sowie «auch im Englischen schier unerträgliche Gespreiztheit» und bewunderte dennoch Bulwers Geschicklichkeit. Robert Harris wird deshalb Bulwers Roman ebenso aufmerksam wie die wissenschaftlichen Mitteilungen über Aquädukte und die Wasserversorgung in römischen Städten gelesen haben, bevor er seinen Roman über Pompejis Ende begann, und andere Mitglieder der schreibenden Zunft kennen ihren Bulwer auch recht gut. Doch die Begegnungen von

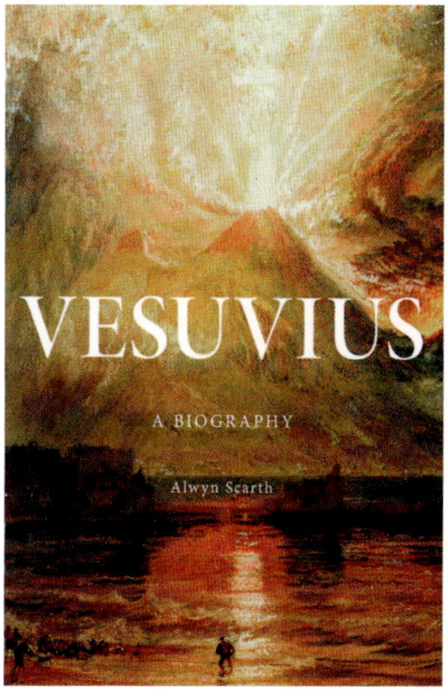

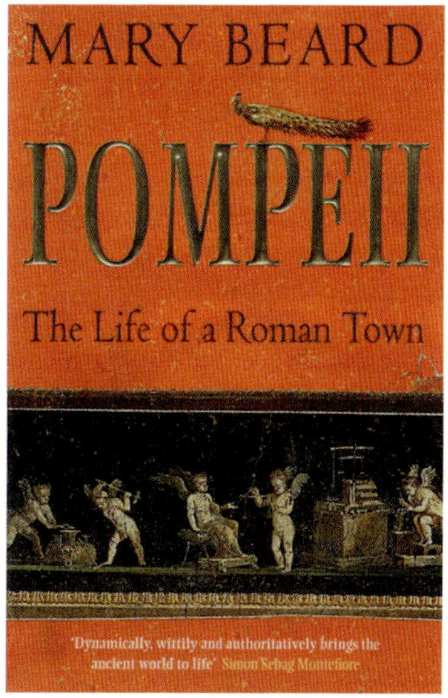

Der Vesuv und sein bekanntestes Opfer in belletristischer und wissenschaftlicher Literatur.

Dichtern und Schriftstellern mit dem Vesuv und seinen Opfern sind hier zuvor derart hinreichend geschildert worden, dass es inzwischen als lässliche Sünde erscheint, wenn hier über die zahlreichen anderen Pompeji-Romane hinweggesehen wird und nur noch einige Autoren von Sachbüchern erwähnt werden. Im deutschsprachigen Raum hat in den letzten Jahren Dieter Richter einen kenntnisreichen Blick auf die Geschichte des Vulkans gewährt, während es Alwyn Scarth umfassend und ganz vortrefflich mit «Vesuvius. A biography» für englischsprachige Leser tat. In kulturgeschichtlicher Hinsicht sind, sofern es Pompeji betrifft, Mary Beard und Wolfgang Leppmann wohl noch nicht übertroffen worden, die beide guter angelsächsischer Sachliteraturtradition folgen: geradlinig, verständlich, ohne Eitelkeit und nicht ohne Gefühl und eigene Wertung, schon gar nicht ohne ein Lächeln. Da mag es erstaunen, den Namen Leppmann in solcher Verwandtschaft zu sehen, aber das Rätsel erklärt sich über die Biografie: aufgewachsen in Deutschland und Italien, Landarbeiter, Soldat, Eisenbahnkoch und manches sonst, Promotion in Princeton, Lehrstuhl für deutsche Literatur in Oregon.

Insbesondere nach der Eruption von 1906 wandten auch Jugendbuchautoren sich mehrfach dem Vesuv zu. Das Ergebnis hieß dann zum Beispiel «Vesuvius, der Feuerberg. Szenen von der letzten Vesuv-Katastrophe, für die reifere Jugend erzählt» und berichtete neben abenteuerlichen Begebenheiten allerlei Wissenswertes über den Vulkan. Noch heute erscheinen, und das gilt auch für den englisch- oder französischsprachigen Buchmarkt, deutlich mehr Jugendbücher als populärwissenschaftliche Veröffentlichungen zum Thema Vesuv. Schwer zu sagen, woran das liegt, ebenso schwer zu ermessen, weshalb Susan Sontags Roman «Der Liebhaber des Vulkans», mit dem man auch den hier betrachteten Landstrich sowie einen Abschnitt seiner Geschichte ganz

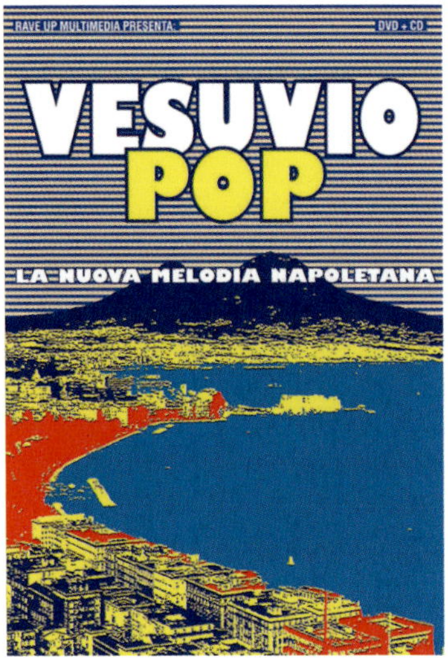

Klänge unterm brennenden Berg: Dudelsack, Oboe, Mandoline und Gitarre, Trommel und Tamburin.

hervorragend kennenlernen kann, von den Lesern geschätzt, aber von den Kritikern gescholten wurde. Vielleicht hielten manche der einen ihn ausschließlich für eine Liebesgeschichte und manche der anderen ihn eher für eine Anhäufung von Essays über das Sammeln. Vermutlich geht es dabei jedoch eher um eine Unvereinbarkeit von übersteigerter Ästhetik und Moral, von der die neapolitanische Revolutionärin Eleonora Pimentel im Epilog spricht. Wie auch immer – Passagen wie jene, in der die Vesuveruption von 1794 geschildert wird, sind im doppelten Sinne des Wortes ein Denkmal.

Die größte der Künste, die Musik, gerät nun an den Schluss, obgleich sie mindestens drei Opern beisteuerte. «L'ultimo giorno di Pompei», komponiert von Giovanni Pacini, erklang 1825 im Teatro di San Carlo in Neapel zum ersten Mal und erreichte später auch Mailand, Wien, Paris und Madrid. Drei Jahre später bewegte das feurige Finale von Daniel Aubers «La Muette de Portici», bei dem das stumme Fischermädchen Fenella im Vesuvschlund verschwindet, das Pariser Publikum, erlebte dort bis 1880 ein halbes Tausend Aufführungen, rief eine Revolution hervor und ermunterte Gustav Nicolai zu seiner gramvollen Reise nach Neapel. 1859 folgte, ebenfalls in Paris, Félicien Davids «Herculanum» mit offenbaren Anleihen bei Edward Bulwer-Lytton. Sieht man ab von der Stummen von Portici, so gleicht die Handlung, die bei Pacini zwei, bei David vier Akte umfasst, dem Ablauf von Katastrophenfilmen und entsprach dem Zeitgeschmack – welchem sonst: Römer sind niederträchtig und dekadent, Christen hingegen sind gut und leidensfähig, und zum Schluss kommt die göttliche Strafe. Wer danach sucht, wird bald eine mit internationalen Sängern und dem Theaterorchester Catania aufgenommene CD von Pacinis Oper finden und es somit erheblich leichter haben als der Autor, der – des überall gegenwärtigen «Funiculi, Funiculà» überdrüssig – lange Zeit nach einem Volkslied forschte, das ihm etwas über die Beziehung der Menschen zwischen Neapel

Lange Zeit Glanzstück des Werbens um Touristen: der Feuerberg.

und Castellammare zum Buckligen verraten könnte. Die Suche blieb von A bis Z – also von «'A città 'e Pullecenella» bis «Zappatore» – vergeblich, bis er in eine Vorstellung der Gruppe Spaccanapoli geriet. Auch eine Eruption: Protestlieder, Balladen, Liebe, Karneval, die Verlorenen Seelen und schließlich «Vesuvio», vorgetragen allein mit Gesang und Trommelklängen, klagend, mahnend, trotzig. Und eine Erinnerung daran, dass Neapel eine Hafenstadt ist: Mandolinen und Mondschein kamen nicht vor, stattdessen waren musikalische Elemente aus dem südlichen Spanien und aus dem Orient gegenwärtig. Verstehen kann man als Tourist freilich nichts von dem, was da gesungen wird, denn es fällt selbst Italienern aus anderen Landesteilen überaus schwer. Und selbst wenn sie es verstehen – wie sollen sie dem Fremden die merkwürdigen Begriffe aus Neapels Mundart erklären, die der Sänger verwendet: etwa den «Tintenfisch in der Gitarre», von dem jeder Neapolitaner weiß, dass damit die Erregung und alles Folgende gemeint ist, das beide Geschlechter befällt, wenn sie einander umarmen?

Vermutlich wird bei der – derzeit für das Jahr 2014 geplanten – Eröffnung der neuen Vesuvbahn ein gefälligeres Musikstück gespielt werden. 1880, als die Schienenseilbahn erstmals zum Krater hinauffuhr, war es der gerade komponierte Ohrwurm «Funiculì, Funiculà». Der künftige «Treno Rosso del Vesuvio» soll 64 Millionen Euro kosten und seine Fahrgäste, beginnend an der 245 Meter hoch gelegenen Station Cook, über die Haltestellen Canteron, Osservatorio und Tirone in 22 Minuten zur Endstation Due Vulcani in eine Höhe von 830 Metern tragen. «Roter Zug» wird er nicht nur wegen der roten Lackierung, sondern auch deshalb heißen, weil mit der von Solarzellen an den Haltestellen gesammelten Energie nachts entlang der Fahrstrecke ein roter Tatzelwurm auf den Berghang gezaubert werden soll. Das wirkt befremdend, doch

Einen Kilometer unter dem Kraterrand: Die unterste, nach der früheren Betreiberfirma Thomas Cook & Sons benannte Station der geplanten Vesuvbahn.

RICCISPAINI EU Architects Limited, die das gesamte Projekt entworfen haben, sind der Meinung, dies erinnere an einen Lavastrom und passe deshalb in die Landschaft. Nicht weniger rätselhaft erscheint die Benennung der obersten Station, denn mit den zwei Vulkanen können nur Somma und Vesuv gemeint sein. Die sind freilich Bestandteile eines Vulkans, aber das erschien wohl zu bescheiden. Wenn Due Vulcani wirklich nur 830 Meter hoch liegt, dann wird der Gehweg zum niedrigsten Punkt des Kraterrandes künftig weitere 170 Höhenmeter länger als bisher sein, obwohl behinderte, beleibte oder ältere Menschen schon jetzt auf den 170 Höhenmetern vom Busparkplatz zum Krater nicht selten in Schwierigkeiten geraten. Wahrscheinlich setzt man voraus, dass sich die meisten Vesuvtouristen mit Rundblick, Kaffee und Kuchen auf der letzten Station zufriedengeben.

Die Stazione Cook, das Depot der alten Vesuvbahn, ist bereits restauriert und umgebaut worden, und sobald die von privaten Anteilseignern aufzubringende Hälfte der Finanzierung gesichert ist, kann der Bau beginnen: unten Albergo Vesuvio mit großem Busparkplatz und Restaurant, an den Stationen Panoramarestaurants, Cafés sowie Möglichkeiten zum Mountainbiking, Wandern, Klettern und Tennis spielen; das Observatorium dient dann weiterhin als Museum, und aus dem verfallenen Hotel Eremo wird sicherlich eine Diskothek.

Geldgeber werden sich finden: Zweieinhalb Millionen Touristen besuchen derzeit jährlich – überwiegend mit Bussen – Pompeji, aber nur ein Fünftel davon wird zum Vesuv gefahren, weil die Reisegesellschaften das Verkehrschaos auf der engen Zufahrtsstraße und die Anstrengung für ihre häufig betagten Kunden scheuen. Der Rote Zug verlockt nun mit behaglicher Fahrt und verhältnismäßig geringen Kosten, denn er folgt dem alten Gleisbett. Überdies könnte er schon allein durch die an Hotel- und Restaurantbetreiber und andere Unternehmer vergebenen Konzessionen stattliche Gewinne einfahren.

Jedenfalls dann, wenn der Bucklige den Zug länger als seine Vorgänger erträgt.

ANHANG

Kleines Vulkan-Glossar

Aschen: Keine Verbrennungsrückstände, sondern lockere, staub- bis sandartige (Durchmesser geringer als 2 mm) vulkanische Auswurfprodukte, die aus Bestandteilen des Magmas und dem im Schlot aufgenommenen zerriebenen Gestein bestehen.

Ausbruchskegel (Hornitos): Schornsteinartige Gebilde, die entstehen, wenn aufsteigende Lava durch die erstarrte Kruste in einem Krater oder auf den Bergflanken gepresst wird. Solche Kegel können im Hinblick auf die Form zwar Krater- oder Nebenkegeln gleichen, werden jedoch lediglich von einem darunter fließenden Lavastrom – nicht von einem Schlot – gespeist. Sie sind deshalb wesentlich kleiner (zuweilen immerhin bis zu 20 m) und vergänglicher als die über dem Schlot entstehenden Kraterkegel.

Basalt: Häufigstes Eruptivgestein, weitaus größter Bestandteil der Lava, reich an Eisen, Kalzium und Magnesium. Basalt erreicht die Erdoberfläche gewöhnlich sehr heiß und flüssig (1100–1200 °C); der Grund der Ozeane wird überwiegend von Basalt gebildet.

Bimsstein: Sehr leichtes, durch und durch poröses, meist graues Gestein, das bei der Gasausdehnung in vulkanischen Auswurfprodukten entsteht. Bimsstein kann Asche, Lapilli oder Bomben bilden.

Bomben: Bei Eruptionen herausgeschleuderte Lavabrocken mit einem Durchmesser von mehr als 64 mm. (Der Begriff wird hin und wieder jedoch erst für Durchmesser von mehr als 300 mm gebraucht: siehe Schlacken.) Zudem unterscheidet man zumeist kantige Brocken alter Lava – die als Blöcke bezeichnet werden – von glühend emporgeschleudertem Material, das oft rundliche oder spindelähnliche Form annimmt, und nennt nur die letzteren Bomben. Vulkanische Bomben können mehrere Kubikmeter groß sein.

Bradyseismus: Eine oft wiederkehrende, langwierige vertikale Bewegung der Erdkruste in Vulkangebieten.

Caldera: Fast immer steilwandiger, meist runder oder hufeisenförmiger und nicht selten mehrere Kilometer messender Einbruchkessel, der nach dem Einbruch oder der Explosion eines Vulkangipfels entstand.

Effusive Eruption: Ausbruch flüssiger Lava, an dem nur geringfügige Gasexplosionen beteiligt sind und der sogenannte Lavaströme hervorruft.

Eruption: Geschehen, bei dem Gase, flüssige und feste Stoffe mittels vulkanischer Vorgänge die Erdoberfläche erreichen. Eine Eruption kann explosiv, aber auch relativ ruhiger – so bei effusiven oder hydrothermalen Eruptionen – verlaufen.

Eruptionsgewitter: Durch die Reibung und Aufladung ausgeworfener Teilchen hervorgerufene Blitze sowie mit den Eruptionen verbundener Niederschlag, der zu Erdrutschen und Lahars führen kann.

Eruptionswolke: Über dem Krater aufsteigende Wolke aus Gasen (vornehmlich Wasserdampf), Asche und Gesteinsfragmenten.

Fumarolen: Aus Vulkanen oder aus den Spalten vulkanischer Gebiete austretende Gase oder Wässer (keine Geysire); Fumarolen sind heiß, oft auch sehr heiß (etwa 100–800 °C). Wie Solfataren und Geysire sind sie ein Kennzeichen hydrothermaler Aktivität.

Gase: Hauptbestandteil vulkanischer Gase ist Wasserdampf, gefolgt von Kohlendioxid, Schwefeldioxid, Schwefelwasserstoff, Methan, ferner Chlor- und Fluorwasserstoff sowie Kohlenmonoxid mit unterschiedlichen Anteilen und in Verbindungen, die sehr gefährlich sein können: 1986 tötete aus dem Nios-Kratersee in Kamerun entweichendes Gas 2000 Menschen. Die Menge beim Aufstieg des Magmas freiwerdender Gase entscheidet über die Stärke einer Eruption.

Geysir: Heiße, in Intervallen tätige Springquelle in vulkanischen Gebieten.

Glutwolken, Glutlawinen, pyroklastische Ströme (auch pyroclastic flows oder surges, nuées ardentes): Während explosiver Eruptionen lawinenartig mit großer Geschwindigkeit den Vulkanhang herabstürzendes, heißes Gemisch von Gas und Tephra. Glutwolken können zum Beispiel entstehen, wenn die Eruptionswolke kollabiert oder wenn Kraterwände in den Schlot stürzen. Sie rufen die furchtbarsten vulkanischen Katastrophen hervor: 1902 tötete eine Glutwolke die 28 000 Einwohner der Stadt Saint-Pierre auf Martinique.

Hydrothermale Eruption: Ausbruch, bei dem kein Magma, sondern Wasserdampf, andere Gase und heißes Wasser ausgestoßen werden – kennzeichnend zum Beispiel für La Solfatara in Pozzuoli bei Neapel.

Lahar, Schlammlawine: Vulkanischer Schlammstrom aus Auswurfprodukten und Wasser, das aus einem Kratersee, aus dem Wasserdampf der Eruptionswolke, von abgeschmolzenem Eis und Schnee stammen oder von starken Regenfällen herrühren kann. 1985 tötete eine bis zu 5 m hohe Schlammlawine vom Nevado del Ruiz in Kolumbien zwei Drittel der 28 700 Einwohner in der fast 50 km entfernten Stadt Armero.
Lapilli: Vulkanische Auswurfprodukte von Korn- bis Apfelgröße (2–64 mm).
Lava: Flüssig austretender oder erstarrter Gesteinsschmelzfluss aus dem Erdinneren. Tritt unter anderem in der Form von Flüssen und Bänken, Kuppeln (auch Dome genannt, jedenfalls zu zähflüssig, um sich weit vom Schlot zu entfernen) oder Kissen (am Meeresboden) auf.
Lavafontäne: Aus einer aufbrechenden Öffnung im verkrusteten Schlot oder bei Spalteneruptionen steil hervorschießender Strahl glutflüssiger Lava.
Lavasee: Im Vulkankrater über oder neben dem Schlot in ständiger brodelnder Bewegung befindliche Gesteinsschmelze.
Lavastrom: Auch auf träge vorrückende Lavaflüsse von manchmal beträchtlicher Höhe angewendeter Begriff für die austretende Lava.
Magma: Glutflüssige, gashaltige Gesteinsschmelze im Erdinneren, gewöhnlich von einer Temperatur zwischen 900 und 1200 °C.
Neben- oder Adventivkegel: Durch Verlagerung der Eruptionsachse – so durch Verstopfung des Schlotes – an den Flanken entstehende Kraterkegel, die kleiner als der ältere Vulkan sind.
Plinianische Eruption: Benannt nach Plinius dem Älteren und seinem Neffen, der den Vesuvausbruch vom Jahr 79 – die bisher letzte plinianische Eruption des Vesuvs – beschrieb. Solche Ausbrüche verlaufen explosiv und fördern gewaltige Asche- und Lapillimengen, denn im Verlauf weniger Stunden können mehrere Kubikkilometer Magma – das dabei von der Ausdehnung der im Material enthaltenen Gase zerrissen wird – mit unglaublicher Geschwindigkeit durch den Schlot aufsteigen. Die darüber stehende Eruptionswolke kann manchmal eine Höhe von 30 oder mehr Kilometern erreichen.
Pyroklastischer Strom: siehe Glutwolken
Schichtvulkan: Recht steil von verhältnismäßig zähflüssiger, gasreicher Lava aufgeschichteter Vulkan. Wegen des hohen Gasanteils verlaufen die Eruptionen häufig explosiv. Typisch sind Vesuv, Fuji, Saint Helens, Pinatubo.
Schildvulkan: Wird dagegen von gasarmer, dünnflüssiger Lava gebildet. Der Böschungswinkel ist wegen der hohen Fließgeschwindigkeit gering und verleiht dem Vulkan eine flache, schildartig aufgewölbte Form. Typisch sind die Vulkane Hawaiis.
Schlacken (Scoria): Lavafragmente mit Durchmessern zwischen 64 und 300 mm, rau und mit den Löchern von Gaseinschlüssen übersät. Häufig wird der Begriff allgemein für das von Blasen durchsetzte, metallisch glänzende Material verwendet, das im Krater Kegel anhäuft.
Schlot: Aufstiegsröhre zwischen Magmakammer und Vulkankrater.
Solfataren: Aushauchungen schwefelhaltiger Dämpfe an Vulkanen und vulkanischen Spaltensystemen von verhältnismäßig geringer Temperatur (um 100–200 °C). Benannt nach der Solfatara von Pozzuoli.
Somma: Die nach Einsturz oder Explosion verbliebene Kraterumwallung um einen neu in der Caldera entstandenen Vulkankegel; erhielt ihren Namen nach dem Monte di Somma.
Strombolianische Eruption: Benannt nach dem gleichnamigen Vulkan auf der Äolischen Insel Stromboli im Mittelmeer, kennzeichnet Vulkane mit längere Zeit – Monate oder Jahre – anhaltender effusiver bis explosiver Aktivität von geringer Stärke. Nach dem Ausbruch von 1631 war diese Form von Eruptionen lange Zeit für den Vesuv typisch.
Tephra: Gesamtheit festen vulkanischen Auswurfmaterials wie Aschen, Lapilli, Schlacken, Bomben.
Tuff: Weiches, poröses Gestein aus abgelagerten und verfestigten vulkanischen Lockerprodukten (Aschen, Lapilli).

Zeittafel

(Ausgewählt wurden nur einige der stärksten Eruptionen seit 79; die Angaben folgen Nazzaro und Scarth. Alle Ausbrüche wurden von mehr oder weniger starken Erdbeben eingeleitet und/oder begleitet.)

79 Plinianische Eruption am 24. August: Pompeji, Herculaneum, Terzigno, Oplontis, Boscoreale, Stabiae, weitere Ortschaften sowie zahlreiche Güter und Villen werden durch Auswurfmaterial und pyroklastische Ströme verschüttet und zerstört.

472 Subplinianische Pollena-Eruption

685 Effusiv-explosive Eruption

968 Effusiv-explosive Eruption

1037 Effusiv-explosive Eruption

1139 Effusiv-explosive Eruption

1198 Kurzzeitige Eruption der Solfatara

1500–1538 Bradyseismische Vorgänge um Pozzuoli

1538 Effusiv-explosive Eruption in den Campi Flegrei, Bildung des Monte Nuovo (134 m). Tausende fliehen nach Neapel, die Ortschaft Tripergole wird vernichtet, Pozzuoli zum großen Teil zerstört. Heftige Aschefälle gehen dort und ostwärts bis nach Baia nieder.

1631 Subplinianische Eruption – die verheerendste seit 79 – mit auf Barra, San Sebastiano, Portici, Resina und Torre del Greco gerichteten pyroklastischen Strömen; die Eruptionswolke erreicht eine Höhe von etwa 15–20 km. Pyroklastische Ströme, Überflutungen und Schlammströme richten sehr starke Schäden in den Ortschaften im Norden, Westen und Süden des Vulkans an; mindestens 4000 Tote (andere Quellen erwähnen 6000–10 000) sind zu beklagen. Nach der Eruption erhebt sich der Vesuv etwa 450 m niedriger als zuvor.

1638 Athanasius Kircher auf dem Vesuv; sein 1664 erscheinendes «Mundus Subterranus» ist das erste umfassende Werk der Vulkanologie und Geophysik.

1660 Explosive Eruption; schwere Aschefälle im Nordosten des Berges

1694 Effusiv-explosive Eruption; die aus Flankenrissen an der Basis stammende Lava erreicht San Giorgio a Cremano, Torre del Greco und Boscotrecase, Aschefall in Neapel.

1698 Effusiv-explosive Eruption mit Aschefällen, Schlammströmen und Lavaausbrüchen; besonders betroffen sind Boscotrecase, Torre Annunziata und Ottajano.

1707 Explosive Eruption mit pyroklastischen Strömen geringer Stärke; Aschefälle und Schlammströme rufen weithin Schäden hervor, besonders betroffen sind Ottajano, Boscotrecase und Neapel. Die Lavaströme bleiben auf den Berg beschränkt.

1710 Beginn der Ausgrabungen in Herculaneum

1737 Effusiv-explosive Eruption; starke Aschefälle, die Dächer in Ottajano einstürzen lassen, zerstörte Fensterscheiben in Nola und Neapel. Ein zunächst auf Resina gerichteter Lavastrom dringt in Torre del Greco ein. Nach dem Ausbruch erscheint der Gipfel deutlich niedriger und der Krater stark vergrößert.

1748 Beginn der Ausgrabungen in Pompeji

1750 In Dijon erscheinen Charles de Brosses' «Lettres sur l'état actuel de la mile souterraine d'Herculée», das erste Werk über die Ausgrabungen in Herculaneum.

1758 Eröffnung des Museo Ercolanese in Portici

1760 Effusiv-explosive Eruption; Lavaströme aus etwa 300 m hoch gelegenen Flankenrissen im Süden, wo nach den verschiedenen Quellen 6 bis 15 Nebenkegel entstehen. Zwei Lavaströme bewegen sich auf Torre del Greco und Torre Annunziata zu.

1762 Johann Joachim Winckelmanns erstes «Sendschreiben von den Herculanischen Entdeckungen» erscheint in Dresden.

1764 William Hamilton wird britischer Botschafter im Königreich beider Sizilien (Aufenthalt bis 1800). Hamilton beobachtet den Vesuv systematisch, unternimmt etwa siebzig Aufstiege zum Krater, ist Hunderte Male auf den Berghängen und publiziert hervorragende Beiträge zur Vesuvforschung.

1767 Effusiv-explosive Eruption; starke Aschefälle in San Giorgio a Cremano und Boscotrecase, Wolkenbrüche rufen Schlammströme hervor, Lavaströme aus Flankenrissen nähern sich Torre Annunziata und San Giorgio a Cremano.

1779 Explosive Eruption; starke Aschefälle in Somma Vesuviana, Ottajano, Torre del Greco und Portici, 4 km hohe Lavafontänen und Lavaströme aus Flankenrissen, Einsturz von Häusern in einem begleitenden, besonders starken Erdbeben. Padre Antonio Piaggio, angeregt von Hamilton, beginnt ein Eruptionstagebuch und führt es bis zu seinem Tod 1794.

1794 Effusiv-explosive Eruption, verheerendster Ausbruch des Jahrhunderts; Bildung von Lavafontänen, zwischen 320 und 480 m hohe Flankenrisse im Nordosten und Südwesten, aus denen Lavaströme austreten. 80% des Ortes Torre del Greco werden zerstört, Asche und Schlammströme richten große Schäden in Somma Vesuviana und Ottajano an.

1797 Ascanio Filomarino konstruiert den ersten mechanischen Seismografen (Messung von Richtung und Amplitude).

1822 Effusiv-explosive Eruption, stärkster Ausbruch des Jahrhunderts mit Schlammströmen im Norden und Osten sowie mit Lavaströmen nach Torre del Greco und Boscotrecase. In Ottajano, Neapel und anderen Ortschaften fällt rötliche Asche, erst gegen Ende der Eruption zeigt sie das gewohnte Grau.

1834 Effusiv-explosive Eruption; Kollaps des Kraters, auf Poggiomarino gerichteter Lavastrom. Etwa 800 Menschen werden obdachlos.

1841 Bau des Vesuv-Observatoriums (bis 1847), der ersten vulkanologischen Beobachtungsstation der Welt, auf einem westwärtigen Sommarest nahe der sogenannten Einsiedelei (Colle del Salvatore, 608 m).

1845 Einweihung des Vesuv-Observatoriums (Fertigstellung 1847), erster Direktor wird der Physiker Macedonio Melloni.

1850 Effusiv-explosive Eruption; Lavaströme im Nordosten, von denen einer nahezu 9 km lang wird, Asche- und Lapillifälle in Ottajano und Torre Annunziata.

1855 Effusive Eruption; Lavaströme aus mindestens elf Radialrissen an der Nordseite des Kraters dringen in Massa di Somma und San Sebastiano ein. Luigi Palmieri wird Direktor des Vesuv-Observatoriums, er konstruiert den ersten elektromagnetischen Seismografen und beginnt eine systematische Überwachung des Vulkans.

1861 Effusiv-explosive Eruption; Flankenrisse im Südwesten in einer Höhe von etwa 220–300 m, dort austretende Lava erreicht Torre del Greco, ungewöhnlich heftiger Aschefall am Ende des Ausbruches. Luigi Palmieri vermisst starke Bodenhebungen (bis 5 m) entlang der Küstenlinie.

1863 Giuseppe Fiorelli wird zum Direktor der Ausgrabungen in Pompeji ernannt; Beginn der wissenschaftlichen Erforschung der Grabungsstätten.

1872 Effusiv-explosive Eruption; Lavafontänen und -ströme dringen aus einem Riss auf der Nordwestflanke hervor, Lava begräbt Teile von Massa di Somma und San Sebastiano. Eine nicht genau bestimmte Anzahl von Bergtouristen – ein Bericht erwähnt mehr als hundert – wird getötet.

1880 Einweihung der auf den Vesuvgipfel führenden Schienenseilbahn (794–1180 m)

1903 Eröffnung der elektrisch betriebenen Schmalspur- und Zahnradbahn (Teilstrecke) von Pugliano zur Talstation der Schienenseilbahn. Raffaele Matteucci wird Direktor des Observatoriums.

1904 Eröffnung des Hotels Eremo. Frank Alvord Perret beginnt seine Forschungen am Vesuv und wird freiwilliger Assistent am Observatorium.

1906 Effusiv-explosive Eruption, der stärkste Ausbruch des Jahrhunderts. Ein Lavastrom verwüstet einen Teil von Boscotrecase, auch die Schienenseilbahn wird von Lava zerstört. Von Auswurfmaterial hervorgerufene starke Schäden in Torre Annunziata, Ottajano und San Giuseppe Vesuviano. Insgesamt sind etwa 230 Tote zu beklagen, es gibt ungefähr 120 Verletzte und 34 200 Flüchtlinge. In Neapel stürzt das Dach einer Markthalle und in San Giuseppe Vesuviano ein Kirchendach ein, unter dem Menschen Zuflucht gesucht haben.

1911 Giovan Battista Alfano eröffnet das Museo Vesuviano in Pompeji; Giuseppe Mercalli, Begründer der Mercalli-Scala zur Messung der Stärke von Erdbeben, wird Direktor des Vesuv-Observatoriums.

1914 Immanuel Friedlaender gründet in Neapel ein privates Vulkaninstitut (Istituto Vulcanologico Friedlaender; Villa Hertha in der Via Luigia Sanfelice) und gibt die in Berlin erscheinende Zeitschrift für Vulkanologie heraus.

1916 Auf dem Boden des Kraters von 1906 bildet sich ein neuer Kegel, Lava erhöht allmählich den Kraterboden.

1926 Nach längerer Vernachlässigung und Leitung durch eine Kommission wird Alessandro Malladra Nachfolger des 1914 verstorbenen Giuseppe Mercalli und ordnet die Arbeit am Observatorium neu. Erstmals fließt Lava, die den Krater bisher aufgefüllt hat, auch über den Kraterrand.

1929 Effusiv-explosive Eruption; Lavafontänen von bis zu 500 m Höhe, zwei Lavaströme fließen zur östlichen Basis in Richtung auf Terzigno, wo 54 Häuser zerstört werden.

1933 Umbenennung von Ottajano in Ottaviano

1944 Effusiv-explosive Eruption; letzter Ausbruch des Jahrhunderts. Dabei werden mehr als 2 km hohe Lavafontänen beobachtet, und die Eruptionswolke erhebt sich höher als 6 km. Lava zerstört Teile von Massa di Somma und San Sebastiano. Den verschiedenen Quellen zufolge fordert der Ausbruch 28, vielleicht auch 47 Tote, etwa 12 000 Menschen müssen ihre Wohnstätten verlassen. Der obere Abschnitt der Vesuvbahn wird gänzlich zerstört und nicht wiederhergestellt.

1953 Vergabe einer Konzession an ein Schweizer Unternehmen: Eröffnung des Sessellifts, der von 753 m auf eine Höhe von 1158 m führt und jährlich etwa 100 000 Personen befördert

1955 Stilllegung der Vesuvbahn wegen der Konkurrenz durch Busunternehmen und zu hoher Unterhaltungskosten

1960 Alfred Rittmann gründet das Internationale Institut für Vulkanologie in Catania (seit 2000 Bestandteil des Istituto Nazionale di Geofisica e Vulcanologia)

1969 Umbenennung von Resina in Ercolano (Herculaneum)

1969–1972 Bradyseismische Vorgänge in und um Pozzuoli

1980 Ein außergewöhnlich starkes Erdbeben erschüttert Kampanien: 3100 Tote, 400 000 Obdachlose. Auch die Ausgrabungsstätten im Umkreis des Vesuvs werden zum Teil schwer beschädigt.

1981 Gründung der Soprintendenza Archeologica von Pompeji, die damit als autonomes Institut der Vesuvregion aus dem Verbund mit Neapel und Caserta herausgelöst wird

1982–1984 Bradyseismische Vorgänge in und um Pozzuoli: In der Hafengegend hebt sich die Erde um 1,85 m, 8000 Gebäude werden beschädigt; seit dem Sommer 1969 ist das Stadtzentrum um 3,35 m gehoben worden.

1984 Stilllegung des Sessellifts, der allein schon wegen der häufigen Unterbrechungen bei starkem Wind nicht mehr mit dem Straßenverkehr konkurrieren konnte

1995 Gründung des Nationalparks Vesuv (8482 ha), dem als ökologisch-kulturelle Einheit außer Vesuv und Monte Somma auch das Gebiet von 13 umgebenden Ortschaften mit etwa 400 000 Einwohnern angehört

1999 In den 18 Gemeinden in der Zona Rossa – der am meisten gefährdeten Zone um den Vesuv – wohnen 578 000 Menschen.

2000 Das Vesuv-Observatorium geht im Istituto Nazionale di Geofisica e Vulcanologia (Sektionen in Bologna, Catania, Mailand, Neapel, Palermo, Pisa und Rom) auf, dessen Sitz in Neapel die Gefahrenzonen Vesuv, Campi Flegrei und Ischia überwacht. Das Gebäude auf dem Vesuv dient künftig als Museum, Bibliothek und Laboratorium.

2003 Prämienzahlungen von bis zu 30 000 Euro und andere Vergünstigungen sollen Einwohner, die in einer der besonders gefährdeten Ortschaften wohnen, zum Umzug in Landstriche außerhalb der Zona Rossa veranlassen.

2004 Amilcare Troiano, derzeit Direktor des Parco Nazionale del Vesuvio, gibt während einer Pressekonferenz bekannt, der Nationalpark Vesuv werde nunmehr jährlich von rund einer Million Touristen besucht.

2005 Die 2003 in Aussicht gestellten Prämienzahlungen gelten jetzt auch für In- und Ausländer, die erst seit drei Jahren in der Zona Rossa wohnen; am Jahresende haben seit 2003 nur 5697 Familien davon Gebrauch gemacht.

2006 Mesimex 2006: (Wiederholte) Evakuierungsübung des Zivilschutzes in der Zona Rossa, erstmals im Zusammenwirken mit anderen Landesteilen und mit internationalem Beistand. Wie alle bisherigen Planspiele geht auch dieses davon aus, dass Neapel nicht von einer Vesuveruption betroffen ist, alle Verkehrswege der Region verschont bleiben und eine verbindliche Warnung nicht Tage, sondern Wochen vor der Eruption erfolgt.

2010 Einwohner von Terzigno und Boscoreale tragen symbolisch den Nationalpark Vesuv zu Grabe und setzen sich erfolgreich gegen die Eröffnung einer weiteren Mülldeponie im Park zur Wehr. Die Regierung erlässt ein Gesetz, das zusätzliche Anlagen in diesem Gebiet verbietet.

2011 In der nächsten Umgebung des Vesuvs leben mehr als anderthalb Millionen Menschen; Portici und San Giorgio a Cremano unter dem südwestlichen Hang des Vulkans sind die am dichtesten besiedelten Gemeinden Italiens.

2014 Geplante erste Fahrt der neuen Vesuvbahn (Treno Rosso del Vesuvio)

Informationen zur Reise nach Neapel und zu Vesuvbesteigungen

Wenngleich Neapel auch jederzeit über Rom mit der Eisenbahn erreichbar ist, ermöglichen sogenannte Billigfluggesellschaften die vielleicht unkomplizierteste und fraglos schnellste Reise dorthin. Im Vergleich mit anderen Gesellschaften bieten sie bei rechtzeitiger Buchung Flüge an, die nicht nur sehr preiswert sind, sondern auch ohne Zwischenaufenthalte nach Neapel führen. Wer dann vom Flughafen Capodichino mit dem Taxi in die Stadt fahren möchte, der ist – wie bei jeder Taxifahrt dort – gut beraten, wenn er den Fahrpreis zuvor aushandelt; darüber hinaus besteht zwischen Flughafen und Stadtzentrum eine billige und ebenso schnelle Busverbindung. Während der Fahrt wird jedermann erkennen, wie unsinnig es wäre, Neapel mit dem Auto zu besuchen: Einige Stadtviertel können nur von Fahrern mit überaus starken Nerven durchquert werden, und überall herrscht Mangel an Parkplätzen. Es erscheint zudem unnötig, denn es gibt dort mehrere U-Bahn- sowie ein dichtes Netz von Bus- und Straßenbahnlinien. Abgesehen von der Hauptverkehrszeit, bieten sie alle verlässliche Ankunfts- und Abfahrtszeiten. Nach den pünktlichen Abfahrten der Circumvesuviana, einer Stadtbahn, die Neapel mit größeren Ortschaften rings um den Vesuv – also auch mit den Ausgrabungsstätten von Pompeji, Ercolano (Herculaneum), Torre Annunziata (Oplontis) und Boscoreale – verbindet, kann man sogar die Uhr stellen. (Wer Seefahrten mag, erreicht Ercolano oder Torre Annunziata auch mit den Booten des Metrò del Mare vom Molo Beverello. Von dort kann er ebenso zu mehreren anderen Küstenorten am Golf sowie zu den Inseln fahren.) Gleichermaßen schnelle S-Bahn-Verbindungen (Circumflegrea) gibt es nach Pozzuoli, wo man zum Beispiel mit einer Linie in die Nähe der Solfatara gelangen und den Ort nach dem Besuch des Amphitheaters und des sogenannten Serapistempels mit einer anderen verlassen kann. Selbst in die Höhe, etwa zum Ausblick von der Festung Sant'Elmo oder der Kartause San Martino, führen bequeme Fahrten mit den Funicolari. Darüber hinaus sind sämtliche Sehenswürdigkeiten Neapels – natürlich nicht alle an einem Tag – ohne Erschöpfung vom Zentrum her zu Fuß erreichbar und zum Beispiel in der Altstadt derart zusammengedrängt, dass der Besucher sie bummelnd genießen kann. Wer lediglich für Stunden mit einem Kreuzfahrtschiff kommt, sollte deshalb keine Stadtrundfahrt buchen und stattdessen den Spaccanapoli genannten Straßenzug sowie die parallel verlaufende Via Tribunali nebst den nach Westen weiterführenden Gassen zu Fuß erkunden. Dorthin, in den wohl sehenswertesten Teil Neapels, kann man nämlich nur so gelangen.

Was auch immer einen Reisenden in der Stadt oder in ihrer Umgebung interessiert, wohin er sich auch wenden möchte – in jedem Fall sollte er sich zuvor unter www.artecard.it über die Spielarten der Campania Artecard informieren. Sie bietet preiswerte Kombinationen für die Benutzung der verschiedensten Verkehrsmittel sowie für den Besuch von Ausgrabungsstätten, Museen, Ausstellungen und kulturellen Veranstaltungen – und in solcher Hinsicht haben sowohl Neapel als auch andere Orte am Golf überaus viel zu bieten. Übrigens: Wer jünger als 18 oder älter als 65 Jahre ist und aus einem Land der Europäischen Union kommt, der hat freien Zugang zu allen vom Staat betriebenen Ausgrabungsstätten und Museen. Selbstverständlich gibt es überall, also nicht nur in staatlichen, sondern ebenso in kirchlichen, kommunalen und privaten Einrichtungen, auch ermäßigte Tarife.

Auf den Vesuv sowie auf den Monte Somma führen mehr als ein halbes Dutzend ausgeschilderte Wanderpfade. Jede der Touristenberatungsstellen in Pozzuoli, Neapel oder Pompeji vermittelt gern zwischen Bergwanderern und dem Verwaltungssitz der Nationalparkbehörde in San Sebastiano. Ein solcher Kontakt ist empfehlenswert, weil er zu Kartenmaterial und Routenbeschreibungen sowie zur Vermittlung eines sachkundigen Begleiters führt, sofern ein solcher gewünscht wird. Ein Teil des Waldes auf den Vesuvhängen ist ohnehin eingezäunt und versperrt und kann nur mit einem Führer der Parkaufsicht durchwandert werden.

Ein bequemer und rascher – freilich wenig stilvoller – Aufstieg beginnt mit einem der preiswerten kommunalen Busse, die von Pompeji und Ercolano bis zum Quota 1000 genannten Parkplatz – 1000 m hoch gelegen – hinauffahren. Die restlichen 170 Höhenmeter geht man auf einem befestigten Schotterweg zu Fuß und erreicht dann sogleich hinter der Eintrittskasse den Kraterrand. Wenn jemand nicht von den Abfahrtszeiten jener Busse, die er in den Tourismusbüros erfährt, abhängig sein möchte, so wendet er sich an die Firma Vesuvio Espress am Circumvesuviana-Bahnhof Ercolano Scavi. Sie befördert zur Zeit für jeweils 10 Euro Touristen mit Kleinbussen zum Parkplatz auf dem Berg, und man kann bei ihr für weitere 6 Euro 50 auch gleich eine Eintrittskarte erwerben. Allerdings: Zuweilen dauert es einige Zeit, bis genügend Fahrgäste beisammen sind, die Fahrer warten auf der Quota 1000 nur anderthalb Stunden – für den Aufstieg vom Parkplatz zum Kraterrand braucht jemand, der nicht Marathonläufer ist und unterwegs fotografieren und sich umsehen möchte, schon eine halbe Stunde –, und während der bereits am frühen Nachmittag beginnenden italienischen Siesta sind mit der Firma Vesuvio Espress keine Geschäfte mehr zu machen. Dann könnte man zum Beispiel auch die von Ercolano über San Vito auf den Berg führende Straße hinaufgehen. Das setzt freilich großes Verlangen nach einem vierstündigen Marsch auf steilem Betonpflaster sowie ein erhebliches Maß an Flinkheit voraus, denn sonst gerät auch der gewandteste Bergwanderer in einer der Spitzkehren unter einen Reisebus.

Im Frühjahr oder Herbst sollte ein Ausflug auf den Vesuv vormittags unternommen werden, weil dann im Verlauf des Tages nicht selten Bewölkung aufzieht. Zudem kann es dort oben recht windig und kühl sein, und noch immer gilt, was hier über leidvolle Erfahrungen mit ungeeignetem Schuhwerk berichtet wurde.

Hinweise zur Besichtigung der Ausgrabungsstätten von Pompeji, Ercolano (Herculaneum), Torre Annunziata (Oplontis) und Boscoreale

Wer mit einer Reisegruppe nach Pompeji kommt, der wird geführt und braucht eigentlich keine Hinweise. Dennoch sei ihm geraten, sich zuvor über die Geschichte und die Örtlichkeiten der Grabungsstätte zu informieren, weil es den Blick schärft. Auch sollte er ein Getränk mitführen, denn in der einzigen Cafeteria auf dem Gelände herrscht schreckliches Gedränge, und nicht jeder vertraut dem Brunnenwasser. Reist jemand allein, so wird er gewöhnlich mit der Circumvesuviana kommen und muss beachten, dass es in Pompeji drei Bahnhöfe gibt. Für ihn sind nur zwei davon interessant: Pompei Scavi-Villa dei Misteri (von Neapel in Richtung Sorrent), die dem Hauptzugang Porta Marina am nächsten gelegene Station, oder Pompei Santuario (von Neapel in Richtung Poggiomarino), ein Bahnhof, von dem er, an der Basilika vorüber, eine Viertelstunde bis zum Eingang Anfiteatro läuft und damit das Grabungsgelände etwa auf der gegenüberliegenden Seite erreicht. Zusammen mit der Eintrittskarte erhält er dann einen hinreichend großen Plan, der ihm zeigt, dass es nicht möglich ist, im Verlauf eines Tages alles zu sehen. Dafür sorgt neben den Abmessungen der Stadt schon die unebene Pflasterung aus Vesuvlava. Nunmehr wird der Ratschlag schwierig. Mancher will unbedingt das Bordell sehen, das weitab von lohnenderen Zielen liegt. Übrigens bietet das Vorstadtbad (Terme Suburbane) weitaus deftigere Wandmalereien dar, doch um sie zu sehen, muss man sich in der Informationsstelle oder am Einlass an der Porta Marina anmelden. Danach könnte ein eiliger Besucher von dort die Via Marina zum Apollotempel hinaufgehen, sieht hinter einem bronzenen Apollo in der Ferne den «Zerstörer Vesuv», überquert das Forum und gelangt so zum Macellum, dem einstigen Markt, auf dem er Abgüsse von Opfern des Jahres 79 und einige betrübte Beingerüste aus jener Zeit besehen kann, sofern er anderen Touristen über die Schulter blickt. Es sind dort ja Hunderte unterwegs, zumal jetzt die Cafeteria nahe ist. Sodann führen einige Schritte nach rechts zum Haus des Fauns, dem größten innerhalb der Stadtmauern. Wer eine Zeitlang vor der Kopie des einzigartigen Alexander-Mosaiks gestanden hat, kann nun den von Palmen und Zypressen bestandenen Garten verlassen und zum reich ausgestatteten Haus der Vettier hinübergehen. Damit hätte er zwei der drei berühmtesten Häuser besucht, müsste aber danach den langen Weg auf dem Vicolo di Mercurio westwärts, zur Porta di Ercolano und durch die Gräberstraße laufen, damit er das dritte erreicht: die Villa dei Misteri mit ihrem wunderbaren Gemäldefries. Hat er es weiterhin eilig und muss deshalb zur Porta Marina zurückkehren, so dürften drei hastend verbrachte Stunden vergangen sein, in deren Verlauf er weder das Amphitheater und die Palaestra noch eines der zwei Theater, den «Garten der Flüchtlinge» am Vicolo dei Fuggiaschi, die Stadtthermen oder Häuser mit so anziehenden Namen wie «Haus der keuschen Liebenden» oder «Haus der Venus im Bikini», die schönen Mosaiken im Haus des Menander oder das «Haus des Tragödiendichters» gesehen hat, das Edward Bulwer-Lytton zum Vorbild für das Haus des Glaucus nahm. Wer Pompeji sehen möchte, der braucht Kenntnis und Zeit, sonst gleicht er bald den vielen Gruppen von Schülern und betagten Touristen, die dort umhergehetzt werden und schließlich nichts mehr ersehnen als den erneuten Untergang der Stadt.

Wesentlich geruhsamer geht es in Herculaneum zu. Die Bahnstation heißt Ercolano Scavi, und von dort führt die Via 4 Novembre, vorbei am Virtuellen Museum, in gerader Linie zum Ausgrabungsgelände. Schon auf dem Weg zur Eintrittskasse – auch dort gibt es zudem einen kostenlosen Plan sowie ein Heft mit Informationen – sieht man die Besonderheit Herculaneums: tief unten die antike, nun von Touristen belebte Stadt, darüber die Häuser Ercolanos mit flatternder Wäsche und Fernsehantennen und über allem der Vesuv. Man erreicht den erloschenen Stern über eine Brücke, und in der gepflegten, teils begrünten Anlage muss der Betrachter nicht mehr eilen. Sollte er jedoch wenig Zeit haben, so findet er viele der interessantesten Bauwerke im Südosten und Süden vereint: die Palaestra mit der fünfköpfigen Schlange, in der er einen beklemmenden Eindruck davon bekommt, unter welcher Tufflast dieser Stadtteil begraben war und noch ist, das stattliche Haus der Hirsche (Casa dei Cervi), das luxuriöse Vorstadtbad sowie die Terrasse des Marcus Nonius Balbus, von der er hinabsteigen kann zu den Bootshäusern und zum früheren Strand, an dem Pumpen fast ständig laufen, weil er jetzt unter dem Meeresspiegel liegt. Ein Ausstellungshaus mit dem dort aufgefundenen Boot befindet sich nicht weit davon entfernt in der Oberwelt.

Empfehlenswert ist ebenso eine Fahrt nach Torre Annunziata, dem antiken Oplontis. Der Weg vom Bahnhof zur Villa der Poppaea Sabina ist beschildert und nicht lang, und auch dort gibt es wieder einen Plan und als Überraschung zum ersten Mal halbierte Eintrittspreise. Wer am Beginn seiner Ausflüge in die Antike die kombinierte Einlasskarte «5 Siti» für Pompeji, Herculaneum, Oplontis, Boscoreale und Stabiae für derzeit 20 Euro erwarb, der hat ohnehin bereits ein paar Euro gespart und kommt jetzt umsonst hinein. Da findet er beschauliche Ruhe sowie Gelegenheit, sich ungestört – wie Herkules im Garten der Hesperiden, der ihn sogleich im Calidarium erwartet – in den prächtig ausgemalten Gemächern einer Kaiserin umzusehen. Es verhält sich wohl so, dass die Vermutung, hier habe Kaiser Neros Frau gelebt, sich nicht völlig überzeugend belegen lässt, aber gewiss gehörte die Villa sehr reichen, sehr mächtigen und sehr verwöhnten Menschen. Wenn es jemand schätzt, dann wird er sich besonders über die zahlreichen Gemälde von Vögeln oder über die einstmals bepflanzten Viridarien mit ihren apfelgrün, zimtrot und golden leuchtenden Gartenszenen freuen.

Im Vergleich mit Pompeji oder Herculaneum halbierte Eintrittspreise zahlt ebenso, wer das Antiquarium von Boscoreale besucht. Der Weg dorthin ist vom Bahnhof her ausgeschildert, erfordert aber eine halbe Stunde. Dafür führt er zu Dingen, die man nur dort sehen kann, und zu einem Museumspersonal, das Besucher wie lange und freudig erwartete Gäste betreut. Ausgestellt werden vornehmlich Haushaltsgegenstände sowie landwirtschaftliche Geräte und Erzeugnisse, die aus der Vesuvasche geborgen wurden: Keramik, Becher und Flaschen aus Glas, Werkzeug, Gerätschaften und Beschläge aus Bronze, Kücheninventar, eine Olivenpresse, karbonisiertes Brot und Getreide, verkohltes Dörrobst. Dazwischen ein Gipsabguss des seit anderthalb Jahrhunderten von vielen Betrachtern beklagten Hundes, der in Pompeji erstickte, und ein weiterer von einem Schwein, das noch niemand bedauert hat. Ein Raum ist Sonderausstellungen vorbehalten, derzeit werden darin Gips- und Kunstharzabgüsse von Opfern der Vesuveruption 79 gezeigt. Gleich neben dem Museum, freilich einige Meter unter der heutigen Erdoberfläche, steht ein antikes Gutshaus mit fast mannshohen, im Boden versenkten Vorratsbehältern auf dem Hof. Landwirtschaft war unter dem Vesuv einträglich: 1895 ist in Boscoreale ein aus mehr als hundert Teilen bestehender Schatz von silbernem Tafelgeschirr sowie von überaus kunstvollen Silberarbeiten, Münzen und Juwelen gefunden worden, der während der Eruption von 79 in einem Brunnen verborgen wurde. Um ihn zu sehen, muss man heute allerdings zum Louvre in Paris reisen.

Alfano, Giovan Battista u. Immanuel Friedlaender: «Die Geschichte des Vesuv. Illustriert nach gleichzeitigen Urkunden», Berlin 1929

An.: «Die Reisen eines Blinden», Das Ausland, 4. Jg., Nr. 173 u. 174, München 1831

Archenholz, Johann Wilhelm (Hg.): «Einfahrt von acht Franzosen in den Crater des Vesuvs im July 1801», Minerva, Bd. 1/1802 (41), Hamburg 1802

Babbage, Charles: «Passages from the Life of a Philosopher», London 1864

Beard, Mary: «Pompeii. The Life of a Roman Town», London 2009

Becker, Wilhelm Gottlieb: «Über die Besteigung des Vesuvs». In: ders. (Hg.), «Erholungen», Bd. IV, Leipzig 1802

Bierbaum, Otto Julius: «Eine empfindsame Reise im Automobil von Berlin nach Sorrent ...», Berlin 1903

Bisel, Sara C.: «The Secrets of Vesuvius. Exploring the mysteries of an ancient buried city», Toronto 1990

Bragantini, Irene u. Valeria Sampaolo: «La pittura pompeiana», Verona 2009

Bürger, Gottfried August: «Wunderbare Reisen zu Wasser und zu Lande. Feldzüge und lustige Abenteuer des Freiherrn von Münchhausen ...», Frankfurt (M.) 1976

Burns, John Horne: «Etappe Napoli», Karlsruhe 1959

Chateaubriand, François [René] Auguste: «Erinnerungen aus Italien, England und Amerika», Dresden 1816

Coarelli, Filippo (Hg.): «Pompeji. Archäologischer Führer», Augsburg 1997

Constantine, David: «Fields of Fire. A Life of Sir William Hamilton», London 2001

Cook's Handbook to Naples and Environs, London 1922

Cooper, James Fenimore: «Sämmtliche Werke», 112.–114. Bändchen, Erster Theil, Frankfurt (M.) 1838

Corti, Egon Caesar: «Untergang und Auferstehung von Pompeji und Herculaneum», München 1940

De Carolis, Ernesto u. Giovanni Patricelli: «Vesuvius A. D. 79.The Destruction of Pompeii and Herculaneum», Los Angeles 2003

Dickens, Charles: «Pictures from Italy», Harmondsworth 1998

Dobbins, John J. u. Pedar W. Foss (Hg.): «The World of Pompeii», New York 2007

Dobran, Flavio: «Vesuvius. Education, security and prosperity», Developments in Volcanology 8, Amsterdam und Oxford 2006

Dupaty, Jean Baptiste: «Briefe über Italien vom Jahr 1785», Bd. I–II, Mainz 1789-1790

Eiselein, Joseph: «Winckelmanns Biographie». In: Johann Winckelmanns sämtliche Werke, Bd. 1, Donaueschingen 1825

Foerster, Otto: «Kleine illustrierte Geschichte des Vesuv ...», Neapel 1908

Fontane, Theodor: «Briefe in zwei Bänden», Bd. 1, Berlin und Weimar 1980

Förster, Ernst: «Handbuch für Reisende in Italien. Zweiter Theil. Reisen in Mittel- und Unteritalien und Sicilien», München 1866

Gidwitz, Tom: «The Hero of Vesuvius», www.tomgidwitz.com

Goethe, Johann Wolfgang von: «Werke», Bd. 8, Leipzig o. J. [1927]

Gregorovius, Ferdinand: «Wanderjahre in Italien», München 1997

Haas, Hippolyt: «Neapel, seine Umgebung und Sizilien», Bielefeld und Leipzig 1911

Haeckel, Ernst: «Italienfahrt. Briefe an die Braut 1859/1860», Leipzig 1921

Hamilton, William: «Campi Phlegraei. Observations on the volcanos of the Two Sicilies ...», Naples 1776

Hamilton, William: «Supplement to the Campi Phlegraei, being an account of the great eruption … 1779», Naples 1779
Harris, Judith: «Pompeii Awakened: A Story of Rediscovery», London 2007
Hebbel, Friedrich: «Sämtliche Werke», Bd. 9, Hamburg 1867
Heinse, Wilhelm: «Ardinghello und die glückseligen Inseln», Zürich 2000
Howells, William Dean: «Roman Holydays, and Others», New York und London 1908
Jashemski, Wilhelmina Mary Feemster u. Frederick G. Meyer (Hg.): «The Natural History of Pompeii», Cambridge 2002
Keyßler, Johann Georg: «Neueste Reisen durch Deutschland, Böhmen, Ungarn, die Schweiz, Italien und Lothringen …», Hannover 1751
Klemperer, Victor: «Curriculum Vitae», Bd. 2, Berlin 1989
Kotzebue, August von: «Bemerkungen auf einer Reise aus Liefland nach Rom und Neapel», Bd. I u. III, Köln 1805 u. 1810
Krafft, Maurice: «Volcanoes. Fire from the Earth», New York 1993
Lancaster, Jordan: «In the Shadow of Vesuvius. A Cultural History of Naples», London 2009
Leppmann, Wolfgang: «Pompeji. Eine Stadt in Literatur und Leben», München 1966
Lewis, Norman: «Naples '44», London 1978
Löher, Franz: «Sizilien und Neapel», Teil 2, München 1864
Lüdemann, Wilhelm von: «Neapel, wie es ist», Dresden 1827
Malaparte, Curzio: «Die Haut», Frankfurt (M.) 1971
Matthews, Jeff: «Air Raids on Naples in WW II», Around Naples Encyclopedia, www.faculty.ed.umuc.edu/~jmatthew/naples
Mau, August: «Pompeji in Leben und Kunst», Leipzig 1908
Mendelssohn, Fanny: «Italienisches Tagebuch», Darmstadt 1985
Mayer, Karl August: «Neapel und die Neapolitaner …», Bd. II, Oldenburg 1842
Monticelli, Teodoro u. Niccola Covelli: «Der Vesuv in seiner Wirksamkeit während der Jahre 1821, 1822 und 1823 …», Elberfeld 1824
Moore, John: «A View of Society and Manners in Italy», Vol. III, Dublin 1781
Moritz, Karl Philipp: «Reisen eines Deutschen in Italien in den Jahren 1786 bis 1788», Zweiter Theil, Berlin 1792
Mühlenbrock, Josef u. Dieter Richter (Hg.): «Verschüttet vom Vesuv. Die letzten Stunden von Herculaneum», Mainz 2005
Nazzaro, Antonio: «Il Vesuvio. Storia eruttiva e teorie vulcanologiche», Napoli 2001
Nicolai, Gustav: «Italien wie es wirklich ist. Bericht über eine merkwürdige Reise …», Bd. 1–2, Leipzig 1835
Oefele, Aloys: «Bilder aus Italien», Theil 2, Frankfurt (M.) 1833
Paliotti, Vittorio: «Der Vesuv. Eine feurige Geschichte», Neapel 1981
Parslow, Christopher Charles: «Rediscovering Antiquity: Karl Weber and the Excavation of Herculaneum, Pompeii and Stabiae», Cambridge 1995
Pellegrino, Charles: «Ghosts of Vesuvius», New York 2005
Perret, Frank Alvord: «The Vesuvius Eruption of 1906: Study of a Volcanic Cycle», Washington 1924
«Pompeji wiederentdeckt», zweisprachiger Ausstellungskatalog, Rom 1993

Pückler-Muskau, Hermann von: «Jugend-Wanderungen», Stuttgart 1835
Pückler-Muskau, Hermann von: «Briefwechsel und Tagebücher des Fürsten Hermann von Pückler-Muskau», Bremen 2010
R. [d.i. Johann Christian Reinhart]: «Reise auf den Vesuv», Neue Thalia, Bd. III, Heft 3, Leipzig 1792–1793
Rehfues, Philipp Joseph von: «Gemählde von Neapel und seinen Umgebungen», Bd. 1–3, Zürich 1808
Richter, Dieter: «Neapel. Biographie einer Stadt», Berlin 2005
Richter, Dieter: «Der Vesuv. Geschichte eines Berges», Berlin 2007
Roblès, Emmanuel: «Der Vesuv», München 1963
Röll, [Victor] Freiherr von (Hg.): «Enzyklopädie des Eisenbahnwesens», Bd. 10, Stichwort Vesuvbahn, Berlin u. Wien 1923
Rohrer, Max (Hg.): «Der Feuerberg. Erlebnisse an den Vulkanen Europas», München o. J. [1937]
Roth, Justus: «Der Vesuv und die Umgebung von Neapel», Berlin 1857
Sade, Donatien Alphonse François de: «Justine oder Die Leiden der Tugend, gefolgt von Juliette oder Die Wonnen des Lasters», Nördlingen 1987
Salvadori, Johann Baptist: «Notizen über den Vesuv und dessen Eruption v. 22. Oct. 1822», Neapel 1823
Scarth, Alwyn: «Vesuvius. A Biography», Princeton 2009
Schmidt, Julius: «Die Eruption des Vesuv im Mai 1855 nebst Beiträgen zur Topographie des Vesuv ...», Wien und Olmütz 1856
Seume, Johann Gottfried: «Spaziergang nach Syrakus im Jahre 1802», Leipzig 1960
Shelley, Percy Bysshe: «The Letters of Percy Bysshe Shelley», Vol. II, Oxford 1964
Sigurdsson, Haraldur: «Melting the Earth: The History of Ideas on Volcanic Eruptions», New York 1999
Sigurdsson, Haraldur (Ed.): «Encyclopedia of Volcanoes», San Diego usw. 2000
Smith, Paul: «Thomas Cook & Son's Vesuvius Railway», Japan Railway & Transport Review, Tokyo March 1998
Smithsonian Institution: Bulletin of Global Volcanism Network, www.volcano.si.edu
Speth, Balthasar: «Die Kunst in Italien», Bd. III, München 1823
Stefani, Grete: «The Casts», Ausstellungskatalog Antiquarium Boscoreale, o. O. 2010
Steffens, Rollo: «Italiens Vulkane. Die schönsten Wanderungen vom Vesuv zum Ätna», München 2004
Tischbein, Heinrich Wilhelm: «Aus meinem Leben», Berlin 1956
Torre, Johann Maria della [d.i. Della Torre, Giovanni Maria]: «Geschichte und Naturbegebenheiten des Vesuvs von den ältesten Zeiten bis zum Jahr 1779», Altenburg 1783
Trentinaglia-Telvenburg, Josef von: «Über die Thätigkeit des Vesuvs seit dem Jahre 1870», Berichte des naturwissenschaftlich-medizinischen Vereins, Bd. 7, Innsbruck 1876
Tufi, Sergio Rinaldi: «Alltagsleben in Pompeji», Berlin 2006
Twain, Mark: «Die Arglosen im Ausland», Berlin 1964
Volkmann, Johann Jacob: «Historisch-kritische Nachrichten von Italien ...», Bd. III, Leipzig 1778

Waiblinger, Wilhelm: «Gesammelte Werke mit des Dichters Leben», Bd. 7, Hamburg 1839
Welsch, Hieronymus: «Warhafftige Reiß-Beschreibung. Auß eigener Erfahrung. Von Teutschland, Croatien, Italien ...», Stuttgart 1658
Wilton, Andrew u. Ilaria Bignamini (Hg.): «Grand Tour: The Lure of Italy in the Eighteenth Century», London 1996
Winckelmann, Johann Joachim: «Sendschreiben von den Herculanischen Entdeckungen», Dresden 1762
Witte, Karl: «Unteritalien». In: Carl Frommel (Hg.): «Carl Frommels pittoreskes Italien», Leipzig 1840

Die Zitate vor den Hauptkapiteln wurden folgenden Ausgaben entnommen:

William Hamilton: «Campi Phlegraei. Observations on the volcanos of the Two Sicilies ...», Naples 1776

Malcolm Lowry: «Pompeji heute». In: Hotelzimmer in Chartres. Erzählungen. Rowohlt Taschenbuch Verlag, Reinbek 1996

Curzio Malaparte: «Die Haut», Fischer Bücherei, Frankfurt (M.) und Hamburg 1971

Susan Sontag: «Der Liebhaber des Vulkans», Fischer Taschenbuch Verlag, Frankfurt (M.) 1996

Das Zitat aus Horatio Nelsons Brief an Lord Saint-Vincent stammt aus: Gilbert Sinoué, «Emma. Das Leben der Lady Hamilton», Verlag C. H. Beck, München 2003

Alfano, Giovan Battista 225, 247, 264
Alinari, Brüder 245
Alma-Tadema, Lawrence 242
Anna, Alessandro d' 242
Aeneas 23
Auber, Daniel 254

Babbage, Charles 39f.
Bach, Johann Christian 29
Balbus, Marcus Nonius 162
Banks, Joseph 229
Bassolino, Antonio 121
Beard, Mary 253
Becker, Wilhelm Gottlieb 80, 81
Bierbaum, Otto Julius 68
Bisel, Sara 172f.
Boccaccio, Giovanni 29
Boncompagno, Kardinal 194
Bonucci, Antonio 252
Booth, Walter Robert 250
Bottis, Gaetano De 232
Boulanger, Gustave 242
Briullov, Karl Pavlovich 159, 252
Brogi, Carlo 87, 245
Brogi, Giacomo 245
Bruno, Giordano 228
Buch, Leopold v. 40, 204f.
Bulwer-Lytton, Edward 152, 159, 250ff.
Bürger, Gottfried August 24
Burns, John Horne 120
Byron, George Gordon 54

Caravaggio 29
Carcavallo, Brüder 246
Carey, Steven 154ff.
Ceraso, Francesco 196
Chateaubriand, François-René 36, 77
Clairmont, Claire 54
Cook, John Mason 89, 92
Cook, Thomas 68, 89
Cooper, James Fenimore 57f.
Coppola, Antonio 246
Crawford, Francis Marion 212

Dahl, Johan Christian 241
David, Félicien 254
Delamotte, Henry 240
Della Torre, Giuseppe Maria 232
D'Hancarville s. Hugues
Dickens, Charles 180
Dio, Lucius Cassius 134
Ducros, Abraham Louis 241
Dupaty, Jean Baptiste Mercier 46
Dura, Gaetano 87, 244

Eco, Umberto 230
Eichendorff, Joseph v. 123
Eiselein, Joseph 80
Eisenstaedt, Alfred 246
Elisabeth v. Bayern 57
Esposito, Lello 249

Fabris, Pietro 230, 240
Ferdinand I. (IV.) 208
Filomarino della Torre, Ascanio 263
Fiorelli, Giuseppe 174, 263
Flaubert, Gustave 11, 134
Fontane, Theodor 102
Förster, Ernst 86, 112
Forster, Georg 46
Freud, Siegmund 114
Friedlaender, Immanuel 225, 246ff., 264
Friedrich II. (Staufer) 108
Friedrich Wilhelm, Kronprinz 57
Fucini, Renato 88, 110

Garibaldi, Giuseppe 109
Gatta, Xavier Della 242
Gell, William 252
George III. 239
Giotto di Bondone 29, 108
Gluck, Christoph Willibald 29
Goethe, Johann Caspar 30
Goethe, Johann Wolfgang v. 11, 29, 30ff., 50, 72, 98, 137, 172, 174, 199, 229
Gregorovius, Ferdinand 64f., 97

Haart, Peter ten 211f., 214, 215
Haas, Hippolyt 90f.
Hackert, Georg 241
Hackert, Jakob Philipp 199, 241
Haeckel, Ernst 114
Hamilton, Emma 229, 230
Hamilton, William 17, 204, 228ff., 240, 241, 263
Harris, Robert 250f., 252
Haydn, Joseph 29
Hebbel, Friedrich 34, 62ff.
Heinse, Wilhelm 36f.
Hensel, Fanny 82
Herder, Johann Gottfried 122
Herkules 24
Hettner, Hermann 63
Heyse, Paul 76
Hoefele, Aloys von 80
Holman, James 56
Humboldt, Alexander von 40, 204
Hugues, Pierre François 80, 230
Hutton, James 40

Ignarro, Louis 134
Imbò, Anna 218
Imbò, Giuseppe 216, 218

Januarius, Sankt s. Gennaro
Jashemski, Wilhelmina 184
Johnston-Lavis, Henry James 234
Jones, Thomas 241

Karl VII. (III.) 29
Keyßler, Johann Georg 12, 34, 71, 98, 113, 116, 125, 128, 134
Kiessling, Alfred 159
Kircher, Athanasius 225ff., 229, 262
Klemperer, Victor 72
Kniep, Christoph Heinrich 199, 240
Konradin (Staufer) 97
Kopisch, August 57
Kotzebue, August v. 12, 50f., 54, 76, 102, 112, 146, 170

Lacroix, Alfred 154, 234
Lacroix de Marseille, François 241
Lapira, Gioacchino 242, 244
Leakey, Mary 13
Leibniz, Gottfried Wilhelm 228
Lensing, Elise 63
Leopardi, Giacomo 62, 248
Leppmann, Wolfgang 252f.
Leroux, Hector 242
Lewis, Norman 20, 118ff.
Löher, Franz 87
Longo, Bartolo 128f.
Lüdemann, Wilhelm v. 126
Lyell, Charles 137

Maiuri, Amedeo 118
Malaparte, Curzio 13, 20, 98, 130, 218
Malladra, Alessandro 234, 264
Manzo, Antonio 218
Maria Carolina, Königin 92
Marisi, Michelangelo s. Caravaggio
Martial 162
Matteucci, Raffaele Vittorio 211f., 234, 236, 264
Mau, August 159
Mauri, Achille 66, 174, 242, 245
Mayer, Karl August 76, 84, 85f., 128, 130
Mazois, Charles Francois 240
Melloni, Macedonio 263
Mercalli, Giuseppe 234, 264
Migliardi, Brigadiere 212
Moore, John 128
Moritz, Karl Philipp 43, 165
Mozart, Leopold 29
Mozart, Wolfgang Amadeus 29, 240
Münchhausen 24
Mussolini, Benito 118

Nelson, Horatio 229
Neo, Terentius 166f.
Nero, Francesco del 138
Nicholson, Peter 250f.
Niccolini, Brüder 152
Nicolai, Gustav 83f., 100f., 254

Odysseus 23, 98, 133
Ovid 172

Pacini, Giovanni 254
Paliotti, Vittorio 76, 78
Palmieri, Luigi 211, 263
Parthenope 98
Paulus, Apostel 107, 159
Peacock, Thomas 54
Perret, Frank Alvord 212f., 215, 234ff., 264
Petrarca, Francesco 29
Piaggio, Antonio 230, 263
Pimentel, Eleonora (de Fonseca) 254
Piranesi, Francesco 179, 240
Pizza, Alfonso 218
Plinius der Ältere 143ff., 169
Plinius der Jüngere 143ff.
Polanski, Roman 252
Polybius, Gaius Julius 168
Pückler-Muskau, Hermann v. 11, 52f., 76, 84, 100
Pumo, Bartolomeo 230, 232

Raspe, Rudolf Erich 24
Rebell, Joseph 241
Reinhart, Johann Christian 72f., 74f.
Richter, Dieter 253
Rittmann, Alfred 234, 264
Rive, Roberto 245
Roblès, Emmanuel 216f.
Rodger, George 246
Rohr, Mathilde v. 102
Rosa, Salvator 29
Rückert, Friedrich 210
Ruskin, John 115

Sade, Donatien François de 13
Saint-Non, Richard de 240
San Gennaro 17f., 23, 76, 125ff., 138, 192, 194
Sattler, Hubert 241
Scarth, Alwyn 196, 253
Schievelbein, Hermann 240
Schinkel, Karl Friedrich 162
Schnur, Harry C. 162
Scrope, George Poulett 57
Seneca 150, 172
Serao, Matilde 110

Seume, Johann Gottfried 49f.
Shelley, Mary 54
Shelley, Percy Bysshe 54f.
Sigurdsson, Haraldur 147, 154ff.
Sommer, Giorgio 66, 87, 242, 245, 252
Sontag, Susan 230, 232, 253f.
Spartakus 150
Speth, Balthasar 78, 176
Strabo 150
Strub, Emil 92

Tacitus 143
Tischbein, Wilhelm 18, 37, 199ff., 230, 241
Toledo, Giacomo da 138
Torre, Giovanni Maria Della 232
Trentinaglia-Telvenburg, Josef v. 74
Troiano, Amilcare 265
Tschirnhaus, Ehrenfried Walther v. 228
Turner, William 241
Twain, Mark 29, 65f., 83

Ule, Otto 210
Umberto I. 110

Velikovich, Vladimir 249
Vergil 29, 32, 62, 172
Villari, Pasquale 110
Vito, Camillo de 242
Vitruvius 150
Volaire, Pierre-Jacques 240f.
Volkmann, Jacob 34

Waiblinger, Wilhelm 78
Walpole, Horace 228
Welsch, Hieronymus 190ff.
Werner, Abraham Gottlob 40
Wesley, John 12
White Mario, Jessie 110
Winckelmann, Johann Joachim 11, 30, 80, 168, 230
Wolde, Ludwig 62
Wright of Derby, Joseph 241
Wutky, Michael 241

Zöller, Karl 102

Ortsregister

Ätna 24ff., 150, 237
Atrio del Cavallo 34, 210, 232
Avellino 14

Baia 107, 262
Barra 262
Boscoreale 158, 265, 269
Boscotrecase 33, 57, 130, 206, 211f., 215, 262f.

Campi Flegrei 23f., 220, 262, 265
Capri 112, 147
Castellammare di Stabia 14, 146, 198
Cercola 216

Einsiedelei s. Kapelle
Ercolano (seit 1969) 248

Gragnano 198
Granatello 193, 196

Herculaneum 14, 24, 30, 32, 146, 150, 153ff., 165ff., 268

Ischia 112, 220, 265

Kapelle San Salvatore 34, 76, 90

Massa di Somma 65, 66, 190, 193, 211, 264
Martinique 153f., 237, 260
Misenum (Miseno), Kap 106, 143, 147
Monte Nuovo 137ff., 262
Monte Somma 34f., 38, 64, 87, 194, 261, 265

Nola 14, 194f., 205, 262

Olduvai, Oldupai 14
Oplontis 14, 108, 146, 158, 269
Ottajano (bis 1933) 44, 190, 206, 215, 246, 262f., 264

Paestum 29, 32
Pollena Trocchia 127, 190, 193, 216
Pompeji 14, 30, 32, 128ff., 146, 150, 153ff., 165ff., 250ff., 257, 268
Poggiomarino 218, 263
Portici 30, 32, 165, 187, 211, 225, 262f., 265
Pozzuoli 29, 104, 133, 136, 159, 262, 264f.
Pugliano 68, 90, 92, 264

Resina (bis 1969) 14, 32f., 92, 216, 262, 264

San Gennaro Vesuviano 211
San Giorgio a Cremano 187, 198, 262f., 265
San Giuseppe Vesuviano 211, 264
San Paolo Bel Sito 14
San Sebastiano al Vesuvio 20, 33,65, 66, 193, 211, 215, 216, 262, 264
Sarno, Fluss 146
Sarno, Ort 211
Solfatara 62, 133ff., 247, 260, 261, 262
Somma Vesuviana 44, 131, 206, 211, 215, 263
Stabiae 14, 146f., 158, 168
Stromboli 150, 235, 237, 261

Terzigno 158, 216, 218, 264, 265
Torre Annunziata 54, 57, 108, 193, 263, 264
Torre del Greco 44, 50, 62, 128, 187, 190, 193, 202ff., 206ff., 211f., 262f.
Tripergole 138f., 262

Valle del Gigante 34
Valle dell'Inferno 34, 248

Bildnachweis

Bereits im Literaturverzeichnis erwähnte Werke erscheinen nur stichwortartig. Abkürzungen: **o** oben, **u** unten, **l** links, **r** rechts

Alfano u. Friedlaender, Geschichte: S. 25, 53 o, 58/59, 191 o, 191 u, 193
Antiquarium di Boscoreale, Fotografie P. Werner Lange: S. 177 u
Archäologisches Nationalmuseum Neapel, Fotografie P. Werner Lange: S. 28, 48, 109, 132, 142, 144, 153, 164, 167, 169, 183 o, 186, 224, 238
Archiv des Autors: S. 18 l, 18 r, 33, 38, 39, 42, 47 o, 53 u, 72, 82, 83, 85, 107, 113 o, 113 u, 115, 127 l, 145 o, 145 u, 148/149, 151 o, 151 u, 154, 155 o, 155 u, 197, 203, 208, 209, 211, 215, 217 o, 217 u, 229 l, 236, 243 o, 247 o, 247 u, 251 o, 253, 254, 255
Bertuch, Friedrich Justin: «Bilderbuch für Kinder», Bd. III, Weimar 1798: S. 45, 195 u, 205
Della Torre, Duca: «Raccolta di tutte le vedute che esistevano nel Gabinetto del Duca della Torre rappresentanti l'eruzione del Monte Vesuvio . . .», Napoli 1805: S. 50
Dura, Gaetano: «Scènes populaires», Naples o. J. [ca. 1840]: S. 75 o, 75 u, 81, 87
Hamilton, Campi Phlegraei. Observations: S. 8/9, 31, 94/95, 136, 140/141, 222/223, 231, 258/259
Hamilton, Supplement: Frontispiz, S. 233
P. Werner Lange: S. 4, 10, 23, 27, 35 o, 35 u, 77, 78, 89, 91, 93 o, 93 u, 96, 99 o, 99 u, 101, 103, 105 o, 105 u, 110, 111, 117, 119 o, 119 u, 123, 127 r, 129, 131, 135 o, 135 u, 137, 163 o, 163 u, 166, 171, 173 o, 173 u, 177 o, 179, 181, 182, 240, 249 o, 249 u, 257
Lady Lever Art Gallery, Liverpool: S. 229 r
Library of Congress, Washington: S. 234
Mazois, Charles François (Hrsg.): «Les ruines de Pompei», Bd. II, Paris 1824: S. 175
Mediaset Italy: S. 251 u
NASA Earth Observatory, Aufnahme vom 25.03.2006: S. 188/189
National Archives and Records Administration, College Park, Maryland: S. 210, 221 u
Niccolini, Fausto u. Felice: «Le case ed i monumenti di Pompei . . .», Bd. I, Napoli 1854: S. 185
Perret, Vesuvius Eruption: S. 213 u, 235
Photographic Record of the 47th Bombardment Group WW II: S. 21 u, 221 o
Privatbesitz: S. 15 o, 15 u, 37, 47 u, 51, 61 o, 63, 195 o, 199 o, 207, 244, 245
RICCISPAINI Associated Architects EU Ltd.: S. 256
George Rodger: S. 19, 121 o, 219
Rohrer, Feuerberg: S. 139, 227 o, 227 u
Saint-Non, Jean Claude Richard de: «Voyage pittoresque ou description des Royaumes de Naples et de Sicile», Bd. I.1–I.2, Paris 1781 u. 1782: S. 73, 241 o, 241 u
Villa di Poppea, Oplontis; Fotografie P. Werner Lange: S. 70, 124, 157 o, 157 u
Wikimedia Commons, Public Domain: S. 41 o, 41 u, 55 o, 55 u, 61u, 65, 67, 69 o, 79, 121 u, 160/161, 200/201, 213 o, 226, 243 u

Anmerkungen

Hier wiedergegebene Gemälde vom Vesuv sind durchweg als Ausschnitte abgebildet worden. Dafür war entscheidend, dass dieses Buch keine kunsthistorische Dokumentation sein will, sondern allein den Vulkan in seiner sich wandelnden Erscheinung darstellen möchte. Solche Abbildungen sind also nur Zitate aus einem größeren Kontext. Das gilt ebenso für einige der gezeigten Gouachen, Stiche, Lithografien und Fotografien. Überdies wurde das gesamte Bildmaterial mehr oder weniger bearbeitet. Dergleichen mag insbesondere im Hinblick auf Fresken aus Pompeji, Herculaneum und Oplontis oder auf farbige Abbildungen aus vergangenen Jahrhunderten Widerspruch herausfordern, denn sie erscheinen hier zumeist kontrastreicher und farbkräftiger, als ein Betrachter die Originale vorfinden wird. Darauf könnte unter anderem erwidert werden, dass der jeweilige Künstler zum Beispiel der Lava gewiss eine Färbung gab, die ihm bedrohlich und verzehrend erschien. Sofern nicht die Absicht besteht, einen heutigen und zwangsläufig verblassten oder nachgedunkelten Zustand zu dokumentieren, kommt dem ursprünglichen Bestreben also sicherlich entgegen, wer eine Bearbeitung vornimmt. Die erwähnten Fresken hingegen sind nicht alle im Archäologischen Nationalmuseum in Neapel und in anderen Museen untergebracht, sondern befinden sich zum Teil noch an den Fundorten. Sie verwittern, seit sie freigelegt wurden. Wenn man es so sehen möchte, dann beginnt ihre fotografische Verfälschung – ob nun im Museum oder an den Grabungsorten – ohnehin bereits mit der Ausleuchtung sowie mit der Wahl von Filtern und Filmmaterial.

Autor und Verlag haben jeglichen Versuch unternommen, die Inhaber von Urheberrechten zu ermitteln. Sollten darüber hinaus Ansprüche geltend gemacht werden, so bitten sie um eine Nachricht an den Verlag.

Die Rechtschreibung in Zitaten sowie die darin erscheinende Schreibweise geografischer Benennungen wurde – den Empfehlungen der 25. Auflage des Dudens folgend – weitgehend angepasst; eckige Klammern kennzeichnen vom Autor vorgenommene Auslassungen oder Einfügungen. Auszüge aus englischsprachigen Quellen sind vom Autor übertragen worden, der hiermit der Eidgenössischen Technischen Hochschule Zürich sowie beiden Häusern der Deutschen Staatsbibliothek zu Berlin für die freundliche Unterstützung seiner Arbeit danken möchte.

Dank gebührt überdies seit Langem und vor allem Heinz von Arx, von dem sowohl die Anregung zu diesem Buch als auch das Layout stammt sowie den Verlegern Urs Bolz und Matthias Weber.

P. Werner Lange